LE PALAIS AU XIXe SIÈCLE

LE

PREMIER AVOCAT GÉNÉRAL

OSCAR DE VALLÉE

par

EUGÈNE ASSE

Ancien Avocat à la Cour d'Appel de Paris
Ancien Secrétaire de la Conférence des Avocats

Avec un portrait en héliogravure

PARIS

M DCCC XCVI

LE

PREMIER AVOCAT GÉNÉRAL

OSCAR DE VALLÉE

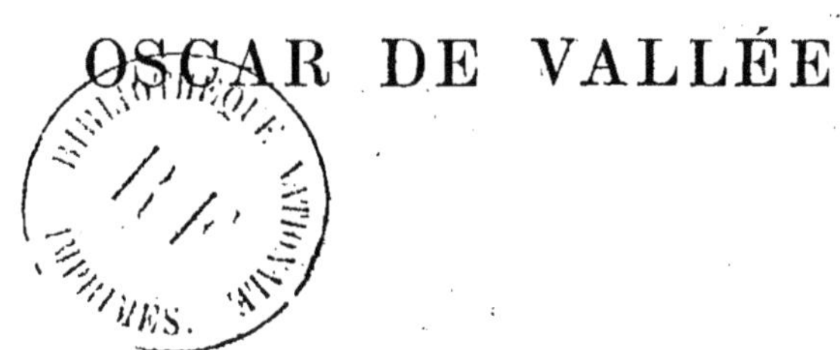

TIRÉ A 200 EXEMPLAIRES

Dont 20 sur papier de Hollande

LE PALAIS AU XIX[illegible] SIÈCLE

LE

PREMIER AVOCAT GÉNÉRAL

OSCAR DE VALLÉE

par

EUGÈNE [illegible]

Ancien Avocat [illegible]

Ancien Secrétaire [illegible] Avocats

[illegible]

PARIS

M DCCC XCVI

LE PALAIS AU XIXe SIÈCLE

LE

PREMIER AVOCAT GÉNÉRAL

OSCAR DE VALLÉE

par

EUGÈNE ASSE

Ancien Avocat à la Cour d'Appel de Paris
Ancien Secrétaire de la Conférence des Avocats

Avec un portrait en héliogravure

PARIS

M DCCC XCVI

AVANT-PROPOS

La Magistrature n'est pas aujourd'hui en faveur; contre elle les attaques se multiplient, les injures, les menaces abondent, et les plus indulgents se demandent si elle paye les fautes du passé, ou si elle subit les représailles de la crainte et de la rancune de ses justiciables les moins intéressants.

Mais la Justice sera de tous les temps; elle subsistera tant qu'il demeurera quelque chose de ce qui s'appelle une Société; et ceux qui l'auront servie avec un profond amour et un complet désintéressement, qui dans leurs fonctions n'auront été guidés que par le devoir, seront toujours honorés dans leur mémoire.

C'est parce que, de notre temps, Monsieur le Premier Avocat général Oscar de Vallée nous a paru un de ces parfaits exemplaires du magistrat, que nous l'avons choisi pour objet de cette étude.

Associé, par sa bienveillance, pendant de nombreuses années à ses travaux, mais pénétré des droits et des devoirs de l'Histoire, nous avons, avec sincérité, essayé de le replacer et de le faire revivre au milieu de ce monde du Palais où, de 1843 à 1869, il vécut, travailla et s'acquit un juste renom d'indépendance, de savoir et d'éloquence.

I

LES ORIGINES. — LA JEUNESSE

1821-1842

Parmi nos anciennes provinces, il en est une qui, par sa position géographique intermédiaire, tient à la fois du Nord et du Midi de la France, et fond dans le caractère de ses habitants les qualités et les défauts, atténués, de l'un et de l'autre. Ce qui fit les orageuses destinées du Poitou, devenu comme le champ clos de deux races, puis de deux croyances, créa aussi ce singulier mélange de vivacité et de sang-froid, de mollesse et de tenacité, de liberté d'esprit et de foi, de libéralisme et de royalisme, qui se remarque dans une même population, quelquefois dans le même homme. C'est sur le sol du Poitou que se sont heurtés, à Vouillé, les Francs de Clovis et les Visigoths d'Alaric; à Poitiers, les chrétiens de Charles Martel et les Mahométans des Kalifs ; c'est là que les Anglais gagnèrent la grande bataille qui leur livra captif le roi Jean, et que les Huguenots perdirent celle de Moncontour ; là que les Vendéens, pour défendre leur foi religieuse, se soulevèrent contre la tyrannie révolutionnaire, comme auparavant ils avaient tenu tête à la royauté pour défendre leurs franchises provinciales. Pays de tendances républicaines et de foi protestante, comme à la Rochelle, à Niort, à Saint-Maixent, à la Mothe-Saint-Héraye; de catholicisme et de royalisme, comme à Bressuire, à Châtillon : en un mot pays de *Blancs* et de *Bleus*, ceux-ci dans les campagnes, ceux-là dans les villes.

M. Oscar de Vallée appartenait à cette province, et on retrouvera en lui quelques-uns des traits qui, de tous temps, ont distingué les Poitevins, depuis l'avisé et sagace La Trémoille, jusqu'au savant juriste Tiraqueau et à l'éloquent et lettré Fontanes.

Il naquit [1] le 1er septembre 1821 à la Mothe-Saint-Héraye, dans cette partie du département des Deux-Sèvres que l'on appelle la Plaine, par opposition au Bocage, ou Gatine comme on disait plus souvent autrefois, et où les gras herbages, les champs arrosés par les méandres de la Sèvre Niortaise aux eaux limpides, les horizons à peine ondulés par quelques coteaux modérés, ont un caractère de mollesse gracieuse, bien différent de l'aspect plus sombre de celui-ci, avec ses terres ravinées, montueuses, couvertes de broussailles ou de forêts, qui ont été le premier et le plus sanglant théâtre des luttes Vendéennes.

Sa famille était une de ces vieilles familles établies

[1] De Benoît-Frédéric de Vallée, et d'Émilie Bonnet.

depuis un temps immémorial dans le pays, dont elles avaient partagé les fortunes diverses, et qui appartenaient à l'ordre de la noblesse, soit par leur origine militaire, soit par les charges de l'échevinage, depuis que, en 1444, le roi Charles VII avait ainsi récompensé la fidélité de sa bonne ville de Saint-Maixent [1].

Son père, né vers 1790, médecin distingué, représenta longtemps ses concitoyens au Conseil général des Deux-Sèvres, dont il fut un des membres les plus influents. Par la droiture de son caractère, sa bienveillance active, il avait acquis une telle autorité morale sur les habitants de la Mothe-Saint-Héraye, qu'ils le faisaient volontairement l'arbitre de leurs procès. Bien avant que les fonctions de juge de paix lui aient été officiellement confiées, il en exerça ainsi l'action bienfaisante par le seul assentiment d'une population qui lui avait donné toute sa confiance. Tel un Greuze aurait représenté l'ancien du village, sorte de saint Louis rustique, rendant la justice sous un chêne. Homme intelligent, lettré, naturellement éloquent dans la conversation, pour monter plus haut il ne lui manqua qu'un peu plus d'ambition. Son fils l'a ainsi agréablement représenté dans ses fonctions presque patriarcales :

« Le vendredi est le jour de la justice de paix... La justice de paix est, pour les curieux, les artistes et les gens d'esprit d'un canton, tout à la fois la cour d'assises, le tribunal civil, la chambre des représentants; on y va

[1] En juillet 1610, Etienne de Vallée, seigneur de la Thibaudière, fut élu échevin.

comme à un spectacle, on n'est pas fâché de voir les procès des autres et de savoir comment s'en tire le juge; de temps en temps, il y a des avocats de village qui, moyennant une pièce de 50 centimes ou une fiole de vin, embrouillent les questions. Mon père, avant d'être juge de paix, en faisait les fonctions. On ne saurait dire combien il a aplani de difficultés, empêché de procès, calmé de haines dans ce petit pays. Tout cela *gratis pro Deo*. Aujourd'hui qu'il est patenté et payé *ad hoc*, il continue son commerce de conciliation avec un plein succès. Ses audiences durent en général de cinq à dix minutes. Les grandes audiences durent un quart d'heure. Il résoud les questions à la pointe du bon sens... Quelle puissance a pourtant ce bon sens! Depuis plusieurs années qu'il est là, il n'a pas eu un seul jugement réformé par le tribunal civil de Melle »[1].

M. Oscar de Vallée dut beaucoup à son père.

Sa mère, femme d'une grande douceur, mais d'une santé délicate qui l'empêchait de se mêler beaucoup aux intérêts de la famille, laissa moins d'empreinte sur ses premières années d'enfance, celles qui décident souvent de toute la vie. Une sœur, de quelque peu son aînée, et qui avait pour lui une très vive affection, donnait quelque chose de plus animé et de plus tendre à cet intérieur de famille, d'ordinaire assez grave. Deux oncles, hommes distingués, dont l'un a honoré l'Université, et dont l'autre ne s'éloigna pas

[1] Notes inédites, octobre 1850. — M. Frédéric de Vallée fut nommé chevalier de la Légion d'honneur, le 3 janvier 1855.

du pays natal, complétaient cette famille, où la dignité de la vie s'alliait avec la modestie de la fortune et était encore relevée par elle. M. Oscar de Vallée, rappelant ces jeunes souvenirs, écrivait en 1850 :

« Ma famille se compose d'un père de soixante ans, homme d'une rare intelligence, d'une belle et noble figure, un peu appesanti par l'oisiveté, dont les facultés n'ont pas reçu d'éveil et d'occupations dignes d'elles. Ma mère l'avoisine, c'est une pauvre femme souffrante, dès longtemps maladive, qui a contracté de petites habitudes auxquelles je ne puis me faire. Ma sœur est une nature qui se rapproche de la mienne. Elle a aujourd'hui plus de trente ans. Je dirai un jour pourquoi elle ne s'est pas mariée. Dans un roman de M. Sandeau, le *Docteur Herbeau*, il y a sur ce sujet un chapitre plein de finesse, d'émotion et d'éloquente poésie. Chère sœur ! elle m'aime avec ardeur et orgueil. Je remplace pour elle l'avenir qu'elle aurait pu avoir. Elle avait toutes les grâces de la nature et de l'esprit. L'habitude l'a enveloppée de ses réseaux assez sombres, et sa santé est toujours chancelante »[1].

Les premières années du jeune de Vallée se passèrent à la Mothe-Saint-Héraye ou dans les environs. C'était un enfant vif, aimant l'action, et profitant librement d'une vie en plein air, que favorisaient les mœurs agrestes des habitants. Avec Niort et Saint-Maixent, cette petite ville

[1] Notes, 13 octobre 1850.

est le centre du protestantisme dans les Deux-Sèvres, comme c'est aussi là que les idées libérales ont leurs plus nombreux et leurs plus zélés partisans. De ces deux courants, très opposés à ceux qui règnent au Nord et à l'Ouest du pays, M. de Vallée ne se rattache qu'au dernier.

Elevé dans la foi catholique, bien que quelques-uns de ses ancêtres éloignés paraissent avoir embrassé la religion réformée, il lui resta toujours attaché, et sa parole en porta souvent et hautement témoignage.

Les circonstances domestiques qui le conduisirent bientôt à Lyon, pour y recevoir l'éducation universitaire, favorisèrent plus qu'elles ne contrarièrent son attachement à la religion et son goût pour les idées de liberté constitutionnelle.

Le frère de son père avait, en 1833, été nommé censeur au lycée royal de cette ville. Instruit, aimable, ayant une grande affection pour son neveu, dont la vivacité d'esprit, l'intelligence lui plaisaient, c'est à lui que M. Frédéric de Vallée confia son fils, âgé de onze ans seulement. C'est dans la classe de Septième, qu'il débuta dans ce collège où il devait faire toutes ses études.

Le nouvel élève du lycée de Lyon n'avait reçu jusque-là que les leçons très rudimentaires d'un modeste instituteur de campagne. Si sa petite vanité d'enfant souffrit de ne pas entrer dans une classe plus élevée, il n'en garda pas rancune à son premier maitre, et se souvint du brave Hubert dans la première lettre qu'il écrivit à son père. Dans cette épître, qui n'est déjà plus enfantine, nous trouvons ses premières impressions de collégien, et elles honorent sa raison autant que son cœur.

« Maintenant que je commence à me reconnaître dans ma classe et que j'ai plus de temps à moi, je veux te raconter ce que j'ai fait depuis que je suis à Lyon. Le lendemain de mon arrivée ici, mon oncle me conduisit chez le professeur de Sixième, dans la classe duquel je pensais pouvoir entrer. Tout fier d'avoir expliqué à la Mothe *Phèdre* et le *De Viris*, je croyais être un prodige. Quelques questions que m'adressa le professeur me convinquirent que je ne savais à peu près rien et que je ne serais peut-être pas bon dans la classe inférieure. Je demandai donc moi-même à mon oncle de descendre en Septième, où j'ai eu le bonheur de rencontrer un professeur qui est pour moi plein de bonté et de bienveillance. Avec ses bons conseils et mon travail, je suis parvenu à devenir un des plus forts de ma classe. Je suis ordinairement dans les premiers pour le thème et pour la version.....

A part l'ennui que j'éprouve de n'être plus auprès de vous... et de vous dire combien je vous aime, je m'accoutume très bien à Lyon. Les jours de sortie, qui sont ordinairement si ennuyeux pour les malheureux élèves éloignés de leurs parents, ne le sont pas pour moi. Plusieurs personnes ont eu la bonté de me demander à mon oncle, et je les ai passés d'une manière fort agréable.

Je te prie de me rappeler au souvenir de M. Hubert. Dis-lui que je suis bien reconnaissant des soins qu'il m'a donnés, et que c'est à eux que je dois d'être aussi fort en version et en thème... »[1].

Contre la séparation et les premières difficultés de la vie scolaire, l'enfant se montrait peut-être plus brave qu'il n'était. Mais l'énergie ne lui manquait pas, et il triompha assez vite de ces premières épreuves. Trois mois ne s'étaient pas écoulés, que son oncle écrivait à son père :

« Je te dirai, mon cher ami, que je continue à être très content de cet enfant, qui s'applique beaucoup, et que les difficultés ne rebutent plus comme elles le faisaient à son début dans le collège. Il est actuellement un des meilleurs élèves de sa classe, et est à peu près également fort dans toutes les parties, en sorte qu'il fait aujourd'hui toutes ses compositions avec le même courage. Il est bien content ce soir ; il vient de remettre au proviseur la liste des places de la dernière composition, et il se trouve à la tête »[2].

Il n'est qu'un point sur lequel le jeune de Vallée ne parvint jamais à satisfaire ni les siens, ni ses maîtres. C'est sur son écriture, qui resta toujours plus voisine de l'art hiérogliphique que de la calligraphie ; ce qui faisait écrire un jour à son père :

« En ouvrant ta lettre, ma première idée a été que tu voulais rire de ton vieux père, et lui écrivais en grec ; mais à force de m'arracher les yeux, j'ai fini par découvrir

[1] Lettre du 14 janvier 1833.
[2] Lettre du 9 mars 1833.

que je me trompais, et que c'était bien réellement des caractères français que tu avais tracés. Nous avons eu, ta mère et moi, assez de peine à la lire jusqu'au bout, tant l'écriture en est fine et mal formée. Soigne un peu, mon cher enfant, ton écriture, car on n'écrit jamais que pour être lu »[1].

A cet égard, M. de Vallée devait faire toujours le désespoir de ses amis, et des typographes.

La cité qu'on appelle la seconde ville de France, et dont les prélats portent le titre de primat des Gaules, a eu, depuis 1789, l'honneur d'être le centre tout à la fois d'un catholicisme très ardent et d'un libéralisme démocratique très prononcé. Spiritualiste et libérale dans les lettres comme dans les arts, elle a produit Ballanche, Laprade, et les grands peintres de l'Ecole Lyonnaise. La terrible répression révolutionnaire de 1793 ne réussit à noyer dans le sang ni la foi religieuse, ni même l'amour de la liberté.

Lorsque le jeune de Vallée vint prendre place sur les bancs du lycée de Lyon, la cité était encore toute meurtrie de la sanglante insurrection du 21 novembre 1831, et sous ses ardeurs mal éteintes couvait la nouvelle éruption démocratique qui allait bientôt éclater le 9 avril 1834. Nul doute que dans ce jeune esprit, dont la vivacité singulière apercevait dans les faits toutes leurs conséquences, ces événements n'aient laissé une trace profonde, et que

[1] Lettre du 10 mars 1835.

les excès de la licence lui aient appris ce qu'ils coûtent à la liberté, et ce que la liberté gagne à ne pas séparer sa cause de celle de l'ordre. Ces enseignements ne seront pas perdus pour le jeune magistrat de 1848, et l'on peut croire qu'ils eurent une grande influence sur la ligne politique qu'il suivit alors.

Au collège, il fut un élève intelligent, appliqué, sans être cependant ce que, dans le langage des écoliers, on appelle un fort en thème. C'est surtout dans les classes élevées, dans celles de Rhétorique et d'Histoire, qu'on put augurer qu'il se ferait brillamment sa place dans le monde. Ses amitiés d'alors, en nous révélant ses sympathies, nous indiquent qu'elles étaient les préférences de son esprit. Parmi ses jeunes amis, il en est deux dont les noms devaient acquérir pour l'un une notoriété injustement passagère, et pour l'autre une durable célébrité. Ce sont ceux d'Auguste de Gasperini et de Charles Baudelaire.

Aujourd'hui l'on ne connaît guère Auguste de Gasperini que comme un critique musical dont le souvenir se rattache aux premières appréciations en France de la musique Wagnerienne, à laquelle il initia pour ainsi dire le public parisien. Gasperini était plus que cela ; esprit très étendu, imagination puissante, cœur enthousiaste, il fut à la fois un musicien, un poète, un écrivain dramatique plein d'idées neuves, et un philosophe. Le public n'a connu que le premier, ses amis seuls ont pu apprécier les autres génies qui étaient en lui. Fortement empreint de catholicisme, mais d'un catholicisme libéral, il avait quelque chose d'un Lacordaire laïque. C'était un homme, et comme tel, il connut les passions : mais si elles ont porté quelque atteinte à la pureté de l'âme, elles ont plutôt accru que diminué l'influence de l'ami, du maître sur ceux qui de bonne heure s'étaient groupés autour de lui. Lorsque, en 1868, il mourut jeune encore, au moment où il commençait à entrer dans la célébrité, on put mesurer aux regrets qu'il laissa la grandeur des espérances qu'il avait fait concevoir.

Les hasards de la vie séparèrent M. Oscar de Vallée de ce jeune ami qui, devenu chirurgien de marine, fut d'abord emporté vers des terres lointaines. Mais il conserva toujours de cette courte intimité un souvenir très vif et très attendri. J'en eus un jour la preuve dans l'émotion avec laquelle il me parla de cet éphémère compagnon d'enfance que, quinze ans plus tard, j'avais eu aussi l'heureuse fortune de connaître et de suivre un moment en disciple, à côté de son parent Ernest Hello. M. Oscar de Vallée ne devait plus le rencontrer dans les routes de cette vie, mais il retrouva quelque chose de lui dans un autre ami, ami bien cher de sa jeunesse et de son âge mûr, dans ce Charles Hello, que nous verrons près de lui, d'abord à la conférence des avocats, puis sur les sièges du ministère public.

Charles Baudelaire n'avait pas toujours été l'esprit bizarre, cherchant l'originalité dans l'horrible, ayant pour ainsi dire des opinions et des vices de parade, dont il se servait pour stupéfier le bourgeois, comme Alcibiade avait mutilé son chien pour étonner Athènes. Ce blasé fut d'abord un croyant, un enthousiaste, un enfant et un adolescent simple, gracieux et naïf, dont la seule passion était celle des lettres. C'est de ce Baudelaire-là, que M. de Vallée fut à Lyon le condisciple et l'ami. Amitié éphémère ! mais qu'il n'oublia pas, bien que celui qui en avait été l'objet se soit tenu plus tard sur une étrange réserve, que peut seule expliquer l'existence singulière dans laquelle il s'était définitivement engagé. La vue de M. de Vallée, image vivante de son passé, le lui aurait fait peut-être trop cruellement regretter. Si la condamnation des *Fleurs du Mal*, en 1857, avait sans doute aigri Baudelaire contre la Magistrature, ce n'était pas une raison pour tenir rigueur à un ancien ami, qui d'ailleurs n'avait été pour rien dans cette sentence. M. de Vallée se montra plus équitable, en accordant un souvenir public au poète et à l'ami le jour où il rencontra son nom dans un livre sur lequel il écrivait un article de revue. « Que de physionomies il y a dans ce volume, écrivait-il à propos des *Souvenirs* de Maxime du Camp, et comme avec peu de chose elles prennent du relief et redeviennent vivantes ! L'une d'elles m'a retenu un moment, parce qu'elle n'est pas commune et qu'elle réveillait en moi des souvenirs d'enfance. J'ai été le camarade de Baudelaire au collège ! Il avait alors une grâce féminine et rien n'annonçait chez lui ce qui est advenu. Je ne l'ai jamais rencontré depuis ; un jour il adressa un de ses volumes « à l'auteur des

Manieurs d'argent », continuant à fuir l'homme, et plus encore que l'homme, le magistrat » [1].

Ses études achevées, son goût, conforme au vœu de sa famille, le porta vers la Magistrature. Revenu alors en Poitou, il suivit les cours de la Faculté de droit de Poitiers.

Fondée au XVe siècle [2], la Faculté de droit de Poitiers a été de tous temps célèbre par ses jurisconsultes, parmi lesquels André Tiraqueau occupe le premier rang. Dans l'ancienne France, là avait été le centre le plus brillant de l'enseignement du droit. « Ayant reçu, par l'intermédiaire des universités méridionales, la tradition des maximes autoritaires du droit romain, les Poitevins y avaient appliqué les qualités de leur esprit. Une fois fondée, cette Faculté avait attiré de tous les coins de la France et même du dehors, des écoliers en grand nombre. André Tiraqueau, Jean Bouchet, Pierre Amy, la Porte, grand-père de Richelieu, Jean Choisnin, les Sainte-Marthe, contribuèrent à l'illustrer » [3]. Ce genre d'étude ne laissa pas d'avoir son influence sur le caractère des habitants. « Elle développa dans la bourgeoisie, dit un savant historien, l'aptitude aux affaires, la finesse, une heureuse gravité. Ils savent ce qu'ils veulent, résonnent solidement, ont de la force et ne manquent pas d'adresse. Ce sont de savants

[1] O. de Vallée, *Nouvelles Études et nouveaux Portraits*. Paris, Calmann — Lévy, 1886. L'article est de 1882.
[2] Par Charles VII, en 1431.
[3] G. Hanotaux, *Histoire du Cardinal de Richelieu*, Paris, 1893, p. 11.

jurisconsultes et de bons administrateurs. La robe leur sied »[1].

La Faculté de Poitiers avait alors à sa tête, M. Foucart, connu par ses travaux sur le droit administratif, qu'il fut un des premiers à réunir en corps de doctrine, et dont l'enseignement lui avait été confié. L'érudition historique l'avait aussi attiré. La Société des Antiquaires de l'Ouest et les *Annales du Poitou* ont publié de lui d'intéressants mémoires sur une province devenue sa patrie d'adoption[2]. Sous un tel doyen, le goût que M. Oscar de Vallée avait déjà pour les études historiques, ne courait pas risque de s'affaiblir.

Les autres chaires étaient occupées par des professeurs également distingués : le droit romain était enseigné par M. Fradin, le Code civil par MM. Abel Pervinquière, Grellaud, Fey ; le Code de commerce par M. Becane, la procédure civile et le droit criminel par M. Bourbeau, continuateur et émule de Boncenne, que la politique, en 1848, enleva au professorat, et qu'on a vu tour à tour représentant du peuple, député en 1869, sénateur en 1876[3]. Il devait se rencontrer un jour sur les bancs du Corps législatif avec son ancien élève, lui, comme ministre de l'Instruction publique dans le cabinet Chasseloup-Laubat, M. de Vallée, comme conseiller d'Etat, commissaire du Gouvernement.

[1] G. Hanotaux, *Histoire du Cardinal de Richelieu*, Paris, 1893, p. 11.
[2] Né à Compiègne en 1800, il est mort à Poitiers en 1859.
[3] Né en 1811, il est mort le 6 octobre 1877.

De ces divers maîtres, dont il suivit les cours avec assiduité et profit, il en est un cependant dont il conserva un plus vif et plus reconnaissant souvenir, c'est M. Pervinquière, sous lequel il avait étudié le Code civil. Plus tard, lorsque de Paris il revenait passer ses vacances en Poitou, il avait toujours une visite pour son ancien maître.

Ainsi en août 1854, où il écrivait :

« J'ai vu M. Pervinquière, mon ancien professeur, qui consulte pour les deux mondes ; c'est un savant naïf et un bien excellent homme : il m'a invité à dîner ».

Au mois d'août 1842, il passa brillamment sa licence.

M. Oscar de Vallée avait vingt et un ans lorsque, au sortir de l'École de droit, déjà bien armé pour les luttes judiciaires, il débuta au barreau de Poitiers. Il pensait s'établir dans cette ville, et y poursuivre paisiblement la carrière qui s'ouvrait devant lui.

M. de Vallée cependant ne resta qu'une année au barreau de Poitiers : les succès mêmes qu'il y obtint l'en éloignèrent, en le poussant sur le vaste et brillant théâtre de Paris. Une lettre de son oncle, l'universitaire, placé cette année même à la tête du lycée de Grenoble, nous fournit quelques détails sur ce commencement de stage à Poitiers.

« Je suis pressé, mon bien bon ami, de te féliciter de tes succès à l'École de droit et de ton début comme avocat à la Cour d'assises. Voilà deux beaux succès en bien peu de temps ; je t'en félicite bien sincèrement ; je félicite aussi tes heureux parents, que tu dédommages ainsi de tous les sacrifices qu'ils ont faits pour toi ; j'en félicite enfin les trois frères réunis qui voyent dans leur fils et dans leur neveu un jeune homme si bien disposé à honorer de plus en plus un nom qu'ils ont rendu eux-mêmes assez honorable. Persévère, mon ami, dans la voie où tu viens d'entrer, et tu seras du petit nombre de ces avocats dont la clientèle ne se fait pas trop attendre.

« Je conçois, mon ami, le désir que tu éprouves d'aller travailler auprès de l'un de ces hommes à la parole puissante qui honorent le barreau de Paris ; j'ai bien écrit à l'un d'eux pour savoir si la place que tu ambitionnes est ou non difficile à obtenir ; j'attends encore la réponse... Si l'avocat auquel je me suis adressé se tait, j'écrirai dans quelque temps à l'ami Pelassy, qui est aujourd'hui membre du Conseil général de la Seine... En attendant, mon ami, ne néglige rien de ce qui peut donner de l'éclat à ton admission au doctorat en droit. L'Université a les yeux sur les lauréats, qui trouveront auprès du Gouvernement toute facilité pour entrer dans la Magistrature » [1].

La Cour de Poitiers, qui par l'étendue du ressort et le nombre des affaires n'a qu'un rang assez modeste parmi les Cours d'appel, s'est cependant toujours distinguée par le savoir de ses magistrats et la qualité de ses arrêts. L'esprit de ses illustres ancêtres semble encore inspirer leurs descendants. Au moment où le jeune avocat de Vallée se présentait pour la première fois à la barre, cette Cour,

[1] Lettre du 28 janvier 1848.

qui comptait quatre Chambres et trente-sept membres, avait pour premier président, M. Moyne, et pour présidents de Chambres, MM. Vincent-Molinière, Liége d'Iray, Macaire et Barbault-Lamotte. Parmi les conseillers, on remarquait : MM. de la Fontenelle de Vaudoré, magistrat historien, dont le nom est aujourd'hui inséparable des annales poitevines ; Garran de Balzan, Merveilleux, Arnaudeau. Le parquet avait à sa tête le procureur général Letourneux. Au Tribunal, le président était M. Leidet ; le procureur du roi, M. Chemineau.

Quelques plaidoiries aux assises, de petites affaires civiles, tels sont les débuts ordinaires de l'avocat, tels furent ceux de M. Oscar de Vallée. Mais l'on remarquait déjà sa parole facile, élégante. Une sorte de sympathie s'attachait aussi à sa personne, et parmi les juges qui l'entendirent, il se fit plus d'un ami, plus d'un protecteur. Un ancien député des Deux-Sèvres, qui occupait à Paris une haute situation judiciaire, M. le président Agier, entendit parler des succès du jeune maître, dont il connaissait la famille. Il l'encouragea, et nous verrons que ses conseils ne furent pas étrangers à la résolution que prit bientôt M. Oscar de Vallée, de venir s'inscrire au barreau de Paris.

Parmi les magistrats de Poitiers qui s'intéressèrent aux succès du nouvel avocat, nous devons nous arrêter au président Vincent-Molinière. Né en 1777, apparenté aux Jard-Panvillier, le conventionnel et le pair de France, il avait débuté, en 1807, dans la Magistrature comme juge suppléant à Niort, et était passé, quatre ans plus tard, avocat général à Poitiers. Depuis 1827, il était président de Chambre. C'était un magistrat appliqué, en politique un esprit libéral. Député à la Chambre des Cent-Jours, il avait failli être destitué à la Restauration [1].

Le souvenir de ces années passées à Poitiers sur les bancs de l'Ecole de droit, ou au Palais de justice lorsqu'il s'esseyait à ses premières causes, se trouve agréablement mêlé aux choses du présent dans des notes de voyage que M. de Vallée écrivait en 1850 et en 1854 :

« 30 octobre 1850. — Je suis allé à Niort et de là à la campagne du premier président Vincent-Molinière, à la nomination duquel j'ai contribué par l'intermédiaire de M. Baroche. M. Vincent avait toujours été bon pour moi. « On a souvent besoin d'un plus petit que soi ! » Quelles bonnes gens ! J'ai entendu la messe le jour de la Toussaint dans la petite chapelle de Mairé, avec toute la famille Vincent et leurs domestiques et fermiers. »

« 2 novembre. — J'ai déjeuné à Niort avec mes compatriotes M. Proust [2], procureur de la République, et Lasnonier [3], adjoint au maire de la ville. Ces messieurs passent pour des républicains. M. Lasnonier veut être juge à la place de M. Giraud, son beau-père.

[1] Charles Vincent-Molinière. Nommé premier président en 1849, il prit sa retraite en 1851 et mourut le 26 decembre 1859, à 82 ans.

[2] Charles-Stanislas Proust, nommé en 1848 commissaire du Gouvernement près le tribunal de Niort, fils de Théodore-Bara Proust (1794-1845), le député de Parthenay en 1845.

[3] Eugène Lasnonier, né à Niort, le 1er septembre 1807, bâtonnier ; député de 1863 à 1870, il siégea dans la majorité. — M. Giraud, juge à Niort.

« J'ai quitté Niort à 4 heures et ai fait le voyage de Paris avec M. Jard-Panvillier... Nous avons parlé de son père M. Jard-Panvillier [1], membre de la Convention, du Tribunat, président à la Cour des Comptes. C'était un homme d'un grand jugement. Ce fut lui que le Tribunat chargea de faire au Sénat le rapport du projet de loi créant le Consulat à vie. Ce rapport roule sur l'impossibilité de fonder en France le gouvernement républicain. M. Jard-Panvillier, mon compagnon de voyage, m'a raconté qu'il avait assisté à la séance du Conseil d'Etat dans laquelle l'Empereur chassa M. Portalis, parce qu'ayant connu, comme directeur de l'Imprimerie impériale, la bulle d'excommunication, il l'avait laissé ignorer. « Sortez, Monsieur, et ne reparaissez jamais devant moi. » Un an plus tard, l'Empereur le faisait premier président de la Cour d'Angers. »

« 21 août 1854. — Mon départ de la Mothe avec mon père qui va au Conseil général des Deux-Sèvres.

« Poitiers. — J'y suis reçu admirablement. Drouin a invité à dîner Grellaud, Bourbeau, Lepetit, Dupuis, Vaillant. Charmant dîner... On a beaucoup ri au dîner de Drouin.

« 22. — J'ai déjeuné avec Dupuis, Tailland et son par-

1 Louis-Alexandre, baron Jard-Panvillier, né à Aigonnay le 7 novembre 1757, mort le 12 avril 1822. Il était fils d'un médecin de Niort. Successivement procureur général syndic des Deux-Sèvres en 1790; député à la Législative en 1791, à la Convention, où il vota le sursis dans le procès du roi, membre du Conseil des Cinq-Cents, du Tribunat, et finalement de la Chambre des Députés, de 1815 à 1822.

quet. Je suis allé à l'audience ; on a mis trois heures pour juger une question de provision ; les conclusions de Me Pontois. C'est à cette Chambre que j'ai débuté. La Cour d'assises. Je dîne chez le premier président de Sèze avec le préfet. »

II

L'AVOCAT

1843-1848

C'est la bourse légère, « cent écus et quelques vieux sous », comme il l'a dit agréablement lui-même, que le jeune de Vallée arrivait à Paris. Il faut y joindre quelques lettres de recommandation pour des personnages influents, ou crus tels, M. Sauzet, l'ancien ministre de la justice, MM. Pelassy, conseiller général de la Seine, et Daveluy, l'universitaire, qui devaient le présenter à M. Vivien, et sur l'amitié desquels l'oncle de Grenoble comptait, avec quelque illusion, pour protéger son neveu ; M. Boinvilliers, MM. Tribert [1] et Allard, deux députés des Deux-Sèvres, ses compatriotes. Une maison aimable et hospitalière lui était aussi ouverte, celle de M. et de Mme Jard-Panvilliers, des amis du Poitou, dont le fils était son camarade. A l'é-

[1] Pierre-Louis Tribert, né à Poitiers le 25 juin 1781, mort à Fontioux (Vienne), le 20 juillet 1853. Attaché d'abord au conventionnel Thibaudeau, son cousin par alliance, alors préfet des Bouches-du-Rhône, il fut nommé en 1809 sous préfet de Bressuire. Député des Deux-Sèvres (Niort), de 1829 à 1848, il siégea dans le groupe O. Barrot.

preuve, il ne resta guère à M. de Vallée qu'un unique protecteur efficace, le président Agier, ancien député de Parthenay, qui, sous des dehors un peu brusques, et malgré une certaine humeur fantasque paraissant et disparaissant avec son rhumatisme, était un homme excellent, que bientôt son jeune protégé eut le droit d'appeler le bourru bienfaisant. Mais M. de Vallée avait pour lui la jeunesse, qui donne « les longs espoirs et les vastes pensées », beaucoup de volonté, et la plus belle ardeur du monde.

Arrivé dans la capitale au commencement de novembre 1843, le mois ne s'était pas encore écoulé qu'il avait plaidé heureusement une première affaire, que dix jours plus tard il remportait un vrai succès à la Cour d'assises, et qu'entre temps il avait fait à l'Athénée, sur le divorce, ce qu'on appellerait aujourd'hui une conférence. Enfin un avocat célèbre lui avait entr'ouvert la porte de son cabinet, et bientôt il allait l'ouvrir toute grande au jeune stagiaire dont le talent s'était affirmé.

Cette activité était de bon augure. Quelques fragments des lettres qu'il écrivait alors à sa famille feront connaître, mieux que tout autre récit, les débuts de ce jeune homme dont le talent, la confiance en l'avenir, l'ardent désir de payer en succès les sacrifices paternels, étaient en quelque sorte toute la fortune.

« 7 novembre 1843. — Je devance l'époque à laquelle il était convenu que je vous écrirais. Mon cœur se trouve bien de cette nécessité. Depuis que je vous ai quittés, vous n'avez pas cessé d'être présents à ma pensée... Arrivé dimanche à Paris, je ne suis pas encore installé. Les logements sont chers et difficiles à trouver. Charles et moi nous avons couru depuis trois jours.

J'ai vu M. Agier, qui m'a répété ses sévères observations sur ce qu'il a considéré comme une impolitesse; de plus, j'ai vu M. Baroche qui m'a parfaitement accueilli, et qui, j'en suis bien convaincu, n'a pas été choqué de ce qui affligeait tant l'honorable président. Le jeune homme que je dois remplacer chez lui ne le quittera que dans une quinzaine. Il m'a donc donné rendez-vous pour le 20. Il a été fort aimable, s'est offert de me présenter au stage, et m'a promis de faire immédiatement un rapport favorable pour mon admission. C'est à ce sujet surtout que je vous écris. Il me faut mon diplôme de licencié...

La visite que j'ai faite à cet avocat distingué, m'a fait grand plaisir. Je suis plein d'espoir... Arrivé à Paris avec quelque inquiétude, j'ai aujourd'hui l'esprit libre et le cœur joyeux, surtout en pensant à vous qui faites pour moi tant et de si nobles sacrifices... Votre image remplit mon âme de hautes idées; la dernière parole de ma bonne mère raisonne encore à mon oreille, et ma pensée à ce souvenir s'élève instinctivement vers Dieu. »

« 29 novembre. — Vous pensez bien qu'il a fallu que je fusse sans cesse occupé depuis mon arrivée, pour ne vous avoir pas écrit une seconde lettre. Occupé! non, j'ai été harassé! J'allais de M. Agier à Me Baroche, de M. Pelassy à Me Boinvilliers. Un temps si utile pour le travail, je le consumais en courses et en visites. C'est un dur métier que celui de solliciteur à Paris. Et cependant, hélas ! je ne voulais pas un ministère. Je voulais ce que vous savez. Eh bien ! la concurrence est si grande dans ce Paris, tout plein de bien et de mal, que j'ai eu mille peines à obtenir l'entrée du cabinet de Me Baroche. J'ai subi des caprices de M. Agier, qui en a beaucoup ; j'ai été remis à huitaine, puis à quinzaine, enfin aujourd'hui même j'aborde le sanctuaire ! Pourvu que le dieu, en m'y voyant entrer, ne s'écrie pas : *Procul, o procul, este profani.*

Vous comprenez que ce résultat m'a un peu délassé, et comme si un bonheur en amenait un autre, j'ai, le jour même où M. Baroche m'admettait chez lui, reçu du président des assises une lettre qui me nommait d'office pour défendre, samedi 2 décembre, un particulier accusé de vol. Ce n'est pas que je puisse considérer cette affaire comme une bonne fortune ; elle est destinée à passer inaperçue au milieu de toutes celles qui l'environnent. Mais enfin elle a encore son mérite pour un avocat sans cause, démangé du besoin de parler. Ah ! j'en conviens, ce n'est plus ma triste mais bonne ville de Poitiers, où l'on m'écoutait parler, où quelques-uns venaient exprès pour m'entendre ; il ne faut plus songer à toutes ces petites douceurs, à cette royauté facile.

Mon excellent père me prie de vous dire qui j'ai vu, comment j'ai été reçu. Je vais vous le raconter. J'ai d'abord été reçu fort mal par M. Agier, il avait son rhumatisme dans la tête ; puis un peu mieux, puis assez bien, puis enfin convenablement. — M. Pelassy m'a reçu parfaitement. Je n'ai qu'à me louer de ses bons procédés. Maxime [1] m'a revu avec beaucoup de plaisir et son père a été charmant, m'exprimant le regret qu'il avait éprouvé que mon séjour à Paris au mois de juin dernier eût été si court et m'engageant à aller souvent chez lui, surtout quand Mme Panvilliers [2] serait de retour des Ouches. Elle est arrivée avant-hier.

Je me suis présenté chez M. Allard [3]; il n'y était pas. M. Sauzet [4] n'arrive à Paris que dans trois semaines; je ne manquerai pas d'aller le voir. Il a tout récemment encore promis à mon oncle sa bienveillance et ses services pour moi.

J'ai vu deux ou trois fois M. Hippeau [5], et je me promets de le voir quelquefois. Il m'a fait l'effet d'un excellent

[1] Maxime Jard-Panvilliers, fils du pair de France de ce nom.

[2] Femme de Charles-Marcellin Jard-Panvilliers, pair de France, né à Niort, le 30 mars 1789, mort à Paris, le 1er avril 1852. D'abord sous-préfet de Melle, il entra en 1817 à la Cour des Comptes, où il devint conseiller-maître en 1830. Il était fils du conventionnel de ce nom, mort député des Deux-Sèvres en 1822.

[3] Nelzir Allard, né à Parthenay le 27 octobre 1798, mort à Passy, le 23 oct. 1877, député des Deux-Sèvres de 1837 à 1848. Il avait remplacé M. Agier. Sorti de l'École Polytechnique dans le génie, il avait été en 1840 promu chef de bataillon. Général de division en 1857, il entra au corps législatif en 1876. M. de Vallée le retrouva plus tard au Conseil d'État, où il présidait la section de la guerre, de la marine et des colonies.

[4] P. J. P. Sauzet, avocat, né à Lyon le 22 mars 1800, où il mourut le 12 juillet 1876. Député du Rhône de 1834 à 1848, ministre de la justice dans le cabinet du 22 février 1836 (Thiers) ; président de la Chambre de 1839 jusqu'à la révolution de 1848.

[5] Célestin Hippeau, né à Niort le 11 mai 1803, qui, après avoir professé aux collèges de Niort et de Poitiers, fut nommé en 1847 professeur à la Faculté de Caen. Mort le 31 mai 1883.

garçon. Je vais ce soir à l'Athénée [1]. J'ai l'intention d'y parler avec un de mes jeunes confrères pour qui Letourneux [2] m'avait remis une lettre. J'y parlerai infailliblement mardi sur le divorce et la séparation de corps.....

J'ai donné 45 francs pour le stage, je déjeune pour 8 sols, et dîne pour 30 sols. Dans huit jours je dînerai à 25 sols ».

« 14 décembre. — J'aurais presque été tenté de remettre ma lettre à dimanche ; je dois plaider samedi à la Cour d'assises une affaire assez importante ; je voudrais pouvoir vous en apprendre le résultat, mais cela serait encore deux jours de retard, ce serait trop pour vous et pour moi... Jusqu'ici je ne puis pas me plaindre. J'ai plaidé il y a quinze jours, et j'ai reçu des félicitations de ceux qui m'entouraient. Maxime était à l'audience. Il en a reçu pour mon compte et il s'est empressé de les transmettre à sa famille, de sorte que quelques jours après quand je suis retourné voir Mme Panvilliers, j'ai reçu d'elle avec une invitation à dîner, les compliments les plus obligeants. Malgré ses compliments et son dîner, je lui suis déjà fort attaché. Toutes ses paroles respirent la bonté, j'espère beaucoup de mes relations avec cette maison. Mme Panvilliers a écrit pour moi à M. Meilheurat [3], directeur des grâces au Ministère de la Justice, en le priant de me recommander au président d'assises. Tout

[1] Assemblée littéraire, qui avait succédé au *Musée de Monsieur*, fondé au XVIIIe siècle par Pilâtre de Rosier, et au lycée, où La Harpe fit ses célèbres leçons. Elle se tenait rue de Valois.

[2] Le procureur général à la Cour de Poitiers.

[3] Pierre-Antoine-Philippe-Joseph Meilheurat, né à Gannat le 26 mai 1791, mort à Moulins le 4 avril 1864. Procureur du roi à Moulins en 1823,

cela avec une grâce charmante et les choses les plus aimables pour ma famille et pour moi.

« Je ne m'étonne pas, Monsieur, que vous plaidiez, je n'ai jamais connu d'homme qui fut plus *éloquent* dans la conversation que votre père. »

D'ailleurs elle n'est pas la seule, mon vieil ami, qui ait flatté ma piété filiale en me parlant de toi. Le chef de bataillon Allard m'a dit, que « mon père était un des membres les plus distingués du Conseil général et qu'il était heureux d'avoir fait sa connaissance.

M. Agier me néglige. Cet excellent homme est dans un état d'affaissement moral qui explique tout. L'autre jour, il renvoyait de chez lui Alfred Bruneau, sous prétexte qu'il n'avait pas encore lu son journal, et ce après lui avoir donné rendez-vous. Je ne veux pas vous raconter quelques-unes de ses brusqueries envers moi, mais j'ai quelque droit de l'appeler le *bourru bienfaisant*.

Je n'ai encore vu ni M. Tribert ni M. Sauzet. Je vais demain chez M. Tribert. J'ai parlé à l'Athénée sur le divorce. J'étais ému, n'ayant pas l'habitude de parler devant des maîtresses de pension et des nobles comtesses du faubourg Saint-Germain.

J'ai changé de domicile, je demeure avec Alfred Bruneau, rue du Vingt-Neuf Juillet, n° 11 ; je paye moins cher et suis mieux. Envoie-moi à cette adresse, ma bonne mère,

rallié à la Monarchie de Juillet, qui le nomma conseiller à Riom en 1834, député de Moulins de 1837 à 1848, il était depuis 1841 directeur des affaires criminelles et des grâces au Ministère de la Justice.

des provisions le plus tôt que tu le pourras, elles me seront d'une grande utilité »..

Lorsque M. Oscar de Vallée, ayant quitté Poitiers pour une plus vaste scène, débutait ainsi au barreau de Paris, il avait vingt-deux ans. De taille au-dessus de la moyenne, maigre, c'était un jeune homme aux traits réguliers, au visage alors un peu pâle, au front bien modelé, ombragé par une abondante chevelure châtain. Sans timidité, mais aussi sans outrecuidance, il était de ceux qui, pour arriver, comptent surtout sur eux-mêmes et sont prêts à la lutte. Sous beaucoup de distinction et une certaine réserve de dignité, on sentait une force de volonté qui avait conscience d'elle-même.

L'heure était propice à l'avènement d'une génération nouvelle sur le théâtre des événements. La Monarchie de Juillet entrait dans une nouvelle phase de son existence, où aux émeutes stériles succédaient les luttes légales pour l'extension de la capacité politique.

Douze années s'étaient écoulées depuis la révolution qui avait remplacé la branche aînée des Bourbons par la branche cadette, et une royauté légitime par une royauté d'expédient, n'ayant pour elle ni le droit d'hérédité, ni la base solide du suffrage populaire, dont ne pouvait tenir lieu le vote de 219 députés sans mandat. A l'hostilité implacable des légitimistes, qui ne pardonnaient pas au roi Louis-Philippe d'avoir pris la place de l'héritier légitime, d'avoir spéculé pour s'affermir sur le déshonneur de sa nièce, la prisonnière de Blaye, et effacé les fleurs de lys de son écusson, était venu bientôt se joindre celle des deux partis qui avaient le plus contribué à la Révolution de Juillet, les républicains et les bonapartistes. Pour eux, l'avènement du duc d'Orléans au trône avait été la plus cruelle des déceptions. Aussi, dans chacune des nombreuses émeutes qui, de 1830 à 1840, ensanglantèrent les rues de Paris et de Lyon, avait-on retrouvé la main de l'un et de l'autre. Par un sort commun à toutes les révolutions, qui ne donnent pas au progrès la collaboration du temps, et ne veulent tenir compte ni des mœurs ni des circonstances, la Révolution de Juillet avait fait banqueroute à ses auteurs.

Soutenu par le seul concours des intérêts matériels, que l'inconnu effraye toujours, le roi Louis-Philippe avait trop grand besoin de ses forces contre les ennemis de l'intérieur pour qu'il lui en restât beaucoup contre les rivaux, pour ne pas dire les ennemis de la France à l'extérieur. De là, la faiblesse de sa politique dans les affaires de Belgique et de Syrie, comme dans les insurrections de Pologne et d'Italie, dont les révolutionnaires de Paris se considéraient comme solidaires. *L'ordre règne à Varsovie* est un mot, que le peuple n'oublia pas, et dont il se souvint le jour où, pour la troisième fois, il se fit le juge de la Monarchie en France. En rouvrant l'ère des révolutions, au lieu de concourir à la transmission et à l'affermissement de la couronne légitime sur la tête d'un jeune prince dont il aurait été à la fois l'appui et le conseiller, le roi Louis-Philippe avait lui-même préparé les difficultés qui l'assaillirent pendant toute la durée de son règne et sous lesquelles il finit par succomber.

Contre ce mal originel, on doit reconnaître du moins qu'il lutta avec persévérance, souvent avec habileté, mais sans rencontrer jamais un de ces succès décisifs qui éclaircissent pour longtemps l'horizon.

Après la folie et le scandale de la coalition contre le cabinet Molé en 1839, et les velléités guerrières, plus brouillonnes que patriotiques, de M. Thiers l'année suivante, l'avènement du cabinet Guizot, le 29 octobre 1840, avait semblé ouvrir pour la Monarchie de Juillet une période nouvelle, où le progrès régulier, constitutionnel, résultat du jeu normal des institutions, remplacerait l'agitation des conspirateurs et les combats sanglants de la rue. Malgré la défiance inspirée par la loi sur les fortifications de Paris à un peuple qui, à tort sans doute, les croyait moins dirigées contre l'ennemi que contre lui-même ; malgré la mort foudroyante du duc d'Orléans, qui avait su se rendre populaire, donner créance à son libéralisme, et dont on sentait que la disparition affaiblissait la nouvelle royauté et mettait en hasard la succession au trône ; malgré des difficultés sérieuses, nées d'un passé lourd de fautes, ou produit d'un hasard qui se joue de la prévoyance humaine, la vie politique semblait reprendre plus de sérénité et d'activité féconde.

Deux députés, MM. Ganeron et Ducos, présentaient en

1842 leurs projets de loi sur la réforme parlementaire et la réforme électorale.

Tant que l'on avait, ainsi que la Restauration, considéré l'élection des députés comme une fonction civique, et non comme un droit, rien n'était plus logique que le régime censitaire : le cens étant une sorte de présomption et de signe matériel de la capacité. C'était la théorie de grand esprits, de M. Royer-Collard et de M. de Serre. Mais en 1840, après l'avènement du « roi-citoyen », et quand plus que jamais la « démocratie coulait à pleins bords », la théorie était depuis longtemps compromise, et la pratique d'un cens électoral étroit aussi impopulaire qu'illogique. Jusqu'ici les représentants les plus avancés de la gauche avaient eu seuls l'initiative de cette double réforme. Mais en 1842 elle avait pris un nouveau caractère, celui d'un progrès régulier, constitutionnel, d'une mesure presque dynastique, en émanant cette fois du centre gauche uni à la gauche. De ces deux projets de loi, l'un interdisait à un certain nombre de fonctionnaires publics l'entrée de la Chambre basse, et stipulait que, sauf quelques exceptions, aucun député ne pourrait recevoir une fonction salariée pendant la durée de son mandat et une année après [1]. C'était assurer l'indépendance de la représentation nationale. L'autre projet étendait l'électorat à tous les citoyens inscrits sur la liste du jury [2]; c'était démocratiser le droit de suffrage.

[1] Thureau-Dangin, *Histoire de la Monarchie de Juillet*, V, 51.
[2] *Idem*, p. 51.

De la part du ministère, il eût été avisé de ne pas se mettre en travers de cette double réforme, d'essayer tout au plus de l'atténuer. L'origine de la nouvelle royauté ne s'y opposait pas ; elle semblait y convier au contraire, puisque le résultat eût été une plus grande harmonie entre le souverain et le corps électoral. M. Guizot lui-même a dit plus tard : « Je n'avais, à ces deux propositions, aucune objection de principe ni de nature perpétuelle... Mais dans les circonstances du temps, je regardais les deux propositions comme tout à fait inopportunes, nullement provoquées par des faits [1] ».

Il est permis de croire que Louis-Philippe et son ministre apprécièrent mal la situation, et que la réforme alors librement et libéralement accordée eût détourné la tempête qui six ans plus tard les emporta l'un et l'autre. Il est rare que les dynasties destinées à périr ne hâtent par elles-mêmes leur chute. Roi et ministère ne triomphèrent que trop alors de l'opposition, qui n'était encore qu'une opposition dynastique.

Les deux projets de loi furent repoussés : le premier, par 198 voix seulement contre 190 ; le second, par 234 voix contre 193 [2].

Parmi les orateurs illustres qui avaient parlé en faveur de la réforme électorale, on remarquait M. Dufaure, chef nouveau d'une fraction dissidente du centre gauche.

Les conséquences de ce scrutin sur l'opinion publique

[1] *Mémoires de M. Guizot*, VI, 365.
[2] 10 et 14 février 1842.

ne se firent pas longtemps attendre. Après les élections générales qui eurent lieu le 9 juillet suivant, le ministère se trouva bien avoir encore en main une majorité de 70 voix environ, mais cette majorité un peu inférieure en nombre à la précédente, était aussi moins compacte, moins tranchée, et Paris, sur douze députés, en envoyait dix à l'opposition, dont deux républicains avoués. Il est vrai, que la situation étrangère, qui eût toujours des conséquences très graves sur la politique intérieure pendant le règne de Louis-Philippe, avait particulièrement pesé sur les élections. La question du droit de visite, sur lequel le pays se montra si chatouilleux, avait servi presque partout de tremplin électoral aux candidats de l'opposition.

Telles sont les circonstances au milieu desquelles M. Oscar de Vallée entrait à ce barreau de Paris, encore tout ému des harangues tribunitiennes de quelques-uns de ses chefs au Palais-Bourbon, encore tout chaud de la dernière lutte électorale. Ce n'était pas certes une agitation révolutionnaire ; mais une émulation de zèle à tirer parti de toutes les ressources que la Charte et le jeu des institutions pouvaient fournir à la cause du progrès, de la liberté, ou de ce qu'on se figurait tel. Nouveau venu dans la capitale, M. de Vallée, qui jugeait peut-être les choses avec plus de calme et de sang-froid que ses anciens, engagés davantage dans la lutte, a écrit lui-même de cette époque, en évoquant, pour l'un de ses jeunes confrères d'alors devenu un bâtonnier illustre, de communs souvenirs.

« Vous rappelez-vous ce temps dont nous sépare presque un demi-siècle ? On l'a beaucoup critiqué, et les événements l'ont bien singulièrement et bien diversement contredit. On croyait la révolution apaisée, sinon finie ; des gens de beaucoup d'esprit avaient mis entre le passé et l'avenir une royauté affaiblie, mais que le sentiment populaire devait fortifier et soutenir. Je ne dis pas qu'il y eût dans tout cela beaucoup de principes, de fortes assises, ni une grandeur ancienne, ni une nouveauté tout à fait grande ; mais tout le reste avait sombré, la liberté, la gloire, l'hérédité, les traditions ; on avait élevé sur toutes ces ruines une construction moderne, où il y avait place à peu près pour tout le monde ; on y voulait, sans y réussir très bien, respecter le passé et s'avancer lentement vers l'avenir ; ce n'est pas le talent qui manqua ; il y en avait partout, à la tribune, dans la chaire, au barreau, dans l'enseignement, dans les lettres, dans les arts. Comment tout cela a-t-il été inutile, et comment quelques années plus tard un poète, ambitieux de bruit et d'action politique, a-t-il pu prédire à court terme ce qu'il a appelé avec une singulière dureté la révolution du mépris ? Comment, aidé par la troupe invariable des émeutiers, a-t-il pu détruire en une heure ce brillant édifice ? L'histoire l'a déjà dit en partie, elle le dira un jour tout à fait. Mais, sans avoir autant que vous aimé cette époque, j'en ai gardé un souvenir qui me fait penser que M. Rouher a eu raison d'appeler une catastrophe l'événement qui y a mis fin[1] ».

Pour les nobles esprits qui, ennemis des révolutions toujours plus habiles à détruire qu'à fonder, cherchent dans l'union de l'ordre et de la liberté la beauté de l'État idéal, et dans le progrès des mœurs le véritable progrès social et politique, l'heure prêtait à la fois aux grandes espérances et aux douloureuses appréhensions. Les institutions favorisaient sans doute le développement régulier de la liberté : mais le pouvoir, affaibli par son origine même, en butte aux attaques incessantes de trois partis antidynastiques, était presque impuissant à maintenir l'ordre, première condition du progrès, et puisait dans son danger même une défiance funeste contre des réformes qui, faites à temps, l'aurait affermi. M. Oscar de Vallée n'était étranger ni à ces espérances ni exempt de ces craintes. Nous avons vu comment, aussi éloigné d'un enthousiasme aveugle que d'une hostilité préconçue, il jugeait avec une modération clairvoyante la Monarchie de Juillet et sa conduite envers les partis.

Si son adhésion politique avait des réserves, il n'en était aucune dans son amour pour toutes les formes de l'éloquence, pour celle de la tribune et de la chaire, tout autant que pour l'éloquence du barreau. C'est à cette triple source qu'en ces années d'apprentissage et de début il abreuvait sa soif du beau exprimé par la parole. Aussi passionné pour les grandes harangues politiques d'un

[1] O. de Vallée, *Conclusions et Réquisitoires*. Paris, 1883, in-8°. Préface à M. Edmond Rousse, p. 5.

Berryer ou d'un Guizot, que pour un sermon du P. de Ravignan, ou une de ces puissantes et presque dramatiques conférences du P. Lacordaire qui attiraient alors la jeunesse en foule autour de la chaire chrétienne, il montrait autant d'ardeur à rechercher les occasions d'entendre ces grands modèles, que d'assiduité à suivre au Palais les audiences des maîtres de l'éloquence judiciaire.

La jeunesse de 1840 eut le bonheur de n'avoir subi l'influence d'aucun de ces partis extrêmes que nous avons vus depuis confondre l'athéisme avec la liberté de penser, et la cause de Robespierre, de Marat et de Danton avec celle de la Révolution. Sa sagesse et son bon sens n'étaient pas soumis à ces étranges épreuves. Tout au plus cédait-elle à l'illusion de croire qu'une monarchie née de la coalition des intérêts ou des souvenirs républicains et bonapartistes, acclamée par La Fayette et par Béranger, pourrait durer sans leur concours, et se transformer en monarchie de principe, elle dont l'avènement en avait été la négation. M. de Vallée a très bien décrit les aspirations, les sentiments de cette jeunesse : c'est presque un portrait de lui qu'il a tracé :

« La jeunesse reflète, comme un miroir très brillant et qui ajoute à l'image un éclat rapide et passager, les traits d'une époque. C'est même un miroir que les philosophes et les hommes d'Etat devraient consulter avec une patriotique attention. Si la jeunesse est forte, vaillante, religieuse, si, au milieu des séductions qui l'attirent, elle ne cède qu'avec honneur ; si elle a un but plus élevé que la fortune, des passions plus hautes que le plaisir ; si au sein des distractions de la vie, elle porte son cœur ou élève son esprit vers cette admirable trinité du beau, du bien et du vrai, la société sera forte et la nation sera grande. Si, au lieu de cela, elle est incrédule, frondeuse, bornée au plaisir, cherchant la fortune comme moyen de jouissance et de supériorité dans la dispute des appétits, si elle ne connaît pas l'obsession des grands amours de Dieu et de la patrie, tout décline et l'âge mûr et la vieillesse ne peuvent plus qu'ajouter leur laideur à ces marques de décadence.

« Nous étions une jeunesse de grandeur moyenne ; nous aimions tout ce que la Révolution avait fait de juste, d'équitable, de censé. Nous avions horreur de ses crimes ; en matière religieuse, nous avions une tiédeur civile, mais un respect sincère et réfléchi. La liberté politique souriait à nos esprits, échauffait nos cœurs et ouvrait toutes sortes d'espérances à notre imagination ; nous avions pour le peuple les sentiments qu'il faut avoir, la tendresse affectueuse qu'on éprouve pour les faibles ; mais nous ne songions pas à le prendre pour le maître absolu de nos destinées ni pour l'instrument de nos ambitions. Ce qui nous manquait, c'était ce qui manquait à la France : une volonté fixe, des principes qu'on ne quitte pas, dès que leurs conséquences vous déplaisent ou que leur rigueur vous gêne. Nous flottions déjà un peu au gré des événements qui, depuis plus d'un demi-siècle, maîtrisaient tout et dont M. de Voltaire, resté le précepteur de plusieurs d'entre nous, s'était proclamé « le très-humble et très-obéissant serviteur ». Mais nous étions loin de soupçonner que la puissance révolutionnaire était chez nous désormais sans limites et qu'elle emporterait aussi aisément et aussi vite tous les obstacles[1] ».

En cette année 1843, le barreau était comme à l'apogée de sa gloire ; et il n'eut jamais sur l'opinion publique une plus grande et plus légitime autorité. C'est l'époque la plus belle de son histoire. Assez mêlé à la politique pour lui emprunter un nouvel éclat et une nouvelle force, il ne s'était pas encore laissé envahir par elle, et n'avait pas fatigué l'opinion publique par des ambitions sans mesure et souvent sans titre.

Les citoyens le regardaient comme le boulevard de leurs libertés, comme la garantie de leurs droits civiques ou privés, et personne ne se serait avisé d'y voir un assemblage de privilèges dignes d'aller rejoindre ceux dont 89 avait fait justice. Le public ne trouvait rien de ridicule à la robe de l'avocat, et celui-ci ne songeait guère à conquérir sur le soldat la glorieuse égalité de la moustache. Les anciennes mœurs des Patru, des Gerbier, des Target, et leur costume lui-même, ne déplaisaient pas plus à leurs successeurs en savoir juridique et en éloquence, qu'aux clients qui leur confiaient leurs causes. Suivant une illustre parole, jamais le barreau « ne compta plus dans l'estime publique ».

[1] *Conclusions et Réquisitoires*, préface, p. 11-12.

La Révolution de 1830, il est vrai, avait enlevé au barreau plusieurs de ses membres les plus renommés. Dupin aîné avait été placé à la tête du parquet de la Cour de Cassation ; Hennequin, élu député en 1834, ne s'était presque plus montré au Palais jusqu'à sa mort en 1840 ; Berryer, dont l'éloquence n'était pas moins admirable à la barre qu'à la tribune, ne plaidait plus cependant qu'à l'extraordinaire, pour ainsi dire, et dans des causes de plus en plus rares. A la date où nous sommes, les avocats les plus en vue, les plus occupés, les chefs, si l'on peut ainsi les appeler, dans un Ordre qui n'a que des égaux, étaient Philippe Dupin, Paillet, l'un et l'autre âgés de quarante-huit ans ; Chaix d'Est-Ange, qui n'en avait que quarante-deux, tous trois dans tout l'éclat de leur talent. M. Oscar de Vallée, dans un tableau d'ensemble qu'il a tracé du Palais à ce moment, a très bien indiqué l'esprit qui animait le barreau et qui doit encore le recommander auprès de la postérité. Nous y voyons aussi avec quels sentiments M. de Vallée entrait dans la carrière qu'il s'était choisie :

« Je ne veux parler ici que du monde judiciaire qui d'ailleurs a des vues sur tout, et qui donne bien l'écho des autres mondes qui l'environnent. Je ne crois pas qu'il ait jamais été plus brillant. Nous avions devant nous au barreau une réunion d'hommes d'un rare talent : Philippe Dupin, Paillet, Marie, Chaix d'Est-Ange, Duvergier, Baroche, Crémieux, Bethmont, Liouville. Je mets à part Berryer, Odilon Barrot, Billault, parce que, pour eux, l'éclat de la tribune effaçait le reste. Il y avait alors au Palais une véritable et belle poétique, je ne dis pas qu'on y dédaignait la fortune, ni que tout le monde y eût horreur du métier; mais les maîtres, ceux qui donnaient le ton et l'exemple, avaient un idéal et cherchaient à l'atteindre. Le feu des affaires allumait, au lieu de l'éteindre, la passion de l'éloquence ; comme les artisans d'autrefois, chacun cherchait à donner son chef-d'œuvre. Si l'on eût dit alors qu'il suffisait pour être avocat d'être versé dans la jurisprudence et d'exposer vivement un procès, on aurait passé pour un Welche ou pour un défenseur officieux. Aussi le barreau de cette époque me passionnait et m'effrayait à la fois. Quelle variété et quelle perfection de talents! Cicéron y aurait trouvé des interlocuteurs et des rivaux. L'explosion littéraire y avait échauffé et rajeuni, sans l'avoir encore dénaturé, le génie de notre langue; le voisinage d'une tribune éclatante, un élan général vers tous les arts et un grand reste de sentiments religieux, excitaient l'éloquence judiciaire et avaient introduit dans le bureau une émulation féconde [1] ».

Les conseils que les jeunes stagiaires recevaient de leurs anciens à la conférence des avocats, n'étaient pas pour diminuer la haute idée que M. Oscar de Vallée se faisait de sa profession et de l'éloquence judiciaire. Le bâtonnat, en cette année 1843, était exercé par Me Chaix d'Est-Ange, avec une autorité, un éclat qui étaient autant les fruits de

[1] O. de Vallée, *Conclusions et Réquisitoires*, p. 7.

son amour profond pour l'Ordre que de son grand talent. Depuis la Révolution de 1830, et cela dura jusqu'à l'avènement du second Empire, le bâtonnier était élu par le barreau tout entier, et M. Chaix d'Est-Ange en était bien l'expression. Il succédait dignement dans ces fonctions à Marie, à Paillet, à Philippe Dupin.

Entre Philippe Dupin, qui était l'éloquence abrupte, pleine de sève gauloise, moins pourvu de grâce que de bon sens, de vigueur, et Paillet, qui était la finesse, l'élégance, la pureté concise, la raillerie courtoise, même quand elle était mortelle, Chaix d'Est-Ange représentait, avec toutes ses qualités nouvelles, ce qu'on pouvait appeler la nouvelle école d'éloquence, celle qui répondait aux idées, aux mœurs, au mouvement littéraire de 1830. Il avait donné à sa parole la vivacité, la passion, le mouvement de cette société qui s'était passionnée pour *Antony*, pour *Indiana*, pour les héros de Balzac, qui allait bientôt dévorer les feuilletons des *Mystères de Paris*, des *Trois Mousquetaires*, et de *Monte-Cristo*.

M. Chaix d'Est-Ange avait en quelque sorte dramatisé sa plaidoirie, où la vie circulait à flots : les personnes qu'il y faisait apparaître avaient tout le relief de la réalité, on croyait les voir, les entendre. Doué du don merveilleux de l'improvisation, sa parole aussi était plus ample, plus rapide que celle de ses deux grands confrères. Mais, par une compensation naturelle, elle avait des excès, où ils ne tombaient pas, surtout l'impeccable Paillet, toujours maître de lui.

Comme nous l'avons dit, Chaix d'Est-Ange avait la plus haute idée de sa profession, et portait le plus vif intérêt à ses jeunes confrères. Son salon leur était ouvert. Ce salon avait le double éclat d'un salon politique et littéraire et réunissait les illustrations en tous genres qui étaient la parure et la gloire de Paris. Une femme aimable et bonne entre toutes, en faisait les honneurs, avec une distinction, une grâce, qui a laissé de profonds souvenirs. « Femme d'une bonté angélique, a dit d'elle, à l'occasion de sa mort en 1865, un de ses hôtes d'autrefois, femme que tout le Palais a connue et aimée. Il n'est personne de nous qui, jeune encore et inconnu, n'ait reçu de cette femme, restée douce et simple au milieu des grandeurs judiciaires et politiques, l'accueil le plus sympathique [1] ». M. Oscar de Vallée put apprécier le charme de cet accueil, et s'en montra toujours reconnaissant.

Si le jeune avocat, dans l'étude et dans la lecture des grands jurisconsultes du passé, pour lesquels il avait un goût très vif, s'était déjà formé une conception idéale de la Justice et des hommes qui en étaient les auxiliaires volontaires, c'est à la Conférence des avocats qu'il apprenait maintenant de la bouche du chef du barreau de quelle façon les règles positives de l'Ordre rapprochent la pratique de l'idéal : comment l'avocat doit toujours s'efforcer d'être le *Vir bonus dicendi peritus*.

Les séances de la Conférence se tenaient alors dans

[1] Norbert Billiart, *Le Monde judiciaire*, mai, 1865, p. 210.

l'ancienne bibliothèque des avocats, qui depuis a disparu au milieu des incendies du 21 mai 1871, avec la plus grande partie de ses richesses. C'était, à l'entresol du bâtiment où se trouvait le petit parquet, dans l'angle droit de la cour de la Sainte-Chapelle, une salle un peu plus longue que large, de moyenne grandeur, assez sombre, dont les murs étaient garnis de grands corps de bibliothèque, en vieux chêne noirci par le temps. Au fond, devant une cheminée sur laquelle trônait le buste en marbre d'un ancien bâtonnier, siégeaient autour d'une table oblongue, recouverte de drap vert, le bâtonnier entouré des douze secrétaires de la Conférence. A droite et à gauche, un peu en avant, étaient deux pupitres devant lesquels se plaçaient les stagiaires inscrits pour prendre la parole dans la question à l'ordre du jour. Chaque année, à la fin de novembre, avait lieu l'ouverture solennelle des conférences. Le bâtonnier élu, entouré des membres du Conseil, prononçait le discours d'ouverture, consacré d'ordinaire à de paternelles exhortations au jeune barreau et à la glorification du devoir professionnel. La séance se terminait par la lecture des deux discours, confiés aux deux stagiaires qui, pendant l'année précédente, s'étaient le plus distingués dans les travaux de la Conférence.

Rien ne remplace la poésie, nous pourrions dire la majesté, que le temps donne aux choses. Ni les proportions plus vastes, ni l'aménagement plus luxueux de la bibliothèque nouvelle, n'ont fait oublier aux jeunes avocats d'alors, qui aujourd'hui sont devenus des anciens, leur salle d'autrefois, petite, sombre, enfumée, mais où avaient retenti tant de voix éloquentes, où tant de jeunes talents s'étaient essayés à l'art de plaider, et avaient conquis leurs premiers applaudissements.

Le 26 novembre 1842, à l'ouverture des conférences, M. de Vallée, s'il fût arrivé à Paris un an plus tôt, aurait pu entendre Mᵉ Chaix d'Est-Ange prononcer ces belles paroles, toutes pénétrées de l'esprit d'une époque où la législation avait peine à suivre les besoins nouveaux que faisait naître presque chaque jour le développement de l'industrie, du commerce, et d'une société transformée :

« Comprenez donc, mes chers Confrères, vous qui entrez dans cette profession, et qui venez lui demander la fortune et la gloire, comprenez bien toute l'étendue de votre tâche et toute l'importance des travaux qu'elle vous impose. Perdez vos illusions si vous espérez aujourd'hui, sous l'empire d'une législation plus simple, trouver dans le barreau des succès plus prompts et plus faciles. A côté de cette législation qui a réglé les principes généraux et les matières ordinaires du droit, une science nouvelle, encore timide et indécise, ouvre un vaste champ à nos études ; l'économie politique, découvrant les sources de la richesse publique et appréciant les besoins toujours nouveaux de l'industrie, vous dira la cause de ses malaises, vous indiquera le remède que la loi ou la jurisprudence peut y apporter. Ce travail cependant ne sera pas ingrat et stérile pour vous. En même temps que vous agrandirez le cercle de vos connaissances, vous agrandirez aussi le domaine de votre profession... Si vous vous sentez le courage de suivre ces difficiles travaux et d'accomplir cette tâche, allez, et ne craignez rien. Le succès, ayez-en l'assurance, couronnera vos efforts ».

Nul terrain n'était mieux préparé que l'esprit de M. de Vallée à recevoir le bon grain de la parole des maîtres. Intelligence très ouverte, il avait toutes les curiosités, et ne s'intéressait pas moins aux découvertes des sciences, aux progrès de l'industrie, qu'aux manifestations enchanteresses des lettres et des arts. Familier avec les chefs-d'œuvre de l'éloquence antique, avec Démosthène, avec Cicéron, dont plus tard, il a si bien parlé ; tout plein de nos grands sermonaires, de nos orateurs politiques de la révolution et du gouvernement parlementaire, ces Mirabeau, ces Royer-Collard, ces de Serre, dont il a voulu que les leçons reçues par le jeune avocat fussent noblement payées par l'écrivain [1], c'était en les comparant avec les illustres modèles que le Palais lui offrait chaque jour, qu'il se formait cet idéal d'éloquence, dont il a dit :

« Rien n'est plus médiocre que la médiocrité du langage. Quand un homme se lève pour parler... il doit à tous ceux qui l'écoutent le meilleur de lui-même, et comme la perfection dont son âme et son esprit sont capables. Comment prétendrait-on, en effet, exercer l'empire qui s'exerce par la parole, le plus noble et le plus

[1] Voyez ses articles sur Mirabeau, Royer-Collard, dans les *Etudes et Portraits*, p. 180 ; et les *Nouvelles Etudes*, p. 229.

doux des empires, si on n'y mettait pas la force, la grâce, toutes les séductions du langage. C'était le sentiment qui régnait alors ; aussi, quelle grande école nous avons eu la fortune de fréquenter ! Tous les genres d'éloquence y étaient représentés... Tout respirait l'art, l'étude, le travail, la passion de bien dire et de bien plaider : nous étions les admirateurs et les disciples... Un sentiment commun, j'en ai le souvenir fidèle, nous réunissait tous, nous admirions nos maîtres et, même sans l'espoir de les égaler, nous y songions beaucoup [1] ».

Jamais la France n'avait entendu dans tous les genres des voix plus éloquentes. La grande discussion parlementaire sur la liberté d'enseignement, qui, mettant aux prises l'université et le clergé, réveillait avec tant de passion les vieilles accusations contre les Jésuites, avait aussi donné un nouvel essor au catholicisme libéral, dont M. de Montalembert était le chef. Après un long silence, le P. Lacordaire, qui depuis 1836 n'avait fait, en 1841, qu'une courte apparition dans la chaire, et le P. de Ravignan, avaient repris, à la fin de 1843, leurs célèbres conférences de Notre-Dame : l'un y prêchait l'Avent, l'autre le Carême. Un peu plus tard, un homme qui devait être un des chefs et un des orateurs les plus éloquents du parti catholique dans nos assemblées, se révélait à la tribune de la Chambre des Députés. C'était M. de Falloux, élu le 1er août 1846 par le département de Maine-et-Loire.

[1] *Conclusions et Réquisitoires*, p. 7 et s.

M. Oscar de Vallée, que ses seuls sentiments religieux auraient conduit à Notre-Dame, y était attiré aussi par ces admirables modèles d'éloquence qui faisaient se rencontrer au pied de la même chaire des protestants, comme M. Guizot, avec des indifférents ou des libres-penseurs, comme M. de Rémusat. Il reçut une vive impression de ces deux grands orateurs chrétiens, dont le premier créait une nouvelle éloquence religieuse, sorte de romantisme de la chaire, qui eut ses périls, ses mauvais imitateurs, mais qui remua puissamment les âmes, et contribua beaucoup au réveil du catholicisme en France. Dès son arrivée à Paris, il était allé entendre le grand dominicain, et au sortir d'une de ces conférences il écrivait aux siens, encore tout plein de son émotion :

« J'ai entendu prêcher deux fois le révérend Père Lacordaire, vous ne vous faites pas idée de l'affluence qui se presse dans la vieille cathédrale pour entendre le dominicain. On s'étouffe dans l'église ; la place et toutes les avenues sont couvertes de calèches, je le crois par Dieu bien ! M. Lacordaire mérite la réputation dont il jouit, je ne sais pas s'il parle comme Bossuet, mais il pense admirablement bien. Je ne lui trouve qu'un défaut, c'est de trop discuter. Quand on parle au nom de Dieu, on n'ergote pas ; c'est bon aux avocats qui plaident pour des gens de mauvaise foi. — A propos, mon client de samedi m'a promis 100 fr. s'il est acquitté. Puisse-t-il tenir sa promesse ! Pour le coup, je vous écrirai sur le champ, ayant de quoi payer deux ports de lettres. [1] »

Plus tard, nous avons entendu M. de Vallée parler avec enthousiasme de ces après-midi de Notre-Dame, où le P. de Ravignan, plus simple, plus onctueux, plus logicien, s'insinuait irrésistiblement dans les âmes, que le P. Lacordaire dominait de son geste puissant et large, de sa voix âpre, de son regard de feu.

D'un autre côté, les échos de la tribune retentissaient assez jusque dans le prétoire, pour que M. de Vallée fut tenté d'aller les écouter de plus près. Le Palais Bourbon, le Luxembourg, le disputèrent souvent aux audiences du Tribunal ou de la Cour. Mais il se formait une trop haute idée de l'éloquence parlementaire, pour la séparer de la plus rigoureuse probité, et ne pas regretter l'alliance qu'elle faisait quelquefois avec la passion et l'injustice.

« La tribune, a-t-il dit, pour mériter l'admiration et pour que son rôle paraisse légitime, a besoin, non pas d'être un autel, ni même une chaire, mais un lieu élevé où il ne convient pas qu'on monte sans avoir donné quelques garanties d'intégrité. Y parler c'est à coup sûr exercer une magistrature, et nous savons par expérience que c'est dans cet étroit espace que souvent, à la voix du hasard, au bruit de la passion, sous mille influences qui ne sont pas toujours l'honneur, se décident les choses qui nous touchent le plus. »

[1] Lettre du 14 déc. 1843.

Dès les premiers mois de son arrivée à Paris, il avait été un auditeur assidu des séances du Palais Bourbon, où lui avait donné accès un de ses jeunes confrères auquel le journalisme en ouvrait les portes.

Il avait ainsi assisté aux débats orageux de l'adresse, et peignait ainsi les orateurs qu'il venait d'entendre :

« Depuis que la discussion de l'adresse est commencée[1], j'assiste à presque toutes les séances de la Chambre. Un de mes jeunes confrères les plus distingués, avec lequel je suis lié, m'y fait entrer bien mieux que nos honorables. Il est attaché à la rédaction du journal *le Commerce*. Lundi dernier, j'ai entendu M. Berryer, j'étais avec Lachaud, le défenseur de Mme Laffarge : nous avons été profondément affligés de voir cet admirable talent aux prises avec une position fausse, vaincu par elle et se débattant comme un noyé dans les flots d'une éloquence sonore. Que cet homme doit être beau, quand il soutient une grande et noble cause ; comme sa voix vibre, comme sa tête rayonne, comme son geste est impérieux et grave. C'est le seul artiste de la Chambre. M. Guizot est une pensée forte et énergique, mais que le soleil ne colore jamais. Le geste est sec et prétentieux, la voix stridente, la phrase préparée ; ce n'est plus ce rythme, cette chaleur,

[1] La session s'était ouverte le 27 décembre 1843. La discussion de l'adresse porta surtout sur ce que le gouvernement appelait l'*entente cordiale* avec l'Angleterre. Elle fut attaquée vivement par M. Billault, soutenue par M. Thiers, qui faisait sa rentrée comme chef de l'opposition, et défendue par M. Guizot, qui ne monta pas moins de trois fois à la tribune. Le 22 janvier 1844, l'amendement Billault fut repoussé à une soixantaine de voix de majorité.

cet emportement du génie ; mais en revanche, c'est une habileté formidable. M. Thiers nazille, mais si bien que moi qui aime la belle et grande nature, j'ai écouté deux heures ce petit singe nazillant au nom de son intérêt privé pour regagner un portefeuille perdu. En somme, j'ai été frappé du peu d'élévation des débats parlementaires. M. Billault est un gracieux et habile orateur. Le reste ne vaut pas qu'on le nomme. Le ministère n'a d'ailleurs qu'une majorité très faible. L'autre jour, lors de l'amendement Monnier de la Sizeranc, je lui ai compté 17 voix seulement ; il est fâcheux pour le système de M. Guizot qu'il soit représenté par lui. Des hommes nouveaux arriveraient aux affaires avec ses idées, ils les feraient accepter sans peine, parce qu'en définitive elles conviennent peut-être au temps présent, mais quelle confiance pouvez-vous avoir en un homme qui, après avoir été l'ambassadeur du 1er mars, est devenu le ministre du 29 octobre. Pour moi, je n'en ai aucune. Je n'en ai guère plus dans M. Thiers, qui a cependant un mérite que M. Guizot considère comme une faiblesse, c'est de tenir à l'opinion publique et de la consulter [1] ».

C'est en se reportant à ses anciens souvenirs que vers 1885, avec plus de maturité et de calme équité, il a apprécié l'éloquence, et tracé de beaux portraits, de MM. Guizot, Berryer, Villemain [2]. Nous sortirions de notre sujet en entrant dans le détail de ses impressions d'alors, bien

[1] Lettre de janvier 1844.

[2] Voir, *Etudes et Portraits*, Paris, Calmann Lévy, 1880, p. 70, sur Berryer ; et *Nouvelles Etudes et nouveaux Portraits*, Paris, Calmann Lévy, 1886, pp. 17, 39, sur Guizot et Villemain.

qu'elles éclairent singulièrement les goûts, les tendances, les aspirations du jeune avocat. Nous nous contenterons de reproduire le récit qu'il a fait de la séance parlementaire où il entendit le premier discours d'un homme destiné bientôt à acquérir une grande célébrité d'orateur et d'homme d'Etat :

« J'ai assisté, comme un jeune curieux épris d'éloquence, au début de M. de Falloux à la tribune. Sans y voir très loin, nous étions alors pleins d'admiration pour ces luttes oratoires, qui semblaient être l'art définitif du gouvernement ; nos jeunes esprits y trouvaient un noble charme, sans y apercevoir des illusions et des dangers. L'idée d'un grand pays gouverné par la puissance de la parole, au service de la raison, était une idée que bien des causes en France pouvaient rendre chimérique ; mais, si elle trompait les âmes, du moins elle les élevait, et, sous tous les régimes, l'essentiel est de les tenir élevées. C'était en 1846. M. de Falloux venait d'entrer à la Chambre comme légitimiste. Il saisit pour monter à la tribune une petite occasion : l'élection d'un député de la Vienne, M. Drault, était contestée, il avait été nommé difficilement, à la suite d'une coalition entre ses amis qui appartenaient à l'opposition de gauche et les légitimistes ; il avait, en conséquence de cette coalition, accepté sur certaines questions, notamment sur la liberté d'enseignement, une sorte de mandat impératif. Le jeune député de la Loire [1] défendit l'élection.

[1] Il veut dire de Maine-et-Loire.

Il y avait dans sa personne une distinction native, comme un signe de noblesse moitié militaire, moitié ecclésiastique ; sa taille était élevée ; sans rien d'altier ; sa figure, comme sa prestance, tenait un peu plus du passé que du présent ; elle provoquait l'attention ; sa voix avait de la clarté et un certain charme de sonorité à laquelle l'effort n'ajoutait rien et n'avait rien à ajouter. Il commença comme un maître. Sa phrase simple, correcte, conçue et formée avec précision, pénétra tout de suite dans l'attention de l'Assemblée ; pendant un quart d'heure elle la captiva. [1] »

Et ailleurs, revenant sur cette figure et ce talent qui avaient frappé sa jeunesse, il a ainsi achevé le portrait :

« Je le vois encore, avec sa figure grave, allongée, un peu royale, sans éclairs, mais naturellement puissante, et portant des signes de fermeté, de courage et de courtoisie. Sa voix chaude et intérieurement passionnée s'emparait aisément de l'auditoire. Le ton en était large et soutenu, sans beaucoup de modalités ; elle était pénétrante, un peu hautaine, mais sans aucun apprêt. C'était une très belle arme aux mains d'un esprit puissant et très brave. [2] »

Nous connaissons ceux qui furent ses maîtres, voyons ceux qui, entrés presque à la même heure, dans les rangs du barreau, furent les premiers compagnons de ses luttes

[1] O. de Vallée, *Nouvelles Etudes et nouveaux Portraits*, Paris, C. Lévy. 1886, in 8°, p. 177.

[2] *Idem*, p. 428. *Le Comte de Falloux.*

judiciaires, ses émules, ses rivaux, et quelques-uns des amis bien chers. C'étaient MM. Edmond Rousse, Allou, Nicolet, pour qui les honneurs du secrétariat précédaient et faisaient déjà pressentir ceux du bâtonnat; Nogent-Saint-Laurent, dont les débuts aux assises furent si brillants, et que la politique disputa bientôt au barreau ; Madier de Montjau, que ses opinions exaltées devaient bientôt séparer de lui ; Sainte-Beuve. Charles Hello, Charles Sapey, ce Marcellus du Palais, enlevé trop tôt au culte des lettres et du droit, et qu'il retrouvera, ainsi que Charles Hello, sur les sièges du tribunal de la Seine ; Thénard, Forcade de la Roquette, qui le précédera au Conseil d'État, et qui sous le second Empire sera deux fois ministre.

Nulle part peut-être plus qu'au Palais, les jeunes amitiés ne sont vives et durables : ce sont presque des amitiés de champ de bataille, et c'est les armes à la main qu'on apprend à s'estimer d'abord, à s'aimer ensuite. Dire que ces amitiés résistent aux combats de la barre, ce serait en dire peu de chose, et les rabaisser à une banale confraternité ; mais elles sont aussi à l'épreuve de ces divergences d'opinions, quelquefois de conduite, que produisent nos temps troublés ; et c'est là tout à la fois leur honneur et leur bienfait. Les sentiments que M. Oscar de Vallée avait conçus pour ces compagnons de jeunesse ne s'affaiblirent jamais, il en porta toujours en lui la vivante image, et dans ses écrits il s'est plu maintes fois à évoquer ce passé. Sous l'émotion contenue de l'écrivain, l'on sent toute la vivacité des souvenirs, toute la flamme persistante des premiers épanchements. Dans des pages adressées à M. Edmond Rousse, il a heureusement fixé, en un joli tableau d'ensemble, quelques traits de ces chères figures.

« Nous avons débuté au barreau à peu près à la même heure, vous d'abord, moi ensuite. C'était un peu après 1840. Vous êtes resté au barreau, vous en êtes devenu le chef, et si pour vous sourire la fortune s'est fait un peu prier, elle vous a montré depuis cette tendresse et cette fidélité des femmes qui ne s'empressent pas d'aimer, mais dont le cœur, une fois donné, ne se reprend plus. Moi..., je suis devenu magistrat... Cela ne nous a pas empêché de vivre côte à côte, de nous suivre du regard et du cœur, et d'aimer, sinon de faire, à peu près les mêmes choses. — Vous rappelez-vous ce temps dont nous sépare presque un demi-siècle... L'heure était attachante. Il n'y avait dans l'air ni gloire ni grandeur ; mais il y avait une belle agitation intellectuelle, une admirable tribune... Dans cette foule de jeunes gens qui étaient alors au barreau à peu près en même temps que nous, il y avait des groupes qu'avaient formés la sympathie, des aspirations communes, un vif et égal désir d'apprendre à bien penser et à bien dire. Il doit m'être permis de nommer quelques-uns de ceux qui n'entendent plus nos louanges. Ils caractérisent mieux que des idées générales ce que nous étions et surtout ce que nous voulions être.

Adolphe de Forcade, dont la politique s'est emparé beaucoup plus tard pour le consumer bien vite, était un jeune homme sérieux, j'ai presque dit sévère. Il avait plus de solidité que d'éclat : déjà pourtant il annonçait une certaine ampleur d'idées et on devinait que le travail ouvrirait et féconderait cet esprit un peu serré au début, plus dogmatique que communicatif, plus ferme qu'éclatant. Sans la destinée qui change tant de choses, il eût été un avocat puissant quoique un peu uniforme, ou bien plutôt un magistrat de grande tenue et de grand talent.

A côté de lui, Nicolet paraissait un éclair. C'était en effet une des plus vives et des plus parlantes natures qu'on pût rencontrer. Son cœur et son esprit étaient également agités et il a gardé cette agitation jusqu'à la fin. Quand je dis que son cœur était agité, je devrais dire qu'il était plein de chaleur, de tendresse et de communicative promptitude. Son esprit non plus ne tenait pas en place et éclatait partout. Il avait déjà presque toutes les qualités qui devaient faire de lui un avocat aussi brillant qu'utile et un ami chaud et fidèle. Il eut, au milieu de nous, une originalité touchante. Il se maria tout au début de sa carrière, suivant son cœur, sans autre fortune que lui-même, fier de son talent et de son travail, et croyant, non sans raison, que le charme de sa maison se ferait aimer de la fortune qui ne cède pas toujours à de tels attraits...

Vous vous rappelez autant que moi ce jeune homme d'un visage si doux, d'une voix si faible et si caressante, d'une complexion faite uniquement pour la jeunesse. Il avait beaucoup des grâces extérieures que Voltaire prête à l'abbé de Bernis, moins l'embonpoint toutefois et la vertu en plus ; c'était un jurisconsulte et un lettré. La Magistrature l'a pris au barreau où l'emploi de ses belles facultés eût imposé trop de contradictions et de fatigue à sa nature délicate et fragile. Personne n'y fut mieux à sa place et ne donna une plus noble idée de la justice. Il y avait dans Sapey[1] un peu du prêtre ; il avait du moins l'âme sacerdotale...

Je ne peux pas oublier Nogent Saint-Laurent qui nous avait un peu devancés et qui avait apporté de la Provence un talent tout fait, une tête, une voix, une âme et jusqu'à une main d'orateur. J'ai connu des cœurs aussi bons que le sien, je n'en ai pas connu de meilleur. Il ne lui a manqué, pour que sa vie fut un continuel succès, que l'étude, la volonté et ce qu'on nomme le goût des affaires. Ses dons naturels et ses premiers triomphes augmentèrent sa méridionale et charmante indolence... »[2].

Le patronage, ce noble échange de services entre le jeune homme qui par son activité, son zèle, son intelligence, cherche à se faire sa voie, et l'avocat en renom qui est à la fois un exemple, un guide et un appui, est une de ces vieilles traditions du Palais qui sont encore son honneur et sa force. Banni de presque toutes les autres carrières, même des arts et des lettres où il a fait place à une rivalité égoïste et jalouse, il s'est réfugié au Palais. Devenir

[1] M. de Vallée avait pu, l'année même de son arrivée à Paris, entendre M. Sapey lire son discours sur l'*Alliance des lettres et du barreau*, à l'ouverture de la Conférence des Avocats, le 20 décembre 1843.

[2] *Conclusions et Réquisitoires*, p. 5, 13-16.

l'auxiliaire, le collaborateur, et pour parler plus uniment, le secrétaire d'un avocat illustre, c'est pour le jeune stagiaire, la consécration de ses succès à la conférence ou à la barre. Ce fut celle qu'obtint M. Oscar de Vallée, lorsque M. Baroche, une des célébrités du barreau, lui accorda ce patronage bienveillant, et l'admit définitivement à coopérer à ses travaux.

Agé de quarante et un ans, inscrit au tableau depuis 1823, M. Jules Baroche avait eu des commencements difficiles. La réputation lui était venue lentement, et ce n'est qu'en 1833 que son nom s'était dégagé de l'ombre qui couvre ce qu'on pourrait appeler les limbes du tableau de l'Ordre. Mais dès lors il avait doublé les étapes, et avait pris rang parmi cette seconde génération d'avocats illustres qui avait succédé à celle des Dupin aîné, des Hennequin, des Mauguin.

Les grandes affaires étaient venues en foule à son cabinet, et avaient été pour lui de nouveaux et plus brillants succès : affaires des mines de Saint-Berain, en 1838 ; de la Compagnie des Messageries françaises contre les Messageries royales, grand tournoi judiciaire où il eut pour adversaires Philippe Dupin, Delangle, Chaix d'Est-Ange (1839); puis ces causes politiques qui étaient, alors comme aujourd'hui, la consécration des grands talents judiciaires. En 1841 il avait défendu Colombier, un des complices de Quenisset, cet assassin qui, doublement criminel, envers l'humanité et envers la gloire, avait tiré, contre le jeune duc d'Aumale, rentrant d'Afrique, entouré de ses frères les ducs d'Orléans et de Nemours, à la tête de son régiment, le 17e léger. En 1846, il présentera la défense d'Henry, le régicide. Le suprême honneur du bâtonnat allait bientôt, en 1845, couronner sa carrière d'avocat.

M. de Vallée l'a peint deux fois. La première, lorsqu'en 1843 il venait de lui être présenté, et ne connaissait encore de lui que l'homme extérieur, pour ainsi dire :

« Je passe à M. Baroche, écrivait-il, dont mon père veut que je lui parle. Je le connais encore fort peu, nos rapports jusque-là ont été assez peu fréquents ; je suis sûr qu'ils le deviendront. M. Baroche passe pour un homme de mœurs douces ; quand une fois il m'aura ouvert l'entrée de sa maison et de sa famille, j'espère former avec lui d'agréables relations. Ensuite, ce n'est pas un homme de génie ; quand je voudrai boire à la source de l'éloquence forte et puissante, celle de Mirabeau et de Démosthène, j'irai chercher ailleurs que là. En somme, c'est un fort habile avocat, un élégant plaideur, estimé de tous ses confrères et de tous les magistrats, destiné au bâtonnat l'an prochain et de plus ayant un frère juge au tribunal de la Seine [1] ».

Bien des années plus tard, lorsque M. Baroche avait cessé de vivre, il en a fait cet éloge, dans l'hommage public qu'il rendit alors à sa mémoire :

« Avant d'entrer dans la vie publique, M. Baroche a été un avocat éminent à presque tous les titres. S'il lui a manqué cette perfection artistique, autrefois si recherchée

[1] Lettre à sa mère, janvier 1844.

au barreau et qui a souvent donné à la parole judiciaire le charme même des lettres, il a eu tout le reste. Personne n'a été plus habile, plus honnête, plus éclairé, plus limpide, avec une chaleur de probité et une rapidité dans le discours qui avait quelque chose de franc, de militaire et de victorieux. Il joignait à cela une véritable urbanité, qui se traduisait au dehors par une grâce contenue, sans banalité, sans calcul, sans apprêt, et qui ne descendait jamais au-dessous des convenances... Quand M. Baroche quitta le barreau, dont il était le chef, pour devenir procureur général à la Cour de Paris, sur le désir de M. Odilon Barrot, au mois de décembre 1848, il pouvait dire, comme il me le disait alors, qu'il ne se connaissait pas un ennemi... Il a dû sa fortune au travail, à un travail presque sans bornes ; sa jeunesse n'a connu ni cherché les faciles succès de la politique ; il n'était à personne quand il s'est donné à l'Empire [1] ».

Les débuts de l'écrivain, de l'artiste, ne sont jamais perdus pour la postérité, car ils subsistent dans son œuvre même, livre, tableau ou statue. Il n'en est pas ainsi de l'avocat : si brillantes qu'aient pu être ces premières fleurs d'éloquence, elles périssent avec le souvenir de la cause modeste qui les a fait naître et qui n'a pas pris place dans les annales des causes célèbres. Comme cela est arrivé à tant d'autres, à peu près aucune trace n'est donc restée

[1] *M. Baroche*, Paris, Jouaust, 1875, in-12.

des premières plaidoiries de M. Oscar de Vallée. Mais le souvenir s'en est conservé parmi ceux de ses contemporains qui l'ont entendu. L'idée qui leur en est demeurée est celle d'une parole élégante, très littéraire, que fortifiaient une argumentation serrée et une réelle science juridique. Le nom est venu jusqu'à nous de quelques-unes de ces affaires, où le jeune avocat donna des preuves de son talent naissant, et qui lui valurent, avec de précieux suffrages, de bien doux encouragements.

C'est le 2 décembre 1843 qu'il avait plaidé sa seconde cause aux assises : ni la gravité du délit, ni la personne de l'accusé n'étaient de nature à attirer l'attention publique. Cependant M. de Vallée sut si bien tirer parti de cette modeste affaire, qu'on reconnut en lui l'orateur réellement doué, en qui couve le feu de l'éloquence. On voit, dans une lettre à sa mère, quelle émotion, quelle joie il ressentit de ce premier succès :

« Je ne puis résister au besoin de t'écrire, je suis encore sous l'émotion d'un succès et je veux, pendant que l'émotion dure, te communiquer sa douceur.

« J'ai plaidé à la Cour d'assises une simple affaire de vol, mais j'y ai rattaché autant que j'ai pu des considérations élevées. Triomphe complet. Voici le compte rendu de la séance. Quand je finissais de parler, le président, M. Poultier, a crié : *bravo !* Mon confrère, qui a pris la parole après moi, m'a dit les choses les plus aimables. Le journaliste est venu me demander des notes de ma plaidoirie. Je n'ai pu lui en donner, je n'en avais pas.

Au sortir de l'audience, plusieurs jurés sont venus me féliciter et me demander mon nom. Je te l'avoue à toi, ma bonne mère, ma joie a été grande. J'ai été bien heureux pendant un jour, puis j'ai repris ma vie ordinaire, le calme a remplacé la riante traversée et j'ai travaillé pour un succès nouveau ».

Ce succès nouveau ne se fit pas longtemps attendre. Par une heureuse fortune, à laquelle les preuves de talent qu'il avait déjà données contribuèrent sans doute, il fut appelé à figurer, comme défenseur, dans l'une des affaires criminelles les plus retentissantes de l'époque, celle de Poulmann, l'assassin, chef de bande.

Pierre Poulmann est resté l'un des types les plus complets du bandit sans pitié, sans remords, se faisant gloire de ses forfaits et de son sang-froid [1]. Agé alors de trente-cinq ans, il avait tenté, bien jeune encore, d'assassiner sa mère. Devenu homme, il avait formé une véritable bande de malfaiteurs, dont, avec une femme Simonnet, sa maîtresse et sa complice, il était le chef. Sous sa direction criminellement habile, les vols les plus audacieux avaient lieu, chez le duc de Broglie, au Ministère de l'Intérieur. Un dernier crime, l'assassinat d'un malheureux aubergiste, au hameau de la Picardie, près Nangis, qu'il avait commis avec l'aide de la femme Simonnet pour s'emparer des sommes dont il le croyait possesseur, amenèrent son

1 La scélératesse fanfaronne de Poulmann avait alors vivement frappé les esprits. Victor Hugo s'est souvenu de ce scélérat dans les *Châtiments :*

Vivent Poulmann, César et Soufflard, empereur.

(*Nox.*)

arrestation. Cette affaire, dans laquelle onze accusés comparaissaient devant la Cour d'assises, commença le mercredi 24 janvier pour se prolonger jusqu'au 27, pendant quatre audiences qui furent pleines de péripéties, d'incidents soulevés par les réponses d'une scélératesse impudente de Poulmann. La Cour était présidée par le conseiller Didelot, l'office du ministère public était rempli par l'avocat général de Thorigny. Au banc de la défense siégeaient de jeunes hommes, dont les noms devaient être chers au barreau : Allou, Avond, Faverie que le journalisme judiciaire disputa depuis à la barre. M. de Vallée avait été chargé de la défense de Thierry, un brocanteur accusé de recel, mais que ses antécédents pouvaient faire croire innocent de ce crime. Le jeune avocat, dans son exorde, tira admirablement parti de cette circonstance :

« J'avais cru jusqu'ici, dit-il, que la justice était cette divinité qui s'élève majestueuse au milieu du temple, appuyée sur deux colonnes saintes, l'honneur et la vérité ! Je m'étais imaginé qu'il fallait à cette magnifique statue un piédestal de l'or le plus pur ! Il me semblait enfin que quand un homme est accusé d'un crime, il fallait, pour l'en convaincre, de pieux témoignages et de religieux serments. Me trompais-je ? Etait-ce une illusion de mon esprit? Non, Messieurs.

La justice est aujourd'hui ce qu'elle était hier. Elle a toujours pour base l'honneur, la probité, la dignité du témoignage humain. La moralité et la loi ne veulent pas qu'une accusation s'élève sur une base impure.

Poulmann ne peut servir d'appui à la justice sans lui enlever sa dignité ».

M. de Vallée fournit ensuite les attestations les plus honorables sur la moralité de l'accusé Thierry, et terminait ainsi :

« Avant d'avoir entendu Poulmann, j'avais conçu une espérance. Je voulais, rappelant à cet homme le souvenir de sa vieille mère, faire jaillir de son âme quelque sentiment honnête. Il aurait désavoué sa cruelle accusation, et Thierry serait sorti de cette enceinte en le bénissant.

Mais Poulmann a détruit mon espoir. Il n'y a pas place dans son âme pour le repentir; il veut se faire de solennelles funérailles ; il veut que Thierry, l'honnête homme, accompagne le deuil de l'assassin Poulmann. Il n'en sera rien. Et si je ne demande rien à Poulmann, j'espère tout de vous, Messieurs les jurés, trop heureux de rencontrer au milieu des crimes un innocent. Vous séparerez l'ivraie du bon grain, vous condamnerez Poulmann, vous acquitterez Thierry [1] ».

Poulmann fut condamné à mort, la femme Simonnet, qui avait eu Me Allou pour défenseur, à vingt ans de travaux forcés ; Thierry, à cinq ans de réclusion seulement. Le succès d'éloquence de la journée s'était partagé entre Me Allou et le jeune de Vallée, tous deux à peu près du même âge, tous deux débutant dans la carrière.

Une lettre que M. de Vallée écrivit à ses parents, sous

[1] *Le Droit*, du 28 janv. 1844.

le coup même de son émotion, peint bien les sentiments dont il était animé. Ils font honneur à l'élévation de son esprit et à la générosité de son cœur.

« Après quatre jours de débats horribles et de fatigue morale, nous avons vu se terminer hier soir, à dix heures, au milieu d'une multitude immense, cette épouvantable affaire. Poulmann a été condamné à mort. C'était une grande justice, et pas une âme, j'en suis sûr, ne s'est émue, si ce n'est à la pensée du châtiment que Dieu réserve encore à cet exécrable assassin. Nul ne peut se faire idée de ce qu'était cet homme. Il faut comme nous et l'avoir entendu et lui avoir parlé.

Mon malheureux client a aussi été condamné à 5 ans de réclusion. Seulement, quand j'ai quitté l'audience, sa famille, quoique éplorée, m'a vivement remercié.

Pour moi, j'étais atterré. Mes forces étaient épuisées et je n'ai pu que demander d'une voix presque éteinte l'indulgence de la Cour. Je n'aurais pu vous écrire hier soir, j'appartenais encore tout entier à ce malheureux.

Ce matin, j'ai prié Dieu et je l'ai remercié de ce qu'en me refusant l'acquittement de mon client, il m'avait accordé tant de force pour le défendre...

Je n'avais pas dans cette affaire un rôle principal. Je n'avais pas par conséquent les éléments d'un éclatant succès. Cependant Dieu ne m'a pas abandonné, et ma parole a parfois rencontré le cœur de ceux qui m'écoutaient. J'ai avec mon confrère Allou, le défenseur de la femme Simonnet, jeune homme du plus beau talent, partagé les honneurs de la séance. Je ne dis cela qu'à vous ; ce sont des étrangers qui me l'ont dit, des dames qui l'ont dit à des confrères qui me l'ont répété... Enfin, j'ai heureusement traversé cette grande épreuve, et je crois avoir gagné mes galons.

Une seule pensée trouble ma joie, et me rend moins causeur avec vous, mes bons amis, c'est la condamnation de mon pauvre client. Cet homme était coupable peut-être, mais pas assez pour être puni ; il était le soutien d'une famille nombreuse, l'appui de sa mère septuagénaire. Ah ! comme en présence d'une mission pareille, l'avocat devient grand et respectable...[1] ».

A côté de cette brillante affaire, il en est une autre qui, sans avoir eu le même retentissement, fut cependant pour M. Oscar de Vallée, l'occasion d'une plaidoirie si heureuse, si remarquable, qu'elle le classa définitivement parmi les jeunes avocats dont on pouvait le plus attendre. Plus peut-être encore que l'affaire Poulmann, elle avait laissé une trace profonde dans son souvenir.

A son arrivée à Paris, nous avons vu que M. Oscar de Vallée avait été accueilli avec une bonne grâce et un intérêt particuliers, par le président Agier, comme lui de vieille souche poitevine, et qui avait, de 1824 à 1834, représenté le département des Deux-Sèvres à la Chambre des Députés. Fils d'un lieutenant-général de la Sénéchaussée de Poitou, qui avait été député par sa province

[1] Lettre du 29 janvier 1844.

aux Etats-Généraux, et était mort à Niort en 1828, après y avoir longtemps exercé les fonctions de procureur du roi, c'était un magistrat instruit, un esprit libéral, et ce qui peint cette époque, un excellent colonel de la garde nationale. Son salon du quai Voltaire était le rendez-vous des hommes les plus distingués dans les lettres, dans la politique, et naturellement aussi dans la magistrature. Royaliste libéral, comme Châteaubriand son ami, il n'avait pas cru devoir, à son exemple, donner sa démission après 1830. Il était resté sur son siège de magistrat, où il estimait pouvoir encore rendre des services aux deux causes qu'il plaçait au-dessus de toutes les révolutions, celles d'une impartiale justice et d'une sage liberté.

C'est en lui procurant des causes, que M. Agier crut le mieux servir son jeune compatriote. Par sa recommandation, M. Oscar de Vallée fut désigné d'office par le conseiller d'Esparbez de Lussan, alors président des assises, pour assister un accusé dont le crime était de ceux qu'on qualifie aujourd'hui de passionnels, et dont la défense sortait de ces banalités criminelles qui ne laissent guère de place à l'originalité et au talent de l'avocat qui la présente.

Un jeune apprenti du faubourg Saint-Antoine, se levant au milieu de la nuit, s'était approché à pas de loup de son patron endormi et l'avait tué à coups de hache. On assurait que l'enfant — il avait seize ans — avait été maltraité, que l'apprentissage avait été pour lui une chaîne pesante et cruelle. L'imagination du jeune défenseur s'enflamma sur cette cause, qui avait plus d'un côté mystérieux et soulevait plus d'un problème social. Quel était et quel aurait dû être le caractère du patronage ? Quels sentiments peut susciter dans un jeune cœur qu'aucune tendresse n'environne et ne protège, la froide autorité d'un maître, sa brutalité, sa cruauté peut-être ? Sans être à coup sûr légitime, la révolte de l'opprimé n'avait pas le caractère d'une violence ordinaire ; il y avait là bien des choses à démêler, de redoutables questions à agiter, sinon à résoudre. « La famille du coupable, disait M. de Vallée, était intéressante, et le coupable lui-même, s'il était un jeune monstre, était un monstre provoqué ».

Le jour des débats arrivé, c'est la tête et le cœur pleins de ces idées, de ces sentiments, qu'il se leva pour défendre son client. Il mit dans sa plaidoirie tout ce qu'un talent déjà exercé, uni à la séduction naturelle de la jeunesse, peut avoir d'éloquence. Le résultat passa ses espérances et lui donna cette émotion d'une première victoire judiciaire à laquelle rien ne peut être comparé. L'avocat général de Thorigny, qui avait soutenu l'accusation et qui était un magistrat du caractère le plus élevé et de l'esprit le plus généreux, daigna descendre de son siège, s'approcher de son jeune contradicteur, et lui adresser des éloges et des encouragements.

C'était un triomphe, auquel rien ne manquait, pas même cette parure de la modestie qui sied si bien à un jeune visage. M. Agier avait appris par d'autres le succès de son protégé, il lui en fit reproche, et ce ne fut qu'un éloge de plus. « M. Agier, a raconté M. de Vallée, m'écrivit pour me gronder avec une affection toute paternelle, mais avec une véritable colère[1] ».

Nous ne donnerions pas une idée complète de ce qu'était le Palais à cette date, si nous gardions le silence sur les magistrats devant lesquels M. Oscar de Vallée plaida pendant six ans comme avocat, avant de prendre place parmi les membres du parquet.

A la tête du tribunal de la Seine siégeait depuis 1829 le président de Belleyme, qui devait conserver ses importantes et délicates fonctions jusqu'en 1856[2]. Agé alors de cinquante-six ans, il avait toute l'autorité que donne une longue expérience accompagnée d'un vrai savoir et d'un ferme jugement, quoique chez lui le caractère ne fût pas toujours à la hauteur de l'esprit. « Il joignait à la plus vive intelligence une science achevée du monde, en même temps qu'un don merveilleux d'administrer la justice. M. de Belleyme donnait au tribunal de la Seine une grande impulsion et un grand air ; il le tenait à la hauteur du barreau, et ce n'est pas peu dire[3] ».

M. de Belleyme était assisté dans l'administration de la justice par huit présidents de Chambre : MM. Mourre, Perrot de Chezelles, Barbou, Durantin, Hallé, Michelin,

[1] *Conclusions et Réquisitoires*, p. 22.
[2] Il fut nommé conseiller à la Cour de cassation le 29 décembre.
[3] *Conclusions et Réquisitoires*, p. 17. — Né le 16 janvier 1787, M. de Belleyme mourut le 23 février 1862.

Perrot, Pinondel. Fils d'un ancien procureur général à la Cour de Paris, puis à la Cour de cassation, M. Mourre était entré dans la magistrature comme substitut à Mantes en 1819. Il mourut en 1865. « Sa conversation, a dit l'avocat général Sénart, était pleine de charme et d'attraits ». Ainsi pensait M. de Vallée qui le connut et l'apprécia surtout à la Cour, où il siégeait depuis 1842. Parmi les juges, on remarquait MM. Lepelletier d'Aulnay, Anthoine de Saint-Joseph, Le Gonidec, Martel, Casenave, Hortensius de Saint-Albin, Picot, Puissan, Delahaye, Louis Pasquier, Filhon, de Molènes, Berthelin, Labour, de Saint-Didier, Haton, Charles Baroche.

Le parquet avait pour chef, le procureur du roi Desmortiers, dont les substituts étaient : MM. Lascoux, Thévenin, de Saint-Didier, Persil, fils de l'ancien ministre de la Justice, alors pair de France ; MM. Croissant, Anspach, Mongis, Dubarle, Meynard de Franc, Roussel, dont M. de Vallée devait un jour être le collègue à la Cour d'appel ; M. de Royer, le futur garde des sceaux du second Empire.

La Cour avait à sa tête un des plus grands noms que la magistrature nouvelle ait hérité de l'ancienne. Le premier président Séguier est resté célèbre par son caractère, son intelligence juridique, son indépendance, son autorité, mais aussi par une brusquerie, une familiarité, des boutades qui n'étaient pas toujours dignes de sa haute situation. Ajoutons que son amour profond de la justice, son estime sincère pour le barreau, lui faisaient beaucoup pardonner. L'année même où M. de Vallée débutait au Palais, le premier président, à la suite d'une audience où il avait adressé à un avocat un mot blessant qui semblait atteindre le barreau tout entier, avait eu avec l'Ordre des avocats, représenté par son bâtonnier, Me Chaix d'Est-Ange, un démêlé qui ressembla un peu aux anciennes querelles du parlement avec la royauté. On avait vu le barreau s'abstenir de plaider devant le premier président, et pendant quelques mois le cours de la justice avait été presque interrompu.

Une réconciliation, à laquelle chacun d'ailleurs se prêta, eut lieu à la rentrée de 1844[1]. M. Séguier avait alors soixante-quatorze ans. C'était un petit vieillard, d'une vivacité, d'une pétulance singulières : figure originale, plutôt que grande figure de magistrat. M. Rousse en a fait un portrait que personne ne sera tenté de refaire, et auquel nous emprunterons le jugement plein d'équité qui le termine : « A travers des défauts très sensibles, il avait dans les veines du vrai sang de magistrat, la tradition et

[1] A l'audience solennelle du lundi 4 novembre 1844, à la suite du discours de rentrée de M. Hébert, procureur général, et de quelques paroles du premier président, qui donnaient toute satisfaction aux avocats : — « Sans vous, avait dit M. Hébert, en s'adressant aux Membres du Conseil de l'Ordre, la famille judiciaire est incomplète ; sa marche serait moins facile, et son appareil aurait moins d'éclat. Qui pourrait donc vouloir une séparation impossible ? diviser ce que les lois ont uni ? rompre nos traditions anciennes, et ravir peut-être au bon droit l'un de ses moyens de succès ? Cédons à d'autres sentiments au sein de cette réunion accoutumée, où, sûre de votre respect, la Magistrature aime à vous témoigner son estime et ses égards » (*Gazette des Tribunaux* du 5 nov.). — M. Chaix d'Est-Ange reçut de grandes félicitations sur sa conduite pendant ce long incident judiciaire. Sa seconde année de bâtonnat ayant pris fin, M. Duvergier fut élu à sa place, le 7 décembre suivant.

l'instinct de la justice, l'horreur de la fraude, et, avec l'art de tout animer autour de lui, des coups d'esprit et des lumières soudaines qui le faisaient souvent voir loin et juger juste [1] ».

Des cinq présidents, MM. Agier, Pécourt, Silvestre de Chanteloup, Moreau et Cauchy, le premier seul nous arrêtera. M. Oscar de Vallée lui dut non seulement un bienveillant appui dans ces désignations d'office pour les causes d'assises d'où dépend si souvent la carrière des jeunes avocats [2], mais aussi des relations de société qui l'introduisirent dans le monde des lettres et de la politique. Ce fut chez le président Agier qu'il forma avec M. Edmond Rousse, dont le père était fort lié avec ce magistrat, une liaison que le Palais seul n'aurait peut-être pas rendu tout d'abord aussi étroite, et dont la ferveur ne s'est jamais refroidie. M. Agier, nous l'avons dit, lui avait encore rendu un autre service, celui de lui ouvrir le cabinet de l'avocat célèbre dont il fut le collaborateur pendant toute la durée de son passage au barreau. Le protégé n'a jamais perdu la mémoire du protecteur, et, rappelant un jour à M. Rousse ce commun souvenir de leur jeunesse, il a dit :

1 Edmond Rousse. Préface aux *Discours et Plaidoyers de M. Chaix d'Est-Ange*. Paris, Firmin Didot, 1862, t. 1, p. 37.

2 L'oncle Camille, pansant les légères blessures que son neveu avait reçues de l'humeur de M. Agier, lui écrivait : « C'est un homme qui a le cœur excellent et que j'affectionne beaucoup pour l'amitié qu'il te témoigne. Fais en sorte de la conserver et de lui prouver que si son obligeance a trouvé souvent des ingrats, elle a fait aussi des cœurs reconnaissants ». (Lettre du 21 avril 1844). — Nous voyons ici M. de Vallée lui-même rendre un complet et sincère hommage à la bonté et au caractère de M. Agier.

« Parmi ces magistrats, que nous entourions de respect, il y en avait un dont votre cœur a dû comme le mien garder la mémoire. Il était l'ami de votre père, c'est lui qui m'a amené à Paris et qui a guidé mes premiers pas. Il a imposé ma collaboration, alors peu utile, à un homme qui était déjà un grand avocat, qui devait connaître toutes les extrémités de la vie politique, et qui a toujours été un homme d'un grand talent et d'un grand cœur. Le président Agier avait été un des hommes jeunes les plus heureux de France. D'une famille de magistrats poitevins, fils ou neveu d'un lieutenant criminel, il avait débuté au Conseil d'Etat du premier Empire ; sous la Restauration, il était devenu magistrat et député. Les grâces de sa personne, la vivacité provocante de son esprit, son commerce avec les hommes éminents de tous les mondes, son charme mondain, aiguisé d'une certaine confiance, l'avaient élevé à une hauteur que le magistrat seul n'aurait sans doute pas atteinte. C'est chez lui, dans ce petit appartement du quai Voltaire, au n° 21, où je vous ai rencontré, où j'ai reçu bien souvent des encouragements et des gronderies, que s'était réuni le fameux groupe où éclatait Châteaubriand, où figurait M. Hyde de Neuville..... Toutefois, il eut bien des déceptions... Mais ce qu'il garda toujours, même au milieu des souffrances de ses dernières années, c'était un cœur d'une grande chaleur et d'une bonté très agitée mais très agissante aussi et qui dominait tout le reste... Il mourut en 1848, et nous l'avons enterré quelques jours avant ou après son illustre ami M. de Châteaubriand, au bruit de la guerre civile. Il ne se doutait guère que son jeune protégé deviendrait le petit-fils par alliance de l'un de ses plus chers amis [1] ».

Que d'autres noms encore parmi les conseillers qu'une histoire de la Magistrature française au XIXe siècle devra enregistrer avec honneur : Monmerqué, à la fois jurisconsulte et historien, que son culte érudit par Mme de Sévigné a illustré ; de Glos, de Vergès, Froidefond des Farges, Taillandier, remarquable biographe de Daunou et de L'Hospital ; Séguier, digne héritier d'un grand nom, que la science disputera un jour victorieusement à la jurisprudence ; Duboys d'Angers ; Rolland de Villargues, auquel le droit criminel est redevable d'un ouvrage classique ; Try, Hémar, de Bastard, qui écrivit l'histoire du parlement de Bordeaux, et dont le fils honore aujourd'hui l'armée comme son père fit la magistrature ; de La Haye ; Ferey qui n'avait pas son pareil pour présider une grande audience d'assises ; d'Esparbez de Lussan, de cette race militaire dont étaient les deux maréchaux d'Aubeterre, et que la toge n'a pas moins illustrée que l'uniforme ; Perrot de Chezelles ; Le Gorrec ; les deux Portalis, qui, s'ils n'accrurent pas l'éclat d'un nom glorieux, surent du moins le conserver intact ; Zangiacomi ; Partarieu-Lafosse. L'institution des conseillers auditeurs, qui n'avait pas encore disparu, était représentée par MM. Salvaing

[1] *Conclusions et Réquisitoires*, p. 19. — Cet ami était M. Charles Panckoucke, le traducteur de *Tacite*, grand-père de Mme Oscar de Vallée.

de Boissieu, esprit distingué, âme droite par excellence; Faget de Baure.

De ces magistrats si distingués, M. Oscar de Vallée nous a conservé quelques portraits, d'un beau relief. L'émotion du souvenir les lui rendait encore présents. Mais de nul il ne garda une plus vive impression que du conseiller Ferey, qu'il avait vu, en 1844, présider dans cette affaire Donon-Cadot, presque aussi célèbre que celle de la Roncière dont, neuf ans plus tôt, il avait également dirigé les débats. En se rendant le 1er juillet 1844 à la Cour d'assises pour ce grand procès, il y apportait plus qu'un intérêt de curiosité, celui de l'amitié. Comment en eût-il été autrement? Il accompagnait à ces tragiques débats Me Rousse, qui à cette époque était attaché à Me Chaix d'Est-Ange, défenseur de l'accusé. La foule se pressait aux abords de la salle d'audience. « Pendant toute la durée du procès, un très grand nombre de stagiaires arrivaient au Palais à dix heures du matin, avec les vivres de la journée. La rampe du petit escalier de la Cour d'assises, faussée par les chocs de la foule, portait, il y a peu de temps encore, les traces de cet empressement inouï [1] ». Le siège du ministère public était occupé par le procureur général lui-même, M. Hébert. L'accusation et la défense étaient de force égale : ce fut une des plus admirables luttes oratoires dont le Palais ait été témoin.

[1] Rousse, *Discours et Plaidoyers de M. Chaix d'Est-Ange*, II, 415. Quand M. Rousse écrivait cela, en 1862, cet escalier existait encore; il a disparu en 1871, dans les incendies de la Commune, ainsi que l'ancienne Cour d'assises.

Elle laissa une impression ineffaçable dans l'esprit de M. Oscar de Vallée. Ecoutons-le évoquer ce souvenir et les illustres figures qui s'y rattachent.

« Sur les bancs de la Cour il y avait, sans revenir sur le premier président Séguier, il y avait de hautes figures et quelques images des anciens parlementaires rajeunis, mis au ton de la France nouvelle et de la justice égale pour tous ; l'une de celles qui frappaient le plus était celle de M. le conseiller Fercy. Vous l'avez vu comme moi présider les grandes affaires criminelles, où le magistrat remplit un rôle que justifie presque le mot de Bossuet : *Dii estis.* Nous l'avons vu présider l'affaire Donon–Cadot. C'est un des plus vifs souvenirs de ma jeunesse judiciaire et l'un des jours où j'ai le mieux senti le charme de la parole dans ses notes les plus douces, les plus justes et les plus éloquentes...

Je pourrais refaire cette audience et en peindre tous les acteurs, je serais un peu embarrassé pour parler du procureur général (M. Hébert) parce qu'il vit encore [1], mais il ne saurait m'être interdit d'exprimer la très haute idée que je conçus alors de la force de son esprit ; je l'ai retrouvé beaucoup plus tard, atteint comme tant d'autres par la mobilité de la fortune politique, avocat très puissant. M. Fercy parlait une très belle langue, élégante et grave, comme celle qu'avait dû parler Martignac, avec un peu moins de grâce et un peu plus de solennité. Quant au

[1] Ceci était écrit en décembre 1882. M. Hébert mourut le 19 avril 1887.

plaidoyer de Chaix d'Est-Ange, il fut ainsi jugé par l'un d'entre nous qui était alors un très bon camarade, un esprit très ardent, un orateur emporté et qui est aujourd'hui un des dignitaires du Parlement; il s'écria en sortant avec moi de l'audience : c'est plus beau que Rachel ! Et, comme pour justifier cette exclamation, Chaix d'Est-Ange avait, en écoutant le verdict du jury, laissé voir au bord de sa paupière une larme qui mettait la réalité au-dessus des plus beaux effets de la scène [1] ».

De ces magistrats, il en est un vers lequel M. Oscar de Vallée se sentait naturellement porté par un goût déjà très vif pour les choses et les personnages du XVIIe siècle, c'était M. Monmerqué, l'admirateur et le savant commentateur de Mme de Sévigné. Alors âgé de soixante-trois ans [2], habitant non loin du Marais, comme il convenait à quelqu'un dont l'idéal était la noble société qui illustra la Place Royale, il vivait partagé entre le présent et le passé, faisant à celui-ci la meilleure part. « Il rattachait, a dit M. de Vallée, la magistrature aux lettres et à quelles lettres ? aurait dit J. Janin, à cette admirable épistolière qui a, dans une langue si simple, si pure, si belle, exprimé ce qu'il y a de plus doux dans un cœur d'honnête femme et dans un esprit aimable. J'ai vu un jour chez lui l'église où il pratiquait son charmant culte; c'était dans une vieille maison de l'île Saint-Louis, au milieu d'une bibliothèque où Mme de Sévigné était la

[1] *Conclusions et Réquisitoires*, p. 17.
[2] Né le 6 décembre 1780, il mourut le 27 février 1860.

déesse, ayant autour d'elle sa sainte famille ; notamment un ravissant portrait de Mme de Grignan ; dans le fond de ce ciel d'érudit, il y avait quelques divins coups de crayon de Raphaël ; beaucoup de désordre créé par l'adoration et l'étude plutôt que par l'art ; au pied de tout cela un prêtre fervent et une prêtresse ; car Mme Monmerqué partageait le culte de son mari et y était de toutes façons associée [1] ».

M. Hébert, qui exerçait les fonctions de procureur général depuis le 16 octobre 1841, et qui, dans le procès Donon-Cadot, parla pour la première fois dans une affaire criminelle, était un juriste consommé et un logicien redoutable. La parole sèche et âpre, il avait l'éloquence du raisonnement plus que du cœur et de l'esprit. C'était la loi fait homme, et même, prétendait-on, plus que la loi. Venu de cette Normandie féconde en avocats et aussi en plaideurs, il avait exercé d'abord au barreau de Rouen, pendant une dizaine d'années. A la suite de la Révolution de 1830, qu'il avait vue d'un œil favorable, bien qu'il n'eût rien d'un révolutionnaire, il était entré dans la Magistrature, d'abord procureur du roi à Rouen en 1833, puis dès l'année suivante procureur général à Metz. La députation, dont il fut honoré en 1834 par le département de l'Eure, qui lui renouvela son mandat sans interruption jusqu'à la fin du règne de Louis-Philippe, devait le porter plus haut encore et très rapidement. En 1836 il avait

[1] *Conclusions et Réquisitoires*, p. 19.

été appelé comme avocat général à la Cour de cassation, et il venait de la quitter pour devenir chef du parquet de la Cour de Paris. En 1847, le ministère de l'Intérieur lui sera confié dans le dernier cabinet qu'ait eu la Monarchie de Juillet. M. de Tocqueville, son collègue de la Chambre, l'a peint ainsi, avec plus de fantaisie maligne que de vérité sévère :

« J'ai toujours remarqué que les magistrats ne devenaient jamais des hommes politiques ; mais je n'en ai jamais rencontré aucun qui le fut moins que M. Hébert. Il était resté procureur général dans la moelle des os ; il avait le caractère et la figure de cet emploi. Imaginez-vous une petite face grippée, chafouine, comprimée vers les tempes, un front, un nez et un menton pointus, des yeux secs et vifs, des lèvres retirées et sans rebords ; ajoutez à cela une longue plume placée d'ordinaire en travers de la bouche et qui, de loin, paraissait la barbe hérissée d'un chat et vous aurez le portrait de l'un des hommes que j'aie jamais vu ressembler le plus à un animal carnassier [1] ».

Ce n'est pas là un portrait, mais une caricature. Plus loin, nous aurons l'occasion de retrouver M. Hébert, et nous essayerons de rendre l'impression qu'il nous a laissée de lui, et de reproduire l'image qui en est restée dans notre souvenir.

Après lui venaient, le premier avocat général Berville,

[1] *Souvenirs d'Alexis de Tocqueville*, Paris, C. Lévy, 1893, in-8°. p. 31.

les avocats généraux, Glandaz, Nouguier, un des plus savants théoriciens du droit commercial, et les substituts Montsarrat, Poinsot, dont la mort mystérieuse est devenue une des légendes du Palais, de Thorigny, que M. de Morny viendra remplacer au ministère de l'Intérieur la nuit qui précéda le 2 Décembre, de Gérando, fils du philosophe, Boulloche.

M. Albin de Berville, âgé alors de cinquante-quatre ans, s'était, sous la Restauration, fait une célébrité dans les causes politiques. Fils d'un ancien député de 1815, membre de la majorité royaliste, il avait adopté des idées presque ultra-libérales et défendu, en 1816, avec Mauguin, son compatriote, la Société des Patriotes, celle des Amis de la Liberté ; puis successivement Thiessé et les *Lettres Normandes ;* le capitaine Delamotte, impliqué dans le complot du 19 août 1820, qui fut déféré à la Chambre des Pairs, où il plaida à côté d'Odilon Barrot, Hennequin, Chaix d'Est-Ange, Persil, Philippe Dupin. Les défenses de Béranger et de Paul-Louis Courier avaient rendu son nom presque populaire. La Révolution de 1830 en avait fait un avocat général à la Cour de Paris, et en 1834 les électeurs de Pontoise un député, qui jusqu'en 1848 siégea au centre. Son ancien libéralisme s'étant beaucoup amendé, il désapprouvait alors la campagne réformiste d'où sortit la Révolution de Février. Très lettré, il avait beaucoup écrit dans les journaux et n'était pas un poète sans mérite[1]. C'était

[1] Sous l'Empire, il fut nommé président de Chambre (29 oct. 1853).

le type du magistrat spirituel et aimable ; à l'audience, plus d'une fois ses collègues se passèrent en souriant un quatrain de sa façon, dont l'ironie, toujours spirituelle, n'était jamais blessante. M. Oscar de Vallée, qui plus tard, sur les sièges de la Cour, le connut beaucoup et s'en fit un véritable ami, l'a placé, avec le conseiller Jousselin et d'autres, dans une galerie des magistrats poètes.

« Tout près de nous, a-t-il dit, que d'exemples charmants et que de figures de magistrats adoucies par le goût des lettres et devenues familières par la poésie ! Qui n'a connu Berville, et qui n'a aimé sa personne et ses vers où se complaisaient sa nature si musicale et son âme si bienveillante ![1] »

Si favorisé par le talent et par la fortune que soit un jeune avocat, il n'est pas sans avoir des heures de doute sur son avenir. M. de Vallée n'en fut pas exempt. Ses débuts avaient été brillants, heureux, les causes ne lui manquaient pas à la Cour d'assises ; mais les causes civiles ne venaient pas encore, et ce sont les seules qui rapportent autre chose que de l'honneur. De là quelque découragement momentané, contre lequel son oncle Camille le prémunissait par ces sages conseils :

« J'applaudis de bon cœur à tes succès, lui écrivait-il,

Mis à la retraite le 20 avril 1859, il mourut à Fontenay-aux-Roses, le 25 septembre 1868.

[1] O. de Vallée, *Etudes et Portraits*, Paris, C. Lévy, 1880, in-12, p. 294.

et je les considère comme le présage de nouveaux triomphes. Mais pour cela, mon ami, il faut du travail et de la persévérance, et ne point se laisser aller au découragement parce que les causes profitables ne se hâtent pas de te venir trouver. Les intérêts se déplacent difficilement, et les rapports qui lient l'avoué à son avocat ne peuvent pas cesser tout à coup. Mais patience, et tout vient à bien à qui sait attendre, et le jour de la moisson n'est peut-être pas éloigné[1] ».

Parfois, il se demandait s'il ne devait pas se contenter d'un modeste siège dans un tribunal de province.

En venant à Paris, le jeune de Vallée n'avait eu en vue que de recevoir les enseignements d'un Barreau sans égal, de s'abreuver aux sources mêmes de la haute éloquence, de donner à l'essor de ses facultés un plus vaste espace. Mais entre le Barreau et la Magistrature, quel serait son choix ? Il ne le savait pas lui-même. Cependant un certain amour de la lutte, un esprit d'indépendance très marqué, semblèrent le faire pencher d'abord vers le premier. Ce fut seulement plus tard que les circonstances et peut-être aussi l'expérience acquise, le décidèrent pour la Magistrature.

Le désir de se rapprocher des siens, dont l'éloignement lui pesait, entrait beaucoup aussi dans ce sentiment. « Peut-être dans deux ans, écrivait-il à ses parents, serai-je substitut à Niort ». Heureusement le ministre de la Justice

[1] Lettre du 21 avril 1844.

d'alors trouva cette ambition trop haute. M. de Vallée ne perdit pas pour attendre.

Mais à ces doutes, à ces incertitudes, il ne se mêlait aucune pensée basse, aucune ambition vulgaire. Dans son cœur, comme dans celui des siens, rien de pareil n'entra jamais. Entre ce jeune homme et ses parents, qu'il appelle « ses vieux amis », c'est un accord parfait sur la question de dignité, de désintéressement.

Son oncle, le proviseur de Grenoble, qui avait des préférences pour la Magistrature, lui écrivait :

« Je n'ai point changé d'opinion, mon cher camarade, je regarde la Magistrature comme le corps le plus considéré dans l'État, comme un corps presque toujours au-dessus des passions et des partis, et celui qu'atteignent le moins nos troubles politiques. Il est vrai d'un autre côté, mon ami, que si la Magistrature est le corps le plus considéré dans l'État, il n'en est pas le plus riche. Qu'importe cela, mon ami ? La fortune est un élément de bonheur, il est vrai, mais ne le procure pas toujours... Il vaut mieux pour l'homme sage le bien désiré par Horace, la *mediocritas aurea*. Et cette médiocrité d'or deviendra la tienne, mon ami, si, forcé de renoncer au Barreau pour raison de santé, tu peux te réfugier dans les rangs de la Magistrature » [1].

A cette époque, l'estime pour la Magistrature n'avait reçu aucune atteinte, on la considérait encore comme

[1] Lettre du 26 avril 1844.

élevée au-dessus des partis. Les opinions ont bien changé depuis. Mais ce fut l'honneur de M. de Vallée, d'avoir toujours par ses actes et par son caractère maintenu la bonne réputation de l'ordre judiciaire.

Quelques mois plus tard, son oncle lui écrivait encore.

« Je suis bien aise, mon cher ami, que tes idées se soient modifiées au sujet du Barreau et de la Magistrature, qu'à celui-là ne soient plus précisément toutes tes sympathies et toutes tes répugnances pour l'autre. Tu pourras alors quitter le Barreau avec moins de regrets, et entrer avec plus de confiance dans quelque parquet, où il ne te sera pas refusé, sois-en bien sûr, de faire preuve d'une parfaite indépendance [1] ».

Cependant, jusque-là M. de Vallée n'avait fait aucune demande pour entrer dans la Magistrature ; et près de son père, il trouvait les plus grands encouragements à persévérer dans la carrière du Barreau, qui avait eu d'abord ses préférences.

« Ta position s'améliore, ton horizon commence à s'éclaicir, cela devait être, car il est bien rare que la bonne conduite, l'amour du travail, joints à quelques talents, ne finissent pas par se faire jour. Deux routes sont ouvertes devant toi, l'une lente mais sûre, c'est le Barreau ; l'autre conduisant peut-être plus vite à la fortune, mais soumise à des éventualités qu'il n'est donné à personne de prévoir, c'est la politique. Tant qu'il te sera possible de les suivre

[1] Lettre du 21 novembre 1844.

toutes les deux, sans qu'elles te nuisent, ce sera bien : mais si tu te trouvais dans la nécessité de renoncer à l'une d'elles, je t'en prie conserve le Palais ; car c'est là, je crois, ta véritable vocation. Et puis, n'est-ce pas aussi le chemin de la fortune pour l'homme de talent ; n'est-ce pas du Palais que sont sortis la plupart des hommes éminents du jour, je pourrais dire de toutes les époques. Je conçois très bien que le triomphe de l'opposition pourrait te faire bien plus vite une position convenable ; mais cette position ne serait-elle pas subordonnée et dépendante des hommes qui te l'auraient procurée ? Penses-tu qu'il ne soit pas préférable de ne devoir qu'à soi une position absolument indépendante... Tu vois, mon cher enfant, que je tiens toujours pour le *métier* d'avocat contre le journalisme ; non que je blâme ni ne dédaigne ce genre d'occupation, quand on se renferme comme tu le fais, dans la partie littéraire... » [1].

A ce moment, en effet, M. de Vallée, dans les loisirs que lui laissait le Barreau, s'était tourné quelque peu vers le journalisme et la politique. Un compatriote, M. Drault [2], député, l'avait introduit au *Siècle*, et par sa position auprès de M. Baroche, il était naturellement

[1] Lettre du 23 juin 1846.

[2] Alexis-Sylvain Drault, né à Poitiers le 15 mars 1795, mort à Paris le 2 décembre 1848. Etant stagiaire, il avait défendu le général Berton, ce qui, en 1830, le fit nommer avocat général à la cour de Poitiers. Député de 1833 à 1847. Procureur général en 1848. C'est ce même M. Drault dont l'élection attaquée avait fourni à M. de Falloux l'occasion de son début à la tribune.

en contact avec la plupart des hommes politiques de cette époque.

Quelles impressions devait-il en recevoir ? Quelles dispositions y apportait-il lui-même ?

Les peuples heureux, a-t-on dit, n'ont pas d'histoire ; trop souvent, pourrait-on ajouter, ils ne sont pas dignes d'en avoir. La grande prospérité d'ordinaire amollit et corrompt les âmes, tout au moins la pensée s'élève-t-elle à de moins grandes hauteurs lorsqu'elle est sollicitée trop puissamment par les intérêts matériels. C'est ce qui, dans une certaine mesure, était arrivé à la France sous la Monarchie de Juillet. L'opposition a, sans doute, beaucoup exagéré les reproches qu'elle adressait vers 1847 au gouvernement sur l'état des âmes : en réalité, il n'y avait en elles ni cette corruption ni cette bassesse dont elle faisait remonter l'origine au conseil trop célèbre de M. Guizot : « Enrichissez-vous ». Mais il y avait dans le pays tout à la fois une indifférence pour les choses de la politique, et une ardeur pour les fictions les moins recommandables du roman-feuilleton, genre nouveau et abaissé de la littérature, qui pouvaient tromper les esprits les moins prévenus et susciter des appréciations fâcheuses.

La jeunesse studieuse était d'autant plus portée à les partager, qu'elle plaçait plus haut son idéal. Au Palais tout un groupe de jeunes hommes, laborieux, déjà remarqués, ayant cette ambition légitime qui est la condition même du talent, pensaient : en politique, que l'adjonction des capacités dans le corps électoral, jusqu'alors exclusivement censitaire, donnerait au régime parlementaire une vie et une gloire nouvelles ; en littérature, qu'il y avait mieux à faire qu'à raconter l'histoire de Fleur-de-Marie, du Chourineur, de Dagobert ou de Rodin. Plusieurs d'entre eux, attachés à des avocats célèbres qui, comme députés, appartenaient à la gauche, au centre gauche ou au tiers-parti, et se groupaient autour de MM. Marie, Odilon Barrot, Dufaure, recevaient comme un reflet des ardeurs qui chaque jour croissaient dans le Parlement.

Par sa famille, par son père qui avait pris part aux luttes du libéralisme sous la Restauration, M. de Vallée appartenait à l'opposition constitutionnelle ; mais, avec la fougue naturelle à la jeunesse, il y apportait une ardeur qui le rapprochait beaucoup de M. Odilon Barrot et du parti des réformes. C'est dans ces sentiments qu'il était venu à Paris ; peut-être s'étaient-ils accrus depuis, et en 1846 son père lui écrivait :

« Je ne blâme pas non plus la ligne politique que tu suis, elle est le résultat de tes convictions et dès lors respectable pour moi, mais tu sens que je suis en droit de réclamer la même justice, car mes opinions politiques sont aussi, sois-en bien sûr, le résultat de convictions profondes. La différence qui existe entre nos façons de voir peut facilement s'expliquer : j'ai vu crouler des trônes, j'ai pris part pendant quinze ans à une opposition grave, sérieuse, et qui n'était pas sans quelques périls : alors les événements politiques faisaient aussi battre mon cœur et m'impressionnaient vivement. Cela tenait sans doute d'abord à leur immense importance, et ensuite à la plus grande irritabilité de mon système nerveux ; mes organes se sont émoussés, mon cerveau a acquis une dureté telle, que ce qui ébranle et s'imprime facilement dans le tien, passe presque inaperçu pour moi ; cela peut tenir aussi à ce que comparant les événements politiques du jour avec ceux auxquels j'ai pris une faible part, je les trouve d'un intérêt bien secondaire. Il résulte de tout ceci, mon ami, que nous ne pouvons pas envisager les choses de la même manière ; qu'à moi il faut un bon fauteuil, des robes de chambre, un bonnet de coton ; à toi les émotions populaires, la barre, la tribune, le forum... Ce qui nous rapproche, c'est notre bonne foi dans nos opinions. Ce qui nous rapproche, c'est encore que nous voulons obtenir le même résultat, le progrès et l'amélioration de nos institutions ; mais, moi, je veux les obtenir au pas ordinaire, pour qu'elles soient durables ; toi, au pas de course ; cela tient encore à ce que plus d'un demi-siècle a passé par là, tandis que tu en comptes à peine le quart[1] ».

M. Oscar de Vallée avait toujours eu un goût très vif pour les lettres ; même dans ses premières plaidoiries on sentait que sa parole serait celle d'un lettré. Les loisirs ne sont pas ce qui manque aux jeunes membres du Barreau, et les causes qu'on leur confie leur laissent d'ordinaire

1 Lettre du 23 juin 1846.

assez de temps pour faire œuvre d'écrivain s'ils s'y sentent portés. M. Oscar de Vallée avait le goût : il tenta l'épreuve. De ce qu'il écrivit vers cette époque, nous rappellerons seulement l'article qu'il consacra en 1847 au remarquable livre que M. de Rémusat venait de publier sur Abélard. L'écrivain, tout pénétré des maîtres du XVIIe siècle, mais, par la pensée, par certains tours et certaines expressions, très homme de son temps, s'y révèle déjà. Nous y trouvons aussi la trace des impressions que les événements, l'état de la société, avaient faites sur ce sincère esprit. Ces impressions se remarquaient d'autant plus qu'elles contrastaient davantage avec le caractère de l'œuvre austère et savante de M. de Rémusat.

« Il faut, écrivait-il, une main pieuse et un esprit voué au culte de la science pour recueillir et assembler les productions de la pensée humaine au XIIe siècle. Le temps présent n'a pas d'oreilles pour les naïfs accents de la scolastique ; il jouit comme un ingrat de la liberté de penser et de ses fruits, sans donner presque jamais ni un souvenir, ni un hommage à ceux qui les premiers ont travaillé pour cette grande cause, aujourd'hui gagnée, alors si difficile à défendre. Toutes ses faveurs sont à la fortune, l'éternelle ennemie de la science et de la poésie. En proie à la matière, il dédaigne, au milieu des jouissances, les joies pures de l'esprit et du cœur, époque de décadence où Barême l'emporte sur Homère, où la Bourse a plus d'assistants que les temples destinés à la religion et aux lettres.

Si de cette foule empressée autour de l'or, oubliant Dieu, ne s'occupant ni des enseignements du passé, ni des mystères de l'avenir, se servant de la pensée humaine comme du plus vulgaire instrument de production, un homme se sépare pour élever un autel à la science, fût-ce la plus aride de toutes, il donnera un exemple utile à suivre et digne d'être loué. C'est ce qu'a fait M. de Rémusat en publiant un livre sur Abélard et la philosophie du XIIe siècle [1] ».

Fils d'un chambellan du premier Empire, préfet de la Restauration, et d'une mère dont les *Mémoires* nous ont appris que ses fonctions de dame du palais de Joséphine ne gênaient guère sa critique, tenant plus d'elle que de son père, M. Charles de Rémusat s'était toujours fait remarquer, dans les salons d'abord, dans la Chambre ensuite, par son libéralisme décidé. Esprit ouvert, peut-être plutôt dilettante remarquable qu'écrivain et savant véritable, abordant tour à tour la philosophie, l'histoire, la poésie, il était homme politique avant tout. Ministre en 1840, dans le cabinet du 1er mars dont M. Thiers, son ami de tous les temps, était le chef, il avait au mois de mars 1847 déposé et soutenu une proposition de réforme parlementaire, dont le but était de défendre l'indépendance de la Chambre contre l'envahissement des députés fonctionnaires, et si l'année suivante il ne s'engagea pas nominativement dans la campagne des banquets, il ne laissa pas

[1] O. de Vallée, *Etudes et Portraits*, Paris, C. Lévy, 1880, in-16, p. 336.

d'en souhaiter le succès. « Il encourageait, a dit de lui le grand agitateur d'alors, M. Duvergier de Hauranne, ceux qui, plus libres que lui, s'y étaient engagés ».

Au moment où il écrivait cet article sur M. de Rémusat, M. Oscar de Vallée se trouvait introduit par M. Baroche en plein milieu réformiste. En effet, celui-ci venait d'être élu député, le 27 novembre 1847, par le collège de Rochefort, contre le général Dumas, aide-de-camp du roi, candidat ministériel. Partisan de la réforme, patronné auprès des électeurs de la Charente-Inférieure par son confrère Bethmont, qui depuis son entrée à la Chambre, en 1842, y défendait la même politique, M. Baroche était allé s'asseoir sur les bancs du centre-gauche, à côté de M. Odilon Barrot. L'on sait combien, dans cette dernière année du règne de Louis-Philippe, le centre gauche ou gauche dynastique, et même le tiers-parti et ses chefs, MM. Dufaure, de Tocqueville, Billault, quoique avec de plus grandes réserves, surtout sur la question des banquets, se rapprochèrent peu à peu de la gauche républicaine de M. Marie, et même de la gauche radicale de M. Ledru-Rollin. Mais les événements marchaient encore plus vite que les hommes. On voulait une réforme, on eut une révolution.

Pendant que M. de Vallée plaidait le plus qu'il pouvait, écrivait et philosophait un peu, la Monarchie de Juillet issue des barricades tombait devant les barricades.

Les limites s'étaient insensiblement effacées entre ces diverses fractions de la Chambre, oubli de principes dont les partis sont trop souvent coutumiers, qu'on avait vu en 1839, qu'on revit sous la seconde République et sous le second Empire. On comprend quelles impressions dut faire sur une jeune âme le contact de tant d'hommes remarquables par l'intelligence, par le talent, qui, avec des opinions opposées, avaient tous une vertu commune, le désintéressement, et qui tous plaçaient très haut leur idéal politique. M. Oscar de Vallée, qui y forma d'illustres amitiés et en reçut de grands exemples, resta toujours fidèle aux unes, et n'oublia jamais les autres.

L'article sur M. de Rémusat fut remarqué et lui valut de précieux suffrages. Il en est deux qui lui furent particulièrement sensibles et que trente ans plus tard il rappelait ainsi avec émotion :

« M. Charles de Rémusat venait de publier son étude sur Héloïse et Abélard ; d'une main aussi émue qu'inexpérimentée, j'essayai de juger l'œuvre et l'auteur. J'eus à cette occasion deux grands bonheurs littéraires, qui me causèrent plus de confusion que d'orgueil. M. de Rémusat m'écrivit une lettre charmante et parla de m'ouvrir les portes d'une revue qu'il comparait « au jardin des Hespérides gardé par un dragon ». Ce dragon était un très habile homme, M. Buloz, qui a été dans un coin de la littérature contemporaine plus qu'un Mécène, presque un empereur. En même temps, M. Victor Cousin, qui me témoignait quelque amitié, sur la foi de cet article me jugeant beaucoup plus philosophe que je ne l'étais en réalité, m'engagea vivement à écrire un livre sur la scolastique. Je l'entends encore, dans une allée de Meudon, développant sa pensée avec cette grande façon de parler qui se retrouve dans son admirable façon d'écrire ; il était vif, aimable, ingénieux, éloquent ; il croyait parler à un disciple, à un de ses grands disciples comme Saisset ou Simon, et il ne parlait qu'à un jeune admirateur[1] ».

[1] *Etudes et Portraits*, p. XIII.

III

SUBSTITUT AU TRIBUNAL DE LA SEINE

1848-1852

Issu d'une révolution, composé en grande partie d'hommes qui avaient, dans leurs luttes politiques, encouru les poursuites et subi les rigueurs de la justice, le Gouvernement de 1848 ne porta pas cependant d'atteintes profondes à l'ordre judiciaire. Le grand principe de l'inamovibilité fut respecté par lui et, à part quelques très rares suspensions, il se borna à renouveler dans une certaine mesure l'esprit des parquets, et à les mettre plus en harmonie avec les nouvelles institutions. A Paris, le président de Belleyme et le premier président Séguier, continuèrent à siéger, le premier à la tête du Tribunal de la Seine, le second à la tête de la Cour d'appel. Le procureur général Delangle fut remplacé par M. Auguste Portalis, qui siégeait précédemment comme conseiller, et qui à la Chambre des Députés avait appartenu à l'opposition. Ce choix prêta d'ailleurs à la critique [1].

[1] Les autres nominations à la Cour furent celles de : M. Pieron, qui,

Ce troisième Portalis était déjà, pour quelques-uns, un rapetissement de ce grand nom. M. de Tocqueville, qui l'avait connu dans les rangs de l'opposition dynastique à laquelle ils appartenaient tous deux avant la Révolution de Février, a dit de lui, avec son âpreté ordinaire : « Nous avions parmi nous Portalis, qui, quelques jours après, fut procureur général de Paris, non le fils, mais le neveu du premier président de la Cour de cassation. Ce Portalis-là n'avait ni la rare intelligence, ni les mœurs exemplaires, ni la pieuse platitude de son oncle. Son esprit, grossier, violent et de travers, était entré de lui-même dans toutes les idées fausses et dans toutes les opinions extrêmes de notre temps. Quoique lié avec la plupart de ceux qu'on a appelés les auteurs et les meneurs de la Révolution de 1848, il ne s'attendait pas plus que nous ce soir-là à cette révolution [1] ».

A la tête du parquet du Tribunal, le procureur du roi, Boucly, eut pour successeur M. Landrin, avocat distingué, qui prit le titre nouveau de Commissaire du Gouvernement. Comme celui-ci, c'est au barreau de Paris que furent empruntés les substituts nommés par M. Crémieux,

de la Cour de Douai, vint remplacer comme conseiller M. Portalis; MM. Moulin, Flandin, Pinard, Durand-Saint-Amand, comme avocats généraux ; MM. Gouin, Jules Barbier, Chamaillard, Melzinger, comme substituts.

Avant le 24 février, le parquet de la Cour était ainsi composé, au-dessous de M. Delangle : de Berville, premier avocat général ; Glandaz, Bresson, de Thorigny, Poinsot, avocats généraux ; Lenain, Hély d'Oissel, de Gérando, Lascoux, Persil, de Royer, Rabou, Croissant, Anspach, Meynard de Franc, substituts.

[1] Alexis de Tocqueville, *Souvenirs*, Paris, C. Levy, 1893, p. 47.

le nouveau ministre de la Justice. Ils étaient au nombre de quinze, et furent solennellement installés dans la cérémonie qui eut lieu le 2 mars, au Palais de Justice, pour la réouverture des Cours et Tribunaux, et à laquelle présida le Garde des sceaux en personne [1]. C'étaient MM. Syrot, Sainte-Beuve, Lévesque, Sallé, Portier, Avond, Hacquin, Charles Hello, Isambert, Dupré-Lasale, Charles Abbatucci, dont le père, député de l'opposition et président de la Cour d'Orléans, venait lui-même d'être nommé conseiller à la Cour de Paris ; Rodrigues, Fulchaire Didier, Yvert et Young.

Dès le lendemain on pouvait joindre à ces noms celui de M. Oscar de Vallée, nommé à la place de M. Rodrigues, démissionnaire.

Lorsque la carrière de la Magistrature s'ouvrait ainsi brusquement pour ces jeunes hommes, parmi lesquels il avait des amis et des émules, M. Oscar de Vallée, que ses succès au Barreau, sa situation auprès d'un avocat en renom, alors bâtonnier, désignaient naturellement au choix du ministre de la Justice, avait usé cependant de beaucoup

[1] Les substituts composant le tribunal de la Seine, la veille de la Révolution du 24 février, étaient au nombre de 22 : MM. Thevenin, Gouin, de Charencey, Cramail, Mahon, Mongis, Boselli, Camusat-Bousserolles, Dupaty, Roussel, Puget, Brochant de Villiers, Delalain, de Gaujal, Saillard, Rolland de Villargues, Saunaic, Amelot de la Roussille, La Faulotte, Berriat Saint-Prix, Marcilly et Asse. M. Dupré-Lasale n'accepta pas. Entré dans la Magistrature en 1847, comme substitut à Châteauroux, il était alors à Orléans en la même qualité. Ce fut seulement le 30 juin 1849, qu'il entra au parquet du Tribunal de la Seine. M. Portier, né à Boulogne-sur-Mer, le 20 floréal an XII, était alors avocat ; il mourut conseiller en 1867. Eugène Avond était le frère d'Auguste Avond, qui fut député à la Constituante, puis secrétaire général de la Caisse des Chemins de fer, fondée par Mirès, redevint avocat, et mourut en avril 1866.

de réserve et éprouvé quelque hésitation à se mettre sur les rangs. Entre le Barreau et la Magistrature, il balançait encore, et avait plus de tendance à rester attaché à l'un, qu'à s'engager dans l'autre. Rapprochant plus tard sa carrière de celle d'un ami bien cher, resté au Barreau et devenu illustre, n'a-t-il pas dit avec une pointe de regret :

« Moi, presque sans le vouloir, je suis devenu magistrat, ce n'était pas ma vocation ; l'ardeur et l'impatience de mon esprit se plaisaient au Barreau, et elles m'ont su plus d'une fois mauvais gré de les en avoir séparées [1] ».

En s'exprimant ainsi, M. Oscar de Vallée méconnaissait le vrai caractère de son talent. Il eût pu, sans doute, devenir un avocat renommé, mais par la majestueuse ampleur de sa parole, par l'autorité et l'indépendance du caractère, c'est vraiment comme magistrat qu'il devait paraître dans tout son jour, se faire une place à part, et acquérir une renommée égale aux plus pures, aux plus durables de notre temps.

Les débuts dans la carrière du Ministère public sont peut-être encore plus pénibles, plus obscurs que dans celle du Barreau. Attaché d'abord aux Chambres correctionnelles, voué aux vulgaires affaires de vagabondage ou de vols, le jeune substitut n'a que de bien rares occasions de se distinguer, de montrer ce qu'il vaut. M. de Vallée n'échappa pas à cette loi commune, et nous ne sau-

[1] O. de Vallée, *Conclusions et Réquisitoires*, p. 5.

rions le suivre pas à pas dans cette voie étroite, où son passage ne pouvait laisser que des traces fort espacées. Ce qu'il faut seulement constater, à son honneur, c'est que son zèle pour la noble cause de la justice ne s'y refroidit pas, et qu'il sut nourrir cette ardeur généreuse par des préoccupations, des études, qui contribuèrent à fortifier la science du magistrat et à élever la pensée de l'homme. La vue de ces troupeaux de vagabonds que la police ramasse, que la loi frappe et que la prison pervertit souvent pour jamais, avait touché son cœur et posé à sa raison un problème qu'il eût voulu résoudre. « J'ai vu défiler devant moi, écrivait-il avec découragement, une vingtaine de vagabonds, de mendiants et de voleurs ». N'y avait-il donc, pensait-il, rien à faire pour cette chair à prison ?

La philosophie du droit criminel l'occupait autant sinon plus que la pratique. Il étudiait beaucoup Beccaria, Filanghieri, mais avec critique et en les annotant. Il songeait aussi à écrire un article sur Napoléon au Conseil d'Etat, et préparait celui qu'il allait bientôt publier sur *l'Esprit démocratique dans nos Codes*.

Dans cette année agitée de 1848, M. de Vallée connut d'autres émotions que celles de la pitié pour les misérables et de la philanthropie. Des magistrats qui défendaient l'ordre social sur leur siège quelques-uns le défendirent aussi les armes à la main, dans les rangs de la garde nationale. M. Oscar de Vallée fut un de ceux-là, et on le vit, pendant les terribles journées de juin, faire son devoir de citoyen avec un ferme courage, mais avec une tristesse patriotique, aux combats sanglants de la Porte-Saint-Denis et du clos Saint-Lazare. Il avait à ses côtés, un ami bien jeune encore, presque un enfant, Ernest Baroche, qui devait plus tard tomber glorieusement sur un autre champ de bataille [1]. Près de lui combattait aussi son ancien camarade de stage, Me Faverie, qui, plus tard, à la Cour d'assises, rappela en de nobles paroles, au magistrat son contradicteur, ce souvenir de leurs communs dangers.

Le 20 décembre 1848, sur la proposition de M. Odilon Barrot, ministre de la Justice, M. Baroche avait été nommé procureur général près la Cour d'appel de Paris. « Ces fonctions, a dit M. Barrot lui-même, furent confiées à un avocat du Barreau de Paris, qui avait déjà pris une place distinguée parmi les orateurs de l'Assemblée constituante ; ardent et toujours prêt à la lutte, il nous parut propre à remplir cette Magistrature essentiellement militante, surtout dans les temps de trouble et d'agitation [2] ». L'ère s'ouvrait en effet des grands procès politiques auxquels donnèrent lieu l'envahissement de l'Assemblée Nationale l'année précédente, et bientôt l'échauffourée du 13 juin.

Disons-le, tout de suite, à l'honneur de M. Baroche

[1] Il a écrit lui-même : « Le 23 juin 1848, dans la matinée, je m'étais approché d'un peu près de la barricade qui venait de s'élever à la Porte-Saint-Denis, j'avais avec moi Ernest Baroche, qui devait mourir en héros, et qui, dès ce jour-là, à peine âgé de dix-sept ans, voulut combattre, et combattit avec une intrépidité et une témérité un peu gênante pour un magistrat volontairement transformé en garde national et devenu son guide. » *Nouvelles Etudes et Nouveaux Portraits*, p. 179.

[2] Odilon Barrot, *Mémoires*, *III*, 44.

comme de son ancien secrétaire, M. Oscar de Vallée ne reçut ni ne sollicita aucune faveur particulière du nouveau procureur général. Son avancement, il ne le dut jamais qu'à son travail et à son mérite personnel.

L'année suivante, M. Oscar de Vallée fut un des magistrats du Parquet qui accompagnèrent M. Baroche à la Haute Cour rassemblée à Bourges[1] pour juger les accusés du 15 mai. Il en revint avec l'inimitié de M. Emile de Girardin, qu'il avait interrogé comme témoin.

Au commencement de l'année judiciaire 1850-1851, il fut désigné pour remplir à la sixième Chambre[2] les fonctions du ministère public. Cette année devait être féconde pour lui en grandes affaires.

Le 6 mars 1848, un des innombrables décrets rendus à la hâte par le Gouvernement provisoire avait abrogé ce qu'on appelait la censure dramatique, c'est-à-dire pour toute pièce de théâtre l'autorisation préalable du ministre de l'Intérieur. Malheureusement les auteurs et les directeurs ne surent pas user avec mesure de cette liberté, qui dégénéra presque aussitôt en licence. Les luttes de la chambre ou de la rue se continuèrent sur la scène, et bientôt l'ordre matériel en fut compromis autant que la morale. Pour donner une idée du degré de licence où en

[1] Outre sa nomination comme attaché au Parquet de la Haute Cour, le décret du 28 janvier 1849 contenait celles de M. de Royer, avocat général ; R. Chenevière, et Levesque.

[2] Cette Chambre était ainsi composée : M. Lepeletier d'Aulnay, président ; MM. J. Puissan, Bourgain, de Bonnefoy, juges ; M. J. Chapin, juge suppléant ; le second substitut était M. Pugel.

était arrivé l'art dramatique, il suffit de rappeler les scandales de pièces comme, *la Propriété, c'est le vol; Daphnis et Chloé.* Il fallut revenir en arrière, et le 30 juillet 1850, fut votée une loi qui provisoirement replaçait les pièces de théâtre sous le régime de l'autorisation préalable.

La première application de cette loi eut lieu dans une affaire où M. Oscar de Vallée porta la parole. Il s'agissait d'une pièce pour laquelle l'autorisation avait bien été accordée, mais était devenue illusoire par les additions subreptices qui y avaient été introduites au cours des représentations.

Dans le drame de Léon Gozlan, *Pied de Fer*, joué à la Porte-Saint-Martin, se trouvait un acte, celui du bagne, qui avait été toléré plutôt qu'autorisé par l'administration. De nombreuses et très importantes coupures avaient été exigées par la commission d'examen. Le directeur du théâtre, M. Victor Henry, s'était engagé, non seulement à les respecter de la manière la plus scrupuleuse, mais encore à en faire de nouvelles, afin d'atténuer l'effet fâcheux de ce tableau.

C'est le contraire qui arriva.

Dès la seconde représentation, quelques passages supprimés furent rétablis. Ce ne fut pas tout.

A la troisième, l'acteur Gil Pérès, chargé du rôle de Cupidon, ajoutait au texte une pantomime et des effets de scène, dus à sa seule fantaisie, et qui rendaient la situation tout à fait immorale. En vain, M. Boyer, inspecteur des théâtres, fit des observations, on n'en tint aucun compte, et c'est ainsi que la pièce continua à être jouée. Pour mettre la surveillance en défaut, des employés apostés dans la salle prévenaient les acteurs dès qu'ils apercevaient M. Boyer.

A l'audience, M. Gil Pérès s'excusa ainsi :

« Le rôle dont j'étais chargé était un moyen de faire passer l'acte ; il était un peu nu, un peu insignifiant ; l'auteur, M. Gozlan, me dit d'ajouter quelques mots, quelques gestes, et, comme j'étais au bagne, j'ai cru que le vol d'un mouchoir et l'escamotage d'un flacon étaient des plaisanteries à l'eau de rose, fort permises dans un tel lieu. Ce que j'ai dit ou fait n'est pas spirituel, mais je le répète, nous étions au bagne, où il est de meilleur ton de mal faire que de bien parler ».

Depuis, l'on est devenu moins rigide, et ce qui choqua alors dans le jeu fantaisiste de cet acteur, paraîtrait aujourd'hui presque honnête.

M. Oscar de Vallée demanda en ces termes, avec mesure, mais avec fermeté, l'application de la loi :

« Messieurs, vous connaissez la loi du 30 juillet 1850, elle n'est que provisoire ; c'est, en attendant une loi réglementaire, la consécration de celle de 1835 ; c'est, en d'autres termes, le rétablissement de la censure dramatique. Nous n'avons pas à apprécier cette loi, mais à nous demander si les deux prévenus sont coupables de l'avoir transgressée. Que veut cette loi et qu'a voulu l'administration qui l'a présentée ? Protéger les mœurs contre les abus des auteurs et des acteurs dramatiques. Une pièce,

Pied de fer, de M. Léon Gozlan, écrivain dont nous aimons tous à rappeler la verve spirituelle, a été représentée à la Porte-Saint-Martin. Le ministre de l'Intérieur a fait preuve d'une grande tolérance en permettant la représentation de cette pièce ; il ne l'a pas permis cependant sans de nombreux retranchements.

Le 5e acte, par exemple, représente une assemblée de galériens : la scène se passe au bagne et n'est autre chose qu'une ovation de l'un des forçats, celui qu'ils appellent le patriarche Jupiter. C'était déjà bien fort ; mais ce qu'il faut constater, c'est qu'à la deuxième représentation, pour renchérir sur cette scène et l'embellir, l'acteur Gil Pérès, dans un colloque avec le patriarche Jupiter, qu'il appelle son grand-papa, ajoute deux scènes muettes, qui ne sont autres que le vol d'un mouchoir et d'un flacon.

L'administration a pensé qu'elle ne pouvait pas tolérer ces deux additions ; elle a pensé qu'elles constituaient des faits immoraux. C'est alors que l'inspecteur des théâtres, M. Boyer, a fait des observations au directeur et à l'acteur. Malgré ces observations, l'infraction s'est continuée et a duré jusqu'au 11 octobre.

Alors il lui a fallu constater que non seulement l'acteur Gil Pérès a manqué aux prescriptions de la loi, mais que le directeur, M. Henry, s'est rendu coupable de la même infraction par complicité.

Un mot sur un moyen de défense qui a été produit. On a dit que l'acteur avait été frappé d'amendes. Il y a bien, en effet, une lettre du régisseur qui mentionne ce fait ;

mais cette lettre est du 12 octobre, tandis que les constatations si tardives de l'inspecteur des théâtres sont du 11, c'est-à-dire de la veille.

Telle est, Messieurs, la prévention qui pèse sur MM. Henry et Pérès. Je ferai remarquer au Tribunal que le rôle des agents de l'Administration publique près les théâtres n'est pas sans difficultés ; il leur faut souvent braver, pour accomplir leur devoir, l'intérêt des théâtres, l'amour-propre des acteurs et ce qui est plus, les bravos du parterre, qui, bien ou mal avisé, est toujours disposé à regarder sous le boisseau.

En faisant une application modérée de l'art. 2 de la loi du 30 juillet 1850, vous fortifierez, Messieurs, le pouvoir des agents de l'Administration, vous prêterez un appui à la morale, et cette fois encore, malgré les clameurs du parterre, vous mettrez les rieurs et le bon droit de votre côté[1] ».

Le Tribunal condamna les prévenus chacun à 100 francs d'amende et solidairement aux dépens.

Nous ne nous arrêterons pas à l'affaire du *Constitutionnel* contre l'*Intérêt public,* de Caen, dans laquelle le premier de ces journaux accusait le second de diffamation, pour l'avoir qualifié de journal stipendié de l'Elysée. Par sa nature même, qui n'admet pas le compte rendu des

[1] Le Ministère public contre Victor Henry, directeur, et Gil Pérès, acteur du théâtre de la Porte-Saint-Martin ; 6e Chambre, présidence de M. Lepeletier d'Aulnay, 15 novembre 1850 *(Gazette des Tribunaux,* p. 1294). Les prévenus furent défendus par Me Bourgain. L'appel fut rejeté le 30 juillet 1851.

débats, cette affaire n'a laissé d'autre trace que celle de la condamnation, assez légère du reste, qui fut prononcée contre le journal.

Malgré une législation qui défend les loteries, la presse avait pris l'habitude d'annoncer dans des articles de réclame les nombreuses loteries qui s'organisaient à l'étranger, surtout dans les pays d'Outre-Rhin. Une note, parue au *Moniteur*, avait averti les journaux de l'illégalité de cette pratique et de l'intention où était le gouvernement d'y mettre fin. Il n'en fut pas tenu compte, ce qui amena la poursuite de huit journaux, l'*Evénement*, la *Presse*, le *Siècle*, les *Débats*, la *République*, le *Siècle*, le *National*, le *Constitutionnel*, dans la personne de leurs gérants, MM. Paul Meurice, A. Nefftzer, Sougère, A. Bertin, Barest, Laborde-Morel et Denain, et de deux fermiers d'annonces, MM. A. Bigot et J.-B. Duport. Les prévenus furent défendus par MM[es] Henri Celliez et Cauvain. M. Oscar de Vallée soutint ainsi la prévention :

« J'aurai peu de chose à dire relativement à la prévention. Vous le savez, le 6 septembre 1849, le ministère public a fait publier dans le *Moniteur* une note qui avertissait les journaux de ne plus publier à l'avenir les annonces des loteries étrangères, à peine d'être poursuivis conformément à la loi. Le Tribunal comprend que cet avis était nécessaire : depuis la loi de 1836, les journaux avaient annoncé les loteries étrangères ; ils pouvaient se croire autorisés à le faire ; avant de sévir contre eux, il fallait les avertir. Mais après l'avertissement du *Moniteur*, il n'était plus possible à la justice de laisser passer une telle infraction à la loi. C'est cependant ce que tous les journaux, dont les gérants sont cités aujourd'hui à votre barre, ont fait, à des dates diverses, mais toutes postérieures à l'avis donné par le *Moniteur*. Ils ont annoncé la loterie royale de Prusse, la loterie de Bade, de Brunswick, de Saxe et autres. Les faits sont donc constants.

Maintenant, y a-t-il contravention ? Nous répondrons qu'elle résulte du texte formel de la loi. L'article 4 dit que ces peines seront encourues, non seulement par les auteurs ou agents des loteries, mais par ceux qui par des annonces, affiches ou autres moyens de publicité, auront concouru à faciliter l'émission des billets.

Les journaux, en annonçant ces loteries, les primes, la date du tirage, le mode à suivre pour se procurer des billets, se sont donc rendus coupables de l'infraction que nous leur reprochons. Je n'ai rien à ajouter à ce simple exposé : la contravention est matérielle ; je n'ai pas besoin de l'appuyer sur les discours et les opinions émis lors de la discussion de la loi de 1836, et je me borne à en requérir l'application contre tous les prévenus, tant les gérants de journaux que les deux directeurs d'annonces. »

Conformément à ces réquisitions, le Tribunal condamna chacun des prévenus à 200 fr. d'amende [1].

Ce qui donnait une importance particulière à ce procès et aux condamnations qui avaient été prononcées, c'étaient

[1] VIe Chambre, audience du 29 novembre 1850. (*Gazette des Tribunaux*, p. 1342).

les conséquences qui, depuis la loi du 31 mai 1850, devaient en résulter sur la capacité civique des prévenus. Cette loi que, dans son affolement des résultats du scrutin du 28 avril [1], l'Assemblée législative avait votée pour restreindre le suffrage universel, mettait au nombre des personnes qui, d'après son article 8, ne pouvaient ni être inscrites sur les listes électorales, ni être élues : « Ceux qui auraient été déclarés coupables des délits prévus par les articles 410 et 411 du Code pénal et par la loi du 21 mai 1836, portant prohibition des loteries ».

Obligé de conclure à une condamnation au sujet de laquelle la précision de textes formels ne permettait aucun doute, M. Oscar de Vallée regrettait la rigueur exagérée de ses conséquences politiques et l'avait laissé entendre dans ses réquisitions. C'est à son honneur que nous trouvons relatées, dans une note manuscrite, les observations qu'au cours d'une conversation amicale, il fit à ce sujet à M. Baroche, alors ministre de l'Intérieur.

« C'est bien rigoureux, écrivait-il ; je ne l'ai pas dissimulé. M. Baroche est convenu avec moi que c'était déraisonnable. On aurait mieux fait de ne pas faire ce procès ».

Les événements de Rome qui, en 1848 et en 1849, avaient tant occupé le pouvoir exécutif, agité nos assemblées, servi même de prétexte à la tentative insurrection-

[1] Les électeurs de Paris, le 28 avril 1850, avaient élu Eugène Sue, candidat des socialistes, contre un négociant, M. Leclerc, soldat héroïque des journées de juin, présenté par le parti conservateur.

nelle du 13 juin 1849, eut comme un dernier épisode devant nos tribunaux, dans le procès en diffamation que le prince de Canino intenta au vicomte d'Arlincourt, pour l'avoir représenté dans sa brochure l'*Italie rouge*, comme n'ayant pas été étranger à l'assassinat du comte Rossi, le malheureux ministre de Pie IX.

Né en 1803, Charles Bonaparte était le fils aîné de Lucien Bonaparte, qui, après avoir secondé puissamment Napoléon au 18 Brumaire, s'était brouillé avec lui en 1804, et, quittant la France, avait cherché à Rome un asile auprès du pape, dont il avait reçu le titre de prince de Canino. En 1822, il avait épousé sa cousine, la fille de Joseph, et jusqu'en 1828 avait vécu près de son beau-père, ne s'occupant que d'ornythologie, science qu'il aimait avec passion et où il s'acquit un vrai renom. De retour à Rome et devenu, en 1840, prince de Canino par la mort de son père, il vivait étranger aux choses politiques lorsque, en 1847, les idées libérales émises par le pape Pie IX au commencement de son règne, modifièrent tout à coup son attitude et sa conduite. Passant d'un extrême à l'autre, il devint à côté de Sterbini et de Sturbinetti, l'un des chefs du parti radical qui aspirait secrètement à la république et à l'unité italienne.

Ce fut pour lutter contre ce parti, tout en donnant un gage aux conservateurs libéraux que le pape, à la suite de l'entente des 1er et 2 août 1848, avait formé un nouveau cabinet dont le comte Rossi était le chef. Très libéral, mais en même temps très attaché à la papauté et n'allant pas dans sa politique générale au delà de l'idée d'une confédération italienne, l'on sait comment Rossi paya de son sang sa modération.

Le 15 novembre, il devait exposer à la Chambre romaine ses projets de nouvelle réorganisation civile, lorsqu'il fut averti de l'existence d'un complot contre lui. Il ne s'en rendit pas moins à l'Assemblée. Arrivé sur la place du Palais, où stationnaient deux bataillons de la garde civique, il entend sortir de la foule des cris de menace; il s'avance cependant jusque sous le péristyle de la Chancellerie, palais où se tenait l'Assemblée. C'est là que les conjurés l'attendent, les uns sous la colonnade, les autres sur les marches de l'escalier par où il doit monter à la salle des séances. Alors un des conjurés le touche brusquement à l'épaule ; Rossi se retourne et tend ainsi, sans défense, le cou au meurtrier qui lui enfonce un poignard dans la gorge. Il expire presque aussitôt. Les esprits étaient à ce point excités par les idées révolutionnaires que ce crime, dont la nouvelle se propagea aussitôt dans toute la ville, n'y souleva aucune de ces manifestations d'horreur que doit causer le sang humain répandu. La Chambre, vers laquelle se dirigeait l'infortuné ministre, n'interrompit pas sa séance.

Nature douce, de savant plutôt que de politique, le prince de Canino avait bien pu s'éprendre des idées d'indépendance et de liberté, mais il était certainement incapable d'avoir dirigé contre le ministre de Pie IX le poignard d'un assassin.

Le vicomte d'Arlincourt, qui l'avait chargé d'une aussi odieuse imputation, était ce même écrivain auquel, sous la Restauration, des romans en prose poétique avaient fait une réputation presque ridicule, que n'avaient pas modifiée ses récits ultra-romantiques des *Ecorcheurs* et des *Rebelles sous Charles V*. Très engagé dans le parti légitimiste, bien qu'il eût servi et adulé l'Empire, il s'était jeté, après la Révolution de 1848, dans cette guerre de brochures qui l'avait suivie. Malgré ses soixante ans, il y avait déployé une ardeur toute juvénile, et par un écrit au titre flamboyant, *Dieu le veut,* compromis plus que servi la cause du comte de Chambord, dont il se croyait le Châteaubriand.

Telle est la cause retentissante qui, le 3 décembre 1850, vint à la 6e Chambre que présidait M. Lepeletier d'Aulnay, et où M. Oscar de Vallée occupait le siège du ministère public. Le nom illustre des avocats, Me Chaix d'Est-Ange pour le prince de Canino, Me Berryer pour le vicomte d'Arlincourt, ajoutait encore à l'intérêt d'un débat qui avait attiré un public nombreux et élégant. Le faubourg Saint-Germain s'y était donné rendez-vous pour entendre son grand orateur Berryer défendre le romancier qui, par ses opinions et son origine, se réclamait de la légitimité. Cependant, au fond de ce procès, c'étaient plus encore la papauté et la révolution romaine qui étaient en cause que le vicomte d'Arlincourt et le prince de Canino. Cet aspect du procès se révéla dans un premier débat engagé sur l'exception *Judicatum solvi,* que Me Berryer opposa au demandeur, en soutenant que le prince de Canino était étranger. L'illustre avocat y fut particulièrement acerbe, et sous la forme polie de sa parole, n'en traita pas moins son adversaire en intrus pour la France.

« Nous avons à justifier, disait Me Berryer, que M. le prince de Canino est étranger. Nous savons bien comme vous, comme lui, qu'il est né en France, à Paris, en 1803. Nous savons que son père était français, qu'il est mort plein de gratitude et de respect pour le Souverain Pontife, qui, après 1815, lui avait offert une patrie au moment où les événements l'avaient contraint à s'exiler de la France... Nous ne ferons pas un crime à notre adversaire d'avoir suivi la nouvelle condition politique de son père; mais, quand les exigences politiques sont tombées, ce serait une intolérance insupportable que de refuser à un exilé le droit de revenir dans sa patrie, d'y revendiquer le droit de cité : nier ce droit, ce serait jouer un rôle détestable, et ce n'est point celui que veut remplir M. d'Arlincourt.

Mais qu'a fait M. le prince de Canino pour redevenir citoyen français ? Depuis 1848, la France lui est ouverte, tous les siens y sont rentrés. Lui, qu'a-t-il fait ? Il a fait tout le contraire. Il est resté à Rome, il est devenu un des membres les plus actifs de l'Assemblée constituante romaine, il en a été le président, c'est-à-dire, pour un moment, l'homme le plus considérable du gouvernement romain ; c'est en cette qualité qu'il a demandé la déchéance du pape... C'est encore en cette qualité qu'il a résisté à la

France, à notre gouvernement, à notre armée, et vous savez qu'il n'a renoncé à son rôle que contraint par la violence, par la défaite. Vaincu à Rome, M. le prince de Canino est venu en France... »

Malheureusement, c'est seulement sur le débat préliminaire que, par sa nature même, ce procès a laissé quelques traces. Me Chaix d'Est-Ange, sans fuir la controverse sur la question de nationalité, et en maintenant énergiquement la qualité de Français à son client, offrait, sous ces réserves, de déposer immédiatement la caution réclamée. Il voulait le plus vite possible venir au débat du fond, où l'honneur du prince était engagé.

Ces offres désintéressaient complètement le débat sur l'exception opposée au demandeur. C'est ce que M. Oscar de Vallée démontra dans des conclusions pleines de clarté et de force :

« Messieurs, nous n'avons que quelques mots à dire sur les conclusions posées par M. d'Arlincourt. M. Charles Bonaparte vient de déclarer qu'il est prêt à faire le dépôt qu'on lui demande.

En présence de cette déclaration, le Tribunal ne me semble pas pouvoir hésiter, puisque sa décision n'est pas de nature à préjuger la question de savoir si M. Charles Bonaparte est ou n'est pas Français. Le Tribunal est appelé seulement à décider si, selon les conclusions, la caution *Judicatum solvi* doit être exigée du plaignant ; nous estimons que le Tribunal peut se prononcer à cet égard sans nuire aux intérêts des parties, en donnant acte des réserves[1] ».

Après les plaidoiries de Chaix d'Est-Ange et de Berryer sur la question de diffamation, M. Oscar de Vallée soutint la prévention. C'est en ce sens que le Tribunal rendit son jugement qui condamnait le vicomte d'Arlincourt à 300 fr. d'amende, aux dépens à titre de dommages-intérêts et à l'insertion de la sentence dans quatre journaux au choix du demandeur.

Cette affaire avait fait le plus grand honneur au jeune substitut, qui n'avait pas paru inférieur aux avocats illustres qui y avaient porté la parole. Dès lors il sortit de pair, et devint l'un des magistrats les plus en vue du Parquet du Tribunal de la Seine.

Si l'élégant et noble auditoire qui faisait cortège à Me Berryer et à son client M. d'Arlincourt, n'avait pas voulu se laisser persuader par le ministère public, il rendit cependant hommage à son talent : « Quel dommage qu'il ne soit pas avec nous ! » disait en sortant un légitimiste connu.

Le prince de Canino, qui, dès le jour où l'armée française avait mis le pied sur le sol italien, avait cessé de prendre part aux délibérations et aux actes du gouvernement romain, ne devait plus se mêler désormais à la politique. Jusqu'à sa mort, en 1857, on ne connut plus de lui que le

[1] M. d'Arlincourt interjeta appel de ce jugement, qui fut réformé par arrêt du 8 mars 1851. Cet arrêt fut cassé par la Cour de Cassation du 11 mars.

savant. Ce fut dans ce procès, de la fin de 1850, que, pour la dernière fois, il apparut comme homme politique. A ce titre, il n'est peut-être pas sans intérêt de reproduire ici quelques notes que M. de Vallée avait jetées sur le papier.

19 novembre 1850. — Le prince de Canino fait un procès en diffamation à M. d'Arlincourt, à propos du livre de celui-ci intitulé : l'*Italie rouge;* ce procès viendra le 23 devant ma Chambre ; Me Chaix d'Est-Ange plaidera pour M. de Canino.

17. — J'ai lu l'*Italie rouge.*

23. — J'ai reçu ce matin la visite de M. Charles-Lucien Bonaparte, *prince de Canino.* C'est un gros homme qui a tout à fait le galbe du général Bonaparte. Il y manque surtout le regard, comme à tous les neveux de ce grand homme. Il a débuté en me disant que l'expédition de Rome était une honte. Il a été très diffus, m'a dit que M. Berryer devait faire de la politique ; qu'il se contiendrait pour ne pas lui répondre, mais que si j'en faisais, il se croirait forcé, à cause de l'autorité de mes fonctions, de défendre sa conduite politique, dût-il perdre en un moment la bienveillance excessive que lui témoigne le président, se faire expulser de France et perdre son procès. — Je l'ai rassuré à cet égard. Il a d'ailleurs paru me supposer des idées libérales, m'a dit que mon nom ne lui était pas inconnu.

C'est M. Dumas, ministre du Commerce[1], et plusieurs

[1] Jean-Baptiste Dumas (1800-1884), le célèbre secrétaire perpétuel de

amis qui l'ont décidé à faire ce procès. M. Dumas a écrit à Chaix d'Est-Ange pour que celui-ci acceptât la cause de M. Bonaparte. Il paraît que Chaix, très ardent le premier jour, s'est montré froid avant-hier, a annoncé qu'il avait plaidé pour M. d'Arlincourt. Le prince voulait changer d'avocat.

M. de Canino, qui m'a supplié de ne pas lui donner ce titre[1], qui n'est plus le sien depuis six ans, a attaqué M. Baroche... Je l'ai arrêté. Il lui a reproché d'avoir empêché Grün[2], du *Moniteur*, d'insérer un article en faveur de la candidature du prince à l'Académie des Sciences, comme *ornithologiste*. Sachant que j'étais l'ami de M. Baroche, il m'a écrit le soir une lettre.

1er décembre. — J'ai reçu la visite de M. d'Arlincourt. »

Ce procès eut une suite tout à fait extrajudiciaire ; le 10 juin 1851, un duel au pistolet eut lieu entre le prince Charles Bonaparte et Edouard Rossi, fils du ministre. Après un double feu échangé par les adversaires, les témoins déclarèrent l'honneur satisfait, et s'opposèrent à une nouvelle rencontre. Le prince Bonaparte, s'avançant alors vers le comte Rossi, lui dit : « Maintenant que j'ai essuyé votre feu, je suis heureux, Monsieur, de pouvoir vous affirmer que j'ai été indignement calomnié

l'Académie des Sciences. Représentant du Nord en 1849, il fut ministre du Commerce et de l'Agriculture du 31 octobre 1850 au 9 janvier 1851.

[1] A l'audience il insista beaucoup sur son abandon de ce titre.

[2] Alphonse Grün, né à Strasbourg, en 1801, directeur du *Moniteur Universel* de 1840 à 1852, chef de section aux Archives en 1856, mort le 18 septembre 1866. Auteur de la *Vie publique de Montaigne*, 1854.

à la suite de la déplorable catastrophe qui a jeté le deuil dans votre famille ». A cette déclaration, le comte Rossi répondit : « Devant une parole si loyalement donnée, je regrette vivement, prince, et mon erreur et l'attaque qui en a été la conséquence[1] ».

Jusqu'ici M. Oscar de Vallée n'avait porté la parole dans aucun procès politique : celui du prince de Canino n'en avait eu que l'apparence ; et d'ailleurs il y avait été question de faits étrangers à la France. Il n'en fut pas de même d'une affaire dont nous allons parler, qui eut une très grande importance à la fin de 1850, et acquit par les événements de décembre 1851 un intérêt rétrospectif plus considérable encore. C'est l'affaire Allais, dont tous les historiens se sont occupés.

Ainsi qu'il arrive toujours dans les époques troublées, la Magistrature dut intervenir souvent dans la politique pendant les quatre années qui suivirent la Révolution de Février. Sans parler des grands procès qui se déroulèrent à Bourges et à Versailles contre les insurgés du 15 mai et du 13 juin, de combien d'autres échos de nos discordes civiles ne retentirent par les chambres du Palais de justice, de 1848 à la fin de décembre 1851 ! M. Oscar de Vallée avait une trop haute idée de la justice pour n'en pas éprouver des regrets.

S'il est un principe qui ait toujours dominé son esprit,

1 Procès-verbal des témoins, vicomte Clary et comte Lepic ; Elie Jalonques et Ernest de Rozière.

c'est celui de la séparation complète de l'ordre politique et de l'ordre judiciaire ; s'il est un gouvernement qui eût satisfait la conception qu'il se faisait de l'Etat, c'est celui où le pouvoir judiciaire eût été dans une indépendance absolue du pouvoir exécutif. En cela il pensait comme Montesquieu : et cette séparation lui paraissait la garantie la plus solide contre la tyrannie, de quelque côté qu'elle vînt, d'en bas ou d'en haut, d'une assemblée irresponsable ou d'un chef unique. Partant d'une âme qui avait un tel culte de la justice, l'éloge qu'il a fait de la Magistrature de cette époque ne saurait donc être suspect, et nous pouvons l'en croire sur ces juges, ces membres du ministère public qu'il avait vus à l'œuvre. Ce qu'il en a dit plus tard, est le meilleur témoignage qui puisse être invoqué sur eux. Le tableau qu'il a tracé de la Magistrature de cette époque doit être rappelé ici :

« Quand arriva le coup imprévu de 1848, a-t-il dit, les rudes assauts qu'elle avait subis, et la victoire même de ceux que, plus d'une fois, elle avait frappés, la laissèrent à peu près intacte... Le Pouvoir exécutif garda la nomination de tous les magistrats et se contenta d'y mettre une certaine préoccupation républicaine sans altérer les fonctions et sans changer les devoirs. La Magistrature soutint alors un choc terrible, aussi terrible qu'à aucune autre époque ; elle fut dans la lutte sans cesse au premier rang, on l'y prodigua, et inquiète elle-même du sort de la société, prenant cette fois fait et cause sans que le pouvoir politique eût à l'exciter, elle se porta sans hésitation ni réserve à la défense des principes attaqués et de la société en péril; elle conserva dans cette lutte ardente, où la liberté fut presque sans limites, l'estime du pays; ceux qui l'attaquaient pouvaient bien critiquer l'esprit de conservation qui l'animait et mêler l'injure à leurs critiques, mais ce qui la fortifiait, même aux yeux de ses ennemis, c'est qu'elle n'avait à ce moment, pour clients, ni un roi, ni des ministres, non des personnes mais des principes et la vie menacée de l'ordre social [1] ».

Nous connaissons assez maintenant les opinions de M. de Vallée en matière de procès politiques, pour exposer cette affaire Allais, qui, en dehors même de ce caractère, était, par les questions de fait qu'elle soulevait, la plus importante où il eut encore pris la parole.

Entre un président de République nommé par le pays tout entier, réunissant sur sa tête 5 millions de suffrages sur 7 millions exprimés, qui de plus portait ce nom de Napoléon dont le prestige était encore intact, et une Assemblée divisée en plusieurs partis, dont deux au moins étaient irréconciliables, Assemblée d'autant plus susceptible qu'elle était plus faible, les conflits ne pouvaient manquer d'être fréquents. C'est ce qui arriva entre le prince Louis-Napoléon et l'Assemblée nationale d'abord, l'Assemblée législative ensuite. Un premier conflit, né de la retraite de MM. de Malleville et Bixio, membres du cabinet Odilon Barrot, où le second représentait parti-

[1] O. de Vallée, la *Magistrature française et le Pouvoir ministériel*, Paris, Lachaud, 1871, p. 24.

culièrement la nuance républicaine, avait amené la célèbre proposition de dissolution présentée par M. Rateau. Il avait tourné à l'avantage du président, dont l'astre semblait éclipser celui de la représentation nationale. La nouvelle Assemblée, bien que les conservateurs y fussent revenus en plus grand nombre et que les radicaux et les socialistes prédominassent dans le parti républicain amoindri, parut d'abord mieux disposée pour l'élu du Dix Décembre. Cela dura peu. D'ailleurs, au nom même de ces idées démocratiques et humanitaires qu'il appelait les *idées napoléoniennes,* le président accusait l'Assemblée de ne rien faire pour le peuple, de perdre son temps en vaines discussions, d'avoir trop facilement, après l'entrée du général Oudinot à Rome, sacrifié les garanties qui devaient être demandées au Pape en faveur d'un gouvernement libéral. On sait comment la lettre adressée par lui à M. Edgar Ney, amena un second conflit qui se manifesta par le fameux message du 31 octobre 1849, à la suite duquel disparut le cabinet Odilon Barrot, cabinet dont le caractère était nettement parlementaire.

On entrait dans cette période des ministères personnels, marquée du côté de l'Assemblée par le vote de la loi du 31 mai 1850, du côté de la présidence par la fondation du *Napoléon* au commencement de la même année, sans que l'accord entre les deux pouvoirs fut encore absolument rompu. Au commencement du mois de juin, un débat fâcheux sur un supplément de dotation pour le président décida cette rupture, qu'aggravèrent encore les articles des journaux *le Pouvoir* et *le Moniteur du soir*, très durs pour l'Assemblée. Avant de se proroger du 11 août au 11 novembre, la Chambre témoigna ses sentiments hostiles en ne faisant entrer dans la Commission de permanence que des députés très attachés au régime parlementaire ou représentant les partis légitimiste et orléaniste, tels que MM. O. Barrot, Berryer, Molé, Jules de Lasteyrie, de Saint-Priest, Chambolle, Changarnier, ou même personnellement hostiles au Président, comme le général Lamoricière et M. de Mornay[1]. Aussitôt la représentation nationale en vacances, chaque parti agit comme s'il était à la veille d'une victoire, qu'il s'agissait de préparer. C'est alors que les légitimistes vont en pèlerinage à Wiesbaden (10 août), où M. de Salvandy plaide la cause de la fusion; les orléanistes à Claremont[2], où les obsèques du vieux roi (26 août) justifient d'ailleurs leur présence; c'est alors aussi que le prince Louis-Napoléon visite avec éclat Dijon, Lyon, Besançon, Strasbourg, Caen, Cher-

[1] M. Odilon Barrot a dit de cette Commission : « Les membres se partageaient à peu près également entre les légitimistes et les orléanistes. C'étaient pour les premiers : MM. de Saint-Priest, d'Olivier, Berryer, Nettement, de Lespinasse, Léon de Laborde, de Crouseilhes, général de Lauriston, Vesin et Desvaux ; pour les seconds : Jules de Lasteyrie, le général Changarnier, le comte Molé, le général de Lamoricière, le comte de Mornay, le comte Beugnot, Creton, le général Rulhières, C. Perier, Combarel de Leyval, Garnon, Chambolle. (*Mémoires*, Paris, 1876, IV, 54). D'après les mêmes *Mémoires*, Changarnier eut bien réellement l'intenton de faire arrêter le Président, la réalisation dépendait du blanc-seing de M. Dupin. Odilon Barrot lui ayant dit : « Qu'attendez-vous pour en finir? » — « Oh ! répondit-il, je n'attends qu'une signature de Dupin ». *Idem*, p. 61.

[2] Voir sur ces pèlerinages à Wiesbaden et à Claremont les *Mémoires d'Odilon Barrot*, IV, 53.

bourg, et y prononce des discours qui, tout à la fois, comblaient de joie ses partisans et d'exaspération ses adversaires ; alors qu'il passe les revues célèbres de Saint-Maur et de Satory (4 et 10 octobre). Quelque temps auparavant s'était formée la Société bonapartiste du Dix-Décembre, et elle avait fait une ovation au Prince-Président lors de son retour de Strasbourg.

A la Commission de permanence, le général Changarnier qui, depuis l'élection présidentielle, réunissait le double commandement des gardes nationales de la Seine et des troupes de la 1re division militaire, avait blâmé ces acclamations. Quelque temps auparavant, il avait fait célébrer dans la chapelle des Tuileries une messe funèbre pour la mémoire du roi Louis-Philippe, et y avait assisté avec son état-major.

En prenant parti contre Louis-Napoléon, Changarnier était devenu en quelque sorte le général du Parlement.

C'est dans ces circonstances, tous les partis étant en émoi, pleins de défiance les uns envers les autres, que le 8 novembre, trois jours avant la réouverture de l'Assemblée, parut dans le *Journal des Débats* l'article qui fut le point de départ du procès Allais. Voici cet article :

« La Commission de permanence de l'Assemblée s'est réunie aujourd'hui. Elle a consacré presque toute sa séance à délibérer sur un incident fort singulier. L'un de ses membres a déclaré, de la manière la plus formelle, qu'il était à sa connaissance que, dans la nuit du 29 octobre, vingt-six individus parmi les membres les plus exaltés de la Société du Dix-Décembre ont tenu une séance extraordinaire, où ils ont agité hautement le projet d'assassiner le président de l'Assemblée nationale, M. Dupin, et le commandant en chef de l'armée de Paris, M. le général Changarnier, comme étant tous les deux le grand obstacle à l'accomplissement des desseins de la Société. Le projet aurait été adopté à l'unanimité, et l'on aurait procédé au tirage au sort pour désigner ceux qui devaient mettre à exécution ce double attentat. En conséquence, on aurait mis dans un chapeau vingt-quatre billets blancs et deux portant la lettre C (Changarnier), l'autre la lettre D (Dupin). Chacun des vingt-six membres aurait été appelé à tirer successiment un bulletin. Celui qui aurait amené la lettre C aurait aussitôt déclaré, en termes énergiques, qu'il était prêt à exécuter la décision de la réunion. Celui auquel serait échu le bulletin avec la lettre D aurait gardé le silence. Le président de la réunion ayant annoncé que le jour de l'exécution serait ultérieurement fixé, les vingt-six membres se seraient alors séparés. Les délibérations subséquentes donneraient lieu de croire qu'on aurait été disposé à faire quelque tentative de ce genre le jour de la réouverture de l'Assemblée ».

Quel était l'auteur de cette dénonciation ?

C'était un certain Allais, agent secret de M. Yon, commissaire de police spécial auprès de l'Assemblée législative. Celui-ci, sans prévenir ni le préfet de police, ni le parquet, dont il affectait de se montrer indépendant, avait communiqué ce rapport à M. Dupin et à la Commission de permanence. La maison où avait eu lieu le prétendu conciliabule était l'étroite boutique d'un épicier de la rue des Saussayes, le sieur Pichon. Vingt conspirateurs s'y trouvaient réunis ; un nommé Picot, artiste peintre, et Allais lui-même, étaient ceux que le sort avait désignés pour frapper le général Changarnier et M. Dupin. Sans complètement ajouter foi à des allégations dont les unes paraissaient invraisemblables, les autres contradictoires, trois membres de la Commission allèrent demander des explications au ministre de l'Intérieur, alors M. Baroche, qui, n'ayant reçu aucune communication de ses subordonnés, se montra aussi étonné qu'incrédule. Le préfet de police, M. Carlier, était dans la même ignorance : mais il fit immédiatement commencer une enquête par M. Brun, commissaire de police du quartier des Tuileries. Celui-ci, mis sur la piste des menées d'Allais, qualifia ce prétendu complot « de scandale, déplorable pour le public et ridicule pour l'inventeur ». Quant à Allais, on ne le découvrit pas tout d'abord. M. Yon déclarait qu'il ne l'avait plus sous la main. La vérité c'est qu'il le tenait caché dans ses appartements personnels du Palais-Bourbon. L'instruction qui suivit [1] démontra qu'Allais, homme de passé suspect et mystérieux, tour à tour compromis dans les émeutes de Rouen et employé par la police de cette ville ; puis venu, à Paris, implorant tout à la fois les secours de l'Elysée et la bienveillance de

[1] Elle fut commencée par M. Broussais, juge d'instruction, le 9 novembre. Voir le *Droit*, du 13.

M. Yon, qui finissait par l'employer, avait fait du zèle et inventé ce complot pour complaire à son chef. Elle se termina, le 26 novembre, par une ordonnance de non-lieu [1].

La première phase de cette affaire était close.

La seconde commença lorsqu'une plainte en dénonciation calomnieuse eut été portée contre Allais par les personnes qu'il avait signalées dans son rapport, les sieurs Pichon, Pillot, Picot, Thénot, Malet, Laveyssière, et Rose Barbereau, femme Duraulot. L'affaire vint, le 24 décembre 1850, à l'audience de la sixième Chambre, présidée par M. Lepeletier d'Aulnay. Dans la foule très nombreuse que cette cause retentissante avait attirée, on remarquait beaucoup d'hommes politiques, entre autres les députés Boucher de l'Escluse, Piscatory, de Maleville. Taschereau, Abbatucci, Lacaze, de Charencey, Bouvatier. Deux avocats de renom, Me Chaix d'Est-Ange, pour M. Thénot qui s'était porté partie civile, et Me Desmarets pour Allais, occupaient le banc de la défense.

Nous avons déjà essayé de peindre le premier et nous n'y reviendrons pas. Esquissons les traits du second, dont la verte vieillesse honore encore aujourd'hui le Barreau. Né en 1815, il avait débuté au Palais en 1837, et y avait trouvé bientôt des succès, auxquels son aménité, les avantages d'une figure agréable, n'avaient pas laissé de contribuer. Cet homme aimable, cet avocat séduisant,

[1] *Gazette des Tribunaux*, du 30 novembre 1850.

était au besoin un courageux citoyen, disons plus, un soldat intrépide. Aux journées de juin, dans les rangs de la garde nationale, il s'était comporté en héros, et avait été décoré pour sa belle conduite. Son éloquence, douée de plus de grâce que de force, arrivait à la persuasion par son charme même. Son ironie, car il possédait aussi cette arme, pénétrait, mais en caressant. C'était un avocat brillant, aimant à se tenir dans des généralités, plus qu'à pousser droit une argumentation, ou à prendre corps à corps celle de l'adversaire. Ce que sa plaidoirie perdait parfois de ce côté, elle le regagnait, souvent au delà, par le prestige de la forme [1].

Agé de vingt-neuf ans, Allais, le prévenu, avait quelque chose d'un aventurier de bas étage. De petite taille, il avait la tournure vive, décidée, les cheveux noirs coupés en brosse « Il porte, dit un témoin, de petites moustaches noires et un cercle de barbe fort étroit autour du menton; sa parole est brève et ne manque pas d'une certaine faci-

[1] M. Norbert-Billiard en a tracé ce portrait :

« Il n'a pas seulement dans sa parole l'esprit qui éblouit, la grâce qui charme, il a aussi la sensibilité sympathique qui émeut et touche jusqu'aux larmes. » Et ailleurs : « Au Palais, il est l'avocat des jolies causes, car il rend telles toutes celles qu'il plaide. Il a l'esprit qui charme plus que l'esprit qui blesse. La bienveillance est si naturelle en lui, que le voulut-il, il ne pourrait se faire un ennemi. Son ironie même a la grâce, la coquetterie de la caresse... elle éblouit l'adversaire... Il aime à dessiner des horizons lointains, à généraliser les idées. Cette méthode estompe parfois l'argument, mais elle lui donne plus de séduction. Ce n'est pas une eau-forte, c'est un prestigieux pastel. » (*Le Monde judiciaire*, année 1864, pp. 243 et 486.) M. Desmarest a été bâtonnier en 1864-1865. La Révolution du 4 septembre lui fut moins favorable que celle du 24 février. Conseiller d'État, maire du IXe arrondissement, il échoua aux élections législatives, mais fut nommé à celles de la Commune (26 mars 1871). Ajoutons qu'il déclina cet honneur.

lité [1] ». Au cours de l'instruction suivie sur le fait de complot, Allais avait rétracté ses prétendues révélations, et affirmé que c'était M. Yon qui l'avait engagé à faire un rapport « *serré* » contre les bonapartistes. A l'audience, il rétracta ses rétractations. Mais lors de l'interrogatoire des témoins, il fut démenti dans toutes ses assertions par Pichon, par Picot, etc. Il avait parlé d'un conciliabule de trente personnes, et le magasin de Pichon, en y joignant l'arrière-boutique, n'en pouvait contenir vingt ; le concierge n'avait rien vu, rien entendu. Alors Allais, qui tout à l'heure soutenait l'entière vérité de son rapport, l'abandonna de nouveau. L'interrogatoire du commissaire de police Yon excita particulièrement l'intérêt, car, en réalité, le procès se faisait moralement autant contre lui que contre Allais. Souvent ironique et hautain, il se refusa à admettre qu'il eût jamais été le jouet d'une imposture. Le président et le ministère public furent obligés de le rappeler à plus de convenance.

Me Chaix d'Est-Ange, qui le premier porta la parole pour la partie civile, répondant à ce mot d'Allais : « Pourquoi aurais-je été supposer un complot, créer des dangers imaginaires », rappela éloquemment cette phrase de Montesquieu : « Quiconque avait une âme basse et un esprit ambitieux, cherchait un criminel dont la condamnation pût plaire au prince [2] ».

[1] *Gazette des Tribunaux*, du 25 décembre 1850.
[2] Ed. Rousse, *Discours et Plaidoyers de M. Chaix d'Est-Ange*, I, p. 383.

M. Oscar de Vallée soutint ainsi la prévention :

« Si nous ne vivions pas dans une société troublée, où l'orgueil égare tous les esprits, où le sentiment exagéré de soi-même tient tant d'hommes hors de leurs devoirs, dès le 30 octobre la justice eût été informée par les soins de M. Yon de l'abominable complot qui, suivant ce fonctionnaire, menaçait alors la vie du général en chef de l'armée de Paris et du président de l'Assemblée législative. Pour tout individu venant à connaître un si détestable projet, c'était un acte de bon citoyen de le signaler aux magistrats chargés de poursuivre les crimes ; pour M. Yon, commissaire de police, c'était un devoir impérieux et sacré. Nous le disions au cours du débat, et nous le répétons : quelle que soit la position spéciale de M. Yon à l'Assemblée législative, tant qu'il conservera son caractère d'officier de police judiciaire, sa première et sa plus étroite obligation, celle qui résulte non pas de la volonté de telle ou telle personne, mais d'une volonté qui domine toutes les autres, celle de la loi, lui commande de déférer immédiatement à M. le Procureur de la République les crimes et délits qui arrivent à sa connaissance.

Si les choses s'étaient ainsi passées, nous aurions aussitôt été informé ; et la France aurait su en même temps que ce complot avait été signalé à la justice, mais qu'il n'existait pas ».

Après avoir retracé les antécédents déplorables d'Allais, trahissant, dénonçant ses amis; après avoir mis en évidence ses mensonges, ses contradictions, rappelé les dépositions des témoins, M. de Vallée expliqua ainsi le mobile de sa conduite :

« Quant à la pensée d'Allais, Messieurs, ai-je besoin de la chercher? Mon Dieu, elle était à la hauteur de son âme ; il voulait plaire à M. Yon ; il a mis dans toute cette affaire la forfanterie de son caractère, le vagabondage de son esprit ; mais au fond de tout cela, il y avait l'intention, elle n'est pas douteuse, elle est facile à saisir, d'une dénonciation contre M. le Président de la République. Cette dénonciation, dressée avec tout le luxe du mélodrame, était destinée à servir de drapeau au mauvais vouloir contre le chef du Pouvoir exécutif, elle était destinée à rester secrète pour le plus grand nombre et montrée seulement à quelques-uns... C'est là, à notre avis, ce qui prouve la culpabilité d'Allais [1] ».

Me Desmarest présenta ensuite la défense du prévenu.

Le Tribunal, après une délibération de deux heures, rendit un jugement qui condamnait Allais à un an d'emprisonnement, à 300 fr. d'amende et aux dépens, à titre de dommages-intérêts au profit de la partie civile [2].

Après le réquisitoire du magistrat, on lira peut-être avec intérêt quelques notes intimes que l'homme privé écrivait au jour le jour à l'occasion de cette affaire :

[1] Voir la *Gazette des Tribunaux*, des 25, 26 et 27 novembre 1850.

[2] Allais interjeta appel de ce jugement, et l'affaire vint, le 17 janvier 1851, à la Chambre des Appels de police correctionnelle, présidée par M. Ferey. Le siège du ministère public était occupé par l'avocat général Suin. Mais Allais, qui se présentait sans défenseur, se désista de son appel.

« 3 novembre 1850. — Je suis arrivé à Paris. J'ai trouvé tout le monde en grand émoi des différends du général Changarnier et du Président.....

8 nov. — J'ai dîné au Ministère. Le ministre était très ému de la *grande mystification* dont la Commission de permanence a été dupe. Il ne pouvait pas comprendre qu'un homme aussi grave que M. Léon Faucher fût venu sérieusement lui demander des explications sur un prétendu complot formé par la Société du Dix-Décembre contre le général Changarnier et M. Dupin. Voici l'histoire de cette mystification qui m'a été racontée par M. Baroche lui-même. M. Yon, commissaire de police attaché spécialement à l'Assemblée, a entretenu, depuis la prorogation, par des rapports exagérés, l'irritation de la Commission de permanence. C'est lui qui a fourni aux journaux, et notamment à l'*Ordre*, des documents contre la Société du Dix-Décembre. Cet agent est en rivalité avec le préfet de police, et il a la prétention de s'affranchir de l'autorité de ce dernier. Il a quelques agents sous ses ordres. Ceux-ci sont en guerre ouverte avec les agents du préfet. Quelques agents de M. Carlier ayant rencontré dans un cabaret les agents de M. Yon, eurent l'idée de leur faire croire qu'un complot était formé contre MM. Changarnier et Dupin. Ceux-ci coururent à l'Assemblée rendre compte de leur découverte à M. Yon, qui a prévenu M. Dupin, lequel eut peur. Le général Lamoricière a saisi la Commission de permanence.

Le *Journal des Débats* annonça ce complot, et la France

a pu croire pendant vingt-quatre heures à la réalité d'une telle monstruosité! Quelle bêtise et où on en arrive! Le questeur Baze disait au ministre: « Monsieur le Ministre, je vous jure que tout cela est vrai! »

Je m'associe à ceux qui blâment énergiquement ces attaques, aussi imprudentes qu'injustes et absurdes, contre le Gouvernement et le Président. Mais le Président porte la peine des fautes de sa vie passée et de ses regrettables amitiés.....

11 nov. — L'Assemblée a repris ses séances. On s'est donné des poignées de main. Le questeur Baze raccole des adhésions pour sa proposition relative au commissaire de police Yon. Girardin publie dans la *Presse* un faux message du Président. Panique à la Bourse, on offre de la rente à 1 fr. 50 au-dessous du cours. La *Presse* est saisie, pour avoir annoncé une fausse nouvelle et publié un document faux. On croit que Girardin a voulu jouer à la Bourse!...

14 nov. — Il paraît que M. Baroche a voulu donner sa démission. J'ai rencontré mon collègue, M. Broussais, juge d'instruction, qui était allé à l'Assemblée entendre MM. Baze, Lamoricière et Odilon Barrot au sujet de l'affaire Yon. Comme M. Baze, avocat à Agen, entend l'égalité, est respectueux des lois! Il voulait, ainsi que ses collègues, *causer* avec le juge, et prétendait que sa prérogative lui défendait de déposer comme témoin.

On a retrouvé Allais. Broussais l'a entendu. « Il y a là-dessous, m'a-t-il dit, une infamie. Je pense que l'instruction l'établira... »

15 nov. — Les grandes choses vont assez bien, disait hier M. Baroche, mais les petites vont mal! L'irritation renaîtra. Le parti légitimiste attend et désire la bataille. Tous les récits sur les scènes de la rue du Havre, attribuées à la Société du Dix-Décembre, sont faux ; mon collègue, M. Descoutures, qui a fait le réquisitoire, me l'a affirmé.

Où en sommes-nous ! Il faut que le Gouvernement transige à propos du commissaire de police Yon.

21 nov. — M. Odilon Barrot a fait au garde des sceaux [1] une scène violente, parce que celui-ci l'avait fait entendre comme témoin, sans le prévenir, dans l'affaire Allais : « Monsieur, lui a-t-il dit, je n'accepte pas vos explications. Un garde des sceaux ne se conduit pas avec cette légèreté vis-à-vis d'un ancien garde des sceaux [2].

23 nov. — L'affaire Allais se dénoue. Le complot contre la vie de MM. Changarnier et Dupin est une invention du commissaire de police Yon, du questeur Baze et un peu de M. Dupin, dont la peur a troublé l'esprit, habituellement si limpide. Il y a, dit-on, là-dessous, une intrigue politique. Nous verrons.

On fait à Allais un procès en dénonciation calomnieuse qui me viendra.

29 nov. — Le ministre s'est arrangé avec le Bureau de l'Assemblée, à propos du commissaire de police de l'Assemblée...

[1] C'était alors M. Rouher, qui remplit les fonctions de ministre de la Justice du 31 déc. 1848 au 24 janv. 1851.

[2] M. Odilon Barrot avait été le prédécesseur immédiat de M. Rouher au Ministère de la Justice, où il avait été nommé le 20 déc. 1848.

30 nov. — Les journaux s'occupent de l'ordonnance de non-lieu dans l'affaire Allais.

26 décembre. — J'ai été jusqu'au 26 occupé de l'affaire Allais. Il est évident pour moi qu'Allais a été l'instrument de M. Yon ; que, pour flatter les passions hostiles au Président de la République, on a dressé ce faux rapport. Me Chaix d'Est-Ange m'a enlevé mon réquisitoire. J'ai dit en terminant que M. Yon ne pouvait plus être, sous aucun prétexte, l'*auxiliaire de la justice*. Dans le public on trouve ce procès regrettable. »

A côté de ce récit, en voici un autre, fait par un homme qui était alors fort mêlé à la politique.

D'après M. Granier de Cassagnac, le complot de la rue des Saussayes aurait été inventé pour livrer plus complètement la force armée aux mains du général Changarnier, et le pousser à un coup d'état royaliste.

« C'est, dit-il, pour mettre à sa disposition une force régulière, indépendante du chef d'État, et destinée en apparence à défendre l'Assemblée, qu'on imagina le ridicule complot de la rue des Saussayes, révélé par le *Journal des Débats*, le 8 novembre 1850, et qui, d'après cette révélation, avait pour but l'assassinat de M. Dupin aîné, président de l'Assemblée, et celui du général Changarnier, tous deux considérés comme le plus grand obstacle à l'accomplissement des desseins de l'Élysée.

En faisant peur à M. Dupin, très ferme magistrat, mais qui n'était pas téméraire de sa personne, on voulait le pousser à donner au général un blanc-seing plaçant sous ses ordres un corps de troupes ayant pour mission la défense de l'Assemblée et de son Président.

M. Dupin eut la faiblesse de croire à cette fable dont tout Paris se moqua...

Le soir même du jour où le prétendu complot fut dénoncé au Comité de surveillance, le 7 novembre, à huit heures, M. Dupin se rendit chez M. Rouher, alors garde des sceaux, qui était à table avec sa famille, et lui raconta les horribles projets médités contre sa personne. M. Rouher essaya vainement de le rassurer ; il fut obligé de quitter son dîner et de l'accompagner chez M. Baroche, ministre de l'Intérieur, auquel il raconta aussi le complot. Les protestations de M. Baroche eurent beau venir confirmer celles de son collègue, M. Dupin ne se retira qu'à moitié rassuré. Très occupé de cet étrange incident, et craignant que M. Dupin, dominé par son trouble, finit par céder aux instances du général ou des membres les plus ardents de la Commission de permanence, M. Rouher, avant de rentrer chez lui, crut devoir apporter ces détails à l'Élysée. Le Prince en écouta le récit avec le plus grand calme, et parut n'y apporter aucune importance. Impatienté de cette indifférence, qu'il trouvait dangereuse, le ministre insista avec quelque vivacité. Alors le prince le regardant avec fixité, et lui posant la main sur l'épaule, lui dit : « Monsieur Rouher, vous êtes bien jeune ! Si l'on venait m'apprendre à l'instant même que le général Changarnier marche sur l'Élysée avec les troupes qu'il commande aux Tuileries, j'irais au devant de lui avec les chasseurs à pied qui me gardent, et ses soldats se réuniraient immédiatement aux miens ».

En 1856, je voulus avoir le cœur net sur la tentative du général Changarnier auprès de M. Dupin, en vue d'obtenir le blanc-seing... M. Dupin m'accueillit avec sa politesse brusque, mais franche, et me déclara qu'il avait en effet éconduit, au sujet de cette demande, d'abord le général Changarnier, au mois de novembre 1850, après la révélation d'Allais, et puis, un peu plus tard, M. le duc de Broglie lui-même[1] ».

Telle fut cette affaire *Yon-Allais,* comme on l'appelait alors, qui, après avoir beaucoup ému en des sens divers l'opinion publique, n'a pas été dédaignée par l'histoire. La première émotion passée, l'apaisement n'avait pas tardé à se faire, et avant même que le Tribunal de la Seine eût rendu son jugement, de meilleurs rapports s'étaient établis entre l'Assemblée et le Prince-Président, grâce au message très pacifique et très conciliant du 12 novembre, et à une lettre où M. Baroche reconnaissait au bureau de la Chambre le droit de choisir un commissaire de police parmi ceux de la ville de Paris, sous la sanction du ministre de l'Intérieur, qui garderait la faculté de le révoquer, mais de concert avec le bureau.

Au mois de janvier suivant, au cours des débats sur la proposition Rémusat relative à la création d'un Comité de surveillance, M. Thiers s'exprimait ainsi au sujet du pré-

[1] Granier de Cassagnac, *Souvenirs du second Empire*, Paris, Dentu, 1879, I, p. 127.

tendu complot de la rue des Saussayes : « Cette affaire n'a reposé que sur un rapport faux et méprisable[1] ». M. de Lamartine, non moins énergiquement, disait : « J'ai vu avec douleur qu'on évoquât une affaire scandaleuse et qu'on ajoutât foi au chiffon de papier le plus sâle qui puisse être ramassé par le plus vil agent de la plus vile police dans les ruisseaux des rues[2] ».

M. Odilon Barrot ne crut jamais à la réalité du complot. Voici ce qu'il en dit : « C'est presque à la veille de la réunion de l'Assemblée que survint l'incident Allais, qui, tout ridicule qu'il était en lui-même, n'en eut pas moins une certaine portée politique... Le commissaire de police attaché à l'état-major de Changarnier *(M. Brun)*, ne crut pas au récit d'Allais, et le général n'y attacha aucune importance. Il n'en fut pas de même du commissaire Yon et de M. Dupin : ils donnèrent pleinement dans le piège... Trois membres furent chargés de s'en expliquer avec le ministre de l'Intérieur, ce qui était en effet la seule chose à faire, la moindre information administrative eût fait crouler tout cet échafaudage d'absurdes mensonges, et il n'en aurait plus été question. Mais le *Journal des Débats*, par une indiscrétion probablement calculée... s'avisa de publier... le rapport d'Allais. On peut juger de l'effet que produisit cette perfide, et, dans tous les cas, bien inopportune publication[3] ».

[1] Discours du 17 janv., *Moniteur* du 18.
[2] Discours du 16 janv., *Moniteur* du 17.
[3] O. Barrot, *Mémoires*, IV, 64.

Quel jugement en a porté l'histoire ? Faisant la part des exagérations auxquelles s'abandonnèrent aussi bien ceux qui accusaient l'Élysée d'avoir dès cette époque comploté contre l'Assemblée, que les bonapartistes, qui comme M. Cassagnac, renvoyaient à Changarnier et à la Commission de permanence l'accusation inverse, le plus récent et le plus impartial des historiens de la République de 1848, a dit avec une haute raison :

« La vérité, autant qu'on la peut conjecturer dans ce dédale de contradictions, c'est que, dans les sociétés bonapartistes, s'agitaient alors quelques hommes violents, sans noms et sans scrupules : de là, dans certains conciliabules de ces associations, des propos inconsidérés, peut-être même des menaces de mort échappées dans l'ivresse et dans la colère. M. Yon avait recommandé à son agent d'être zélé. Allais, vaniteux et menteur, renchérit sur les recommandations de son chef. Il recueillit quelques imprudentes ou criminelles paroles, les transforma en un dessein prémédité et les encadra enfin dans une sorte de mise en scène que lui fournit son imagination perverse et égarée. Cette misérable intrigue n'était digne que du mépris public[1] ».

En 1850, nous n'en étions plus au temps où Richelieu publiait ses édits contre le duel et les faisait rigoureuse-

[1] Pierre de La Gorce, *Histoire de la seconde République française*, Paris, Plon, 1887, t. II, p. 381. Voir encore l'ouvrage également très remarquable de M. Victor Pierre, *Histoire de la République de 1848*,

ment exécuter ; où le brillant comte de Montmorency et son second, le comte des Chapelles, payaient de leur tête le plaisir de s'être battu en plein jour sur la place Royale, contre Beuvron et Bussy d'Amboise lequel, il est vrai, avait été tué. Au nombre des libertés que la troisième République a conquises, on pourrait presque compter la liberté du duel. Sous la seconde République, on n'allait pas si loin ; la justice estimait encore qu'elle devait intervenir dans ces combats privés, et poursuivre ceux qui s'y étaient livrés. Comme le Code pénal n'avait pas inscrit nommément le duel au nombre des délits[1], et que la jurisprudence seule l'avait fait rentrer sous ses prescriptions, l'on comprend qu'une certaine latitude existât dans la poursuite. C'étaient surtout les circonstances particulières du combat qui en décidaient. Cependant l'on peut dire qu'en général le duel était poursuivi et réprimé, et la différence était grande avec ce que nous voyons aujourd'hui. Il faut dire que les duels étaient alors plus sérieux, et l'on n'a pas oublié l'issue

Paris, Plon, 1888, t. II, pp. 439 et 444 ; et la notice de M. E. Rousse sur le plaidoyer pour Thenot, dans *Discours et Plaidoyers de M. Chaix d'Est-Ange*, Paris, Didot, 1862, t. I, p. 361 s.

[1] Portalis avait dit pourtant : « La société ne peut admettre une théorie qui suppose au milieu d'elle d'autres lois que les siennes et des droits qu'elle ne reconnaît pas. On a dit, dans des temps de trouble et d'anarchie, que la vengeance était une sorte de justice naturelle, un retour à cet état d'indépendance qui a précédé la société, selon les fictions philosophiques. C'est en ce sens seulement que l'on pourrait dire que le duel est un mode naturel de terminer les différends, un appel à la force et à la bravoure pour le redressement des torts dont les lois et la société n'assurent point la répression. Mais la vengeance et le duel, qui placent les citoyens hors de la loi et de la société, ne sauraient être avoués par elle ; l'un et l'autre sont inconciliables avec l'existence d'un gouvernement protecteur des droits légitimes de la sûreté individuelle de tous ».

sanglante de ceux d'Armand Carrel et de Girardin, de Dujarrier et de Beauvallon.

Après la Révolution de 1848, les ardeurs de la politique avaient amené une recrudescence des duels ; et ce n'étaient pas les législateurs qui donnaient l'exemple du respect de la loi. MM. Léon de Laborde et Gent ; Bourbousson et Raynaud-Lagardette ; Goudchaux et le général Baraguay-d'Hilliers ; Edmond Adam et le colonel Rey ; Clément Thomas et de Coetlogon ; Ledru-Rollin et Denjoy ; Berard et Brives ; Ségur-d'Aguesseau et Berthelon, à l'occasion d'un débat sur la garde municipale dont M. de Ségur avait fait l'éloge ; Clary et Valentin ; Roger du Nord et Francisque Bouvet ; Auguste Dupont et Chavoix, se rencontrèrent sur le terrain, sans que la justice songeât à les troubler. De tous ces duels parlementaires, le dernier seul avait eu une issue funeste ; Auguste Dupont avait été tué, et son adversaire condamné à 30.000 francs de dommages-intérêts au profit des enfants de la victime. M. Thiers lui-même, à la suite de quelques paroles fort vives prononcées au sujet d'un discours de M. Mathieu de la Drôme, avait échangé une balle avec M. Bixio. Personne ne fut atteint ; et les journaux républicains de dire, faisant allusion à la petite taille de M. Thiers, que M. Bixio l'avait manqué parce qu'il avait visé à hauteur d'homme.

C'est également la politique, mêlée à beaucoup de susceptibilité littéraire qui, le 6 novembre 1850, avait amené, au bois de Meudon, une rencontre entre M. Charles Hugo, fondateur de l'*Événement,* fils aîné du poète, et M. Charles

Viennot. Voici dans quelles circonstances. Le *Corsaire*, dans son numéro du 30 octobre avait publié, sous le titre : *M. Charles Hugo et M. Carlier*, un article signé Viennot, dans lequel M. Charles Hugo, alors âgé de vingt-quatre ans, était assez malmené à propos de ses attaques contre le préfet de police Carlier, et fort irrévérencieusement appelé *Toto* — un petit nom d'amitié qu'on lui donnait en famille — ou encore « le petit garçon de l'*Événement* ». Voici un échantillon de cet article :

« Toto est le taon de M. Carlier. Il n'y a point de jour où il ne lui saute sur la queue. Heureusement, il y a des taons impuissants, des moucherons dont le dard est rond. M. Carlier, attaqué tous les jours par Toto, a pris le parti de n'y plus faire attention, il ne porte pas même la main à son nez pour chasser l'insecte. L'insecte n'en est que plus furieux.

Voilà donc que M. Charles Hugo, à bout d'injures, d'écritures et de calembourgs contre l'antisocialiste, se met à l'appeler sourd-muet. Bien trouvé, n'est-ce pas? Mais ce n'est pas seulement M. Carlier qui se trouve attaqué de cette infirmité, qui devient une qualité et presque une vertu aujourd'hui, c'est encore toutes nos sommités politiques, c'est M. Berryer, le général Changarnier, lord Norbanby, etc. »

Deux amis de M. Charles Hugo, tous deux illustres dans les lettres, Méry et Alexandre Dumas, s'étaient présentés aux bureaux du *Corsaire* pour demander une réparation par les armes. Mais là, ils s'étaient trouvés en présence d'un vieillard, M. Viennot père, qui se déclara auteur de l'article et prêt à accepter la rencontre. Alors les deux témoins de Charles Hugo, reconnaissant que la grande inégalité d'âge rendait tout combat impossible, demandèrent une lettre de rétractation que M. Viennot père se refusa à écrire. Comme on le fit remarquer lors du procès, M. Charles Hugo, après cela, aurait dû saisir la justice, dont la mission est de protéger l'honneur des citoyens contre l'injure et l'outrage. Ce n'est pas ce qu'il fit. Ne pouvant se rencontrer avec M. Viennot, il somma le fils de prendre, l'épée à la main, la place de son père. Voici la lettre qu'il lui adressa :

Monsieur,

Un article insultant pour moi a paru dans le *Corsaire* du 30 octobre dernier, cet article est signé de votre nom.

Monsieur votre père s'en est reconnu l'auteur et en a assumé la responsabilité. Mes amis, MM. A. Dumas et Méry, ont vainement insisté pendant quatre jours pour obtenir une rétractation écrite. Monsieur votre père s'obstine à n'offrir qu'une réparation armée.

Je me vois donc réduit à la pénible nécessité d'une rencontre demain avec lui, malgré la disproportion d'âge qui nous sépare.

Cette disproportion, Monsieur, il dépend de vous de la faire cesser, je m'adresse à votre honneur comme homme et à vos sentiments comme fils, et je pense que vous n'hésiterez pas à prendre, dans cette rencontre, la place d'un vieillard qui est votre père.

S'il en était autrement, Monsieur, je me résignerais, bien à regret, à ce que je considère comme une triste extrémité, mais j'aurais au moins rempli mon devoir en vous avertissant et en vous mettant à même de faire honneur à la fois à votre âge et à votre nom.

Recevez, etc.....

M. Charles Viennot avait trente-huit ans ; il accepta cette substitution de personne, très simplement, très noblement, et une rencontre à l'épée fut réglée entre ses témoins, M. de Grimaldi et M. de La Pierre, ancien officier, alors journaliste assez en vue. Le combat eut lieu au bois de Meudon, à deux heures de l'après-midi. Il dura une minute et demie. A la première passe, Charles Hugo avait été atteint au genou, et M. Charles Viennot s'était aussitôt arrêté, en faisant remarquer à son adversaire que son sang coulait.

Ce qui, aux yeux de la justice, donnait à ce duel une certaine gravité, c'étaient la contrainte morale dont M. Charles Hugo avait usé pour se rencontrer avec M. Charles Viennot, contre lequel il n'avait aucune injure à relever, et la conduite des témoins qui, par leur âge, leurs relations presque paternelles avec M. Charles Hugo, auraient dû bien plutôt empêcher ce duel que s'en faire les auxiliaires. Sur la poursuite du ministère public, cette affaire vint, le 4 janvier 1851, à l'audience de la

6e Chambre. M. Charles Viennot, prévenu de blessures volontaires, avait pour défenseur Me Plocque : Me Nogent Saint-Laurent prêtait son ministère aux témoins, prévenus de complicité.

A l'audience, M. Alexandre Dumas père, interrogé sur les motifs qu'il avait eus de ne pas s'opposer à une rencontre que la déclaration de M. Viennot père rendait désormais sans cause, répondit qu'auparavant il avait exigé l'approbation de M. Victor Hugo au combat de son fils, et que celui-ci l'avait conjuré de prêter son assistance à ce duel, bien loin de s'y opposer :

« Je vous en prie, lui avait dit l'auteur d'*Hernani*, servez de parrain à mon fils ; il entre dans une carrière où l'homme est souvent attaqué, je veux au début qu'il sauvegarde le sien ; je veux que mon fils se batte ».

« Il me rappela, ajoutait le témoin, Corneille, Don Diègue et le Cid. »

M. Oscar de Vallée soutint la prévention.

Abordant tout d'abord la grande question morale et juridique de la répression du duel :

« Cette prévention, dit-il, est un hommage à la loi. L'honneur est au-dessus de pareilles attaques, au-dessus des récriminations qu'échangent chaque jour les écrivains de la presse. Ne dirait-on pas, à voir de semblables choses, que nous sommes transportés au temps où la France marchait sur des talons rouges ! Non, la civilisation des esprits et des cœurs a marché. Jamais la religion de l'honneur ne se placera dans les excès d'une susceptibilité frivole : l'honneur ne fera que changer de place, il montera dans une région plus pure et plus noble.

Nous pensons donc que M. Charles Hugo aurait pu, en repoussant cet article par la plume ou par la loi, se dispenser de recourir aux armes.

Mais ce n'est pas contre lui que nous avons surtout à faire entendre quelques paroles sévères. Il y a dans ce procès deux hommes, MM. Alexandre Dumas et Méry, qui avaient, à coup sûr, plus d'esprit qu'il n'en faut pour arranger cette querelle. Ils n'ont pas joué ce rôle. M. de Grimaldi vous le disait : « MM. Dumas et Méry ont refusé toute conciliation. » M. Dumas l'avouait tout à l'heure dans un langage qu'il faut remarquer. Il disait que M. Charles Hugo « était comme son fils. » Comment ! et quand il apprend le motif qui pousse ce jeune homme à un duel, il ne le couvre pas de sa renommée, de sa haute position, lui, M. Alexandre Dumas, qui a eu des duels, dont le courage ne peut être mis en doute ! Il n'intervient pas pour pacifier une telle querelle. Il s'excusait tout à l'heure en disant : « Victor Hugo m'a dit : « Je désire que mon fils se batte ». Oh ! nous connaissons trop le cœur humain, M. Victor Hugo n'a pas dû tenir ce langage, nous en avons pour garants les sentiments de la nature, la frivolité de la cause du duel, et aussi le langage que sur cette question du duel M. Victor Hugo a tenu quand il présidait le Congrès de la Paix [1].

[1] Ce Congrès avait eu lieu à Paris, du 21 au 24 août 1849. Élu président, Victor Hugo y prononça les discours d'ouverture et de clôture. C'est là

Dans cette réunion d'hommes graves et éclairés, vous le savez, il a prononcé les plus nobles et les plus éloquentes paroles contre les guerres en général, et plus particulièrement contre les guerres privées. Si M. Victor Hugo avait dit ce qu'on rapporte, il pourrait peut-être excuser M. Alexandre Dumas, mais alors une part de la responsabilité morale monterait jusqu'à M. Victor Hugo.

Quant à M. Charles Viennot, nous cherchons vainement dans notre cœur une parole de sévérité contre lui ; il s'est noblement conduit, et si ce ne sont pas les applaudissements de la scène qui conviennent à sa conduite, il nous paraît digne d'exciter partout, et même sur nos sièges, une indulgence sympathique. Nous vous demandons contre lui une application atténuée de la loi, et nous le faisons parce que dans ce temps, où l'esprit et l'autorité de la loi sont affaiblis, il vous appartient de donner l'exemple du respect qui lui est dû. Nous requérons également l'application mitigée de la loi contre MM. de Grimaldi et de La Pierre. Quant à MM. Méry et Alexandre Dumas, vous apprécierez avec plus de gravité la part qui leur revient dans cet affaire ».

Me Plocque, qui présenta la défense de M. Charles Viennot, avait déjà la renommée qui, en 1858, le porta au bâtonnat. Inscrit au tableau en 1832, membre du Conseil de l'Ordre depuis 1845, c'était l'avocat cicéronien, mais

que l'on vit, à un passage de ce dernier discours, l'abbé Deguerry, qui plus tard..., serrer dans ses bras le pasteur Coquerel.

sans les grâces qui ne manquèrent pas à son modèle. Grave dans son langage, il l'était plus encore dans sa tenue et jusque dans son visage, au teint basané, assombri par une chevelure noire que la neige de l'âge n'avait pas adouci : il avait quarante-trois ans. Excellent avocat d'affaires, il savait cependant relever ses causes par une parole toujours correcte, élégante même. On sentait qu'il aimait les lettres qui l'inspiraient toujours à merveille, et qui, dans ses discours d'ouverture de la conférence, mirent plus tard comme une flamme à son langage. Dans cette cause de Charles Viennot, il parla de son client comme au XVIIe siècle il eût parlé du Cid[1].

Me Nogent Saint-Laurent fut ému, brillant, il défendit Dumas et Méry comme ils se seraient défendus eux-mêmes.

Le Tribunal, tout en reconnaissant la loyauté qui avait présidé à la rencontre, condamna Viennot, de La Pierre et Grimaldi chacun à 100 francs d'amende, Méry et Alexandre Dumas chacun à 200 francs[2].

Lorsque M. de Vallée requérait dans ce procès, il ne se doutait pas qu'un jour ce jeune Charles Hugo s'allierait à la famille d'un de ses plus chers amis, et que M. Victor Bois le consulterait sur ce mariage du fils de l'illustre poète avec une nièce qui, pour lui, était presque une fille.

Les affaires qui occupèrent M. de Vallée pendant la fin de cette année judiciaire, eurent moins d'importance. Nous

[1] Voir sur lui, Norbert Billiart, le *Monde judiciaire*, sept. 1866. Né en 1807, M. Plocque est mort le 26 mars 1877.
[2] *Gazette des Tribunaux*, du 5 janvier 1851.

ne ferons que citer celles de l'apôtre Jean Journet, qui s'intitulait le Messie du Socialisme, et fut poursuivi pour mendicité et coups volontaires [1]; de l'avoué Ramond de La Croisette contre Napoléon de la Moskowa, prévenu d'outrages par paroles, gestes et menaces, et dans laquelle plaidèrent Me Liouville pour la partie civile, et Me Bac pour le prévenu [2].

Il en est une cependant qu'il convient de ne pas passer sous silence : celle du directeur du théâtre des Variétés contre le gérant du *Siècle*, M. Tramont. C'est la première fois peut-être que se produisait cette querelle, si souvent renouvelée depuis, entre directeurs de théâtre et critiques dramatiques, et où les premiers tirent vengeance des seconds en leur supprimant leurs entrées. Dans son feuilleton théâtral du *Journal des Débats*, M. Jules Janin avait assez vivement malmené plusieurs pièces jouées aux Variétés, et fini par annoncer qu'il ne parlerait plus de ce théâtre. A cette déclaration de guerre... par le silence, le directeur, M. Thibaudeau, avait répondu en supprimant au critique son *service*, comme on dit dans le pays du lustre et de la rampe. La réplique de Jules Janin fut un feuilleton plus acerbe encore, d'où une longue épître adressée par M. Thibaudeau au journal. Un critique du *Siècle*, M. Matharel de Fienne, prenant fait et cause pour son célèbre confrère, ne se fit pas faute de s'égayer aux dépens du malheureux directeur, sans même reproduire

[1] 1er mars 1851. *Gazette des Tribunaux*, p. 212.
[2] 4 avril 1851. *Gazette des Tribunaux*, p. 333.

sa lettre, c'est-à-dire sa défense. De là, procès en diffamation introduit contre le gérant du *Siècle* par M. Thibaudeau, dont la cause fut plaidée par Me Celliez, l'avocat ordinaire des affaires de théâtre.

M. Oscar de Vallée soutint la prévention et conclut, avec quelques restrictions, à l'insertion de la lettre du plaignant dans le *Siècle*.

Le Tribunal renvoya Tramont de la plainte et condamna Thibaudeau aux dépens[1].

[1] Audience du 25 janvier 1851. *Gazette des Tribunaux* du 26.

IV

SUBSTITUT DU PROCUREUR GÉNÉRAL

1852-1855

Le 28 janvier 1852, M. Oscar de Vallée fut nommé substitut à la Cour ; c'était la juste récompense du talent de parole aussi bien que du savoir juridique dont il avait donné tant de preuves pendant les quatre années qu'il venait de passer au Parquet du Tribunal de la Seine. Il n'avait pas encore trente et un ans. Le décret de nomination était signé par M. Abbatucci qui, dans le ministère du 22 janvier, venait de recevoir les sceaux, qu'il devait garder jusqu'à sa mort[1].

M. de Royer, qui occupait alors les fonctions de procureur général, avait particulièrement insisté sur la nomination de M. Oscar de Vallée, et il ne cessa jamais de lui porter le plus vif intérêt. C'était un magistrat de beaucoup de savoir, de modération et de tenue. Né en 1808, il était entré comme substitut au Tribunal de la Seine en 1841,

[1] Il mourut le 4 novembre 1857. Il avait succédé à M. Rouher.

après neuf années passées à celui de Saint-Dié. La Révolution de Février, qui l'avait trouvé substitut à la Cour, en avait fait un avocat général. Le 15 mars 1850, il avait remplacé comme procureur général M. Baroche, nommé ministre de l'Intérieur, et n'avait quitté un instant le Parquet de la Cour que pour traverser — du 24 janvier au 9 avril 1851 — le ministère de la Justice, où il devait plus tard succéder à M. Abbatucci[1].

Pendant les quinze ans que M. Oscar de Vallée allait siéger à la Cour impériale de Paris, il vit se succéder dans ces belles et hautes fonctions de procureur général six magistrats de caractère et de mérites très divers : MM. de Royer, Rouland, Vaïsse, Chaix d'Est-Ange, Cordoën et de Marnas. Nous aurons l'occasion de revenir, sur chacun d'eux en particulier, mais dès à présent nous ne saurions en présenter un meilleur tableau d'ensemble que celui qu'a tracé M. Oscar de Vallée lui-même : fait par lui, avec l'indépendance qui lui était habituelle, c'est un témoignage qu iappartient à l'histoire.

« Rien ne peut donner une idée plus juste de la Magistrature de cette époque que quelques esquisses des hommes qui l'ont représentée avec le plus d'éclat et au milieu desquels j'ai vécu.

Le Parquet a été occupé par des magistrats de mérites très grands et très divers. M. de Royer, porté par son

[1] Ministre de la Justice du 16 novembre 1857 au 15 mai 1859 ; président de la Cour des Comptes en 1863, il est mort le 13 décembre 1877, âgé de 69 ans.

talent, qui plut à la fortune, aux fonctions de procureur général à Paris, a été, après sa mort, appelé un grand homme de bien. C'est un beau titre pour quelqu'un qui a exercé un si redoutable ministère. Il joignait à la dignité de la vie, à la sagesse de l'esprit, une parole faite pour sa charge, pleine de noblesse, de sensibilité, d'élévation, et de cette dose de chaleur qu'un magistrat ne doit pas dépasser. M. Rouland ne ressemblait pas au lieutenant civil Le Camus[1], mais c'était un jurisconsulte savant et ingénieux et plus d'une fois il parla avec une grande puissance. M. Vaïsse, M. Cordoën, n'auraient pas été les magistrats d'un temps où la justice n'eût pas été respectable et respectée. A tous ces souvenirs, il m'eût été bien permis de ressentir quelque émotion et de laisser courir ma plume au gré de mon cœur. Ici c'eût été trop. Il n'est d'ailleurs pas nécessaire d'en dire beaucoup pour répondre à l'injustice [2] ».

Au-dessous du procureur général de Royer, le Parquet se composait de MM. de Berville, premier avocat général ; Metzinger, Meynard de Franc, Croissant, Mongis, de Gaujal, avocats généraux ; Flandin, Gouin, Barbier, Lévesque, Thévenin, Portier, Saillard, Sallé et Roussel, substituts.

A la tête des magistrats assis de la Cour, siégeait depuis le 22 décembre 1848, le premier président Troplong que

[1] Allusion à ce mot de Saint-Simon sur le lieutenant civil Le Camus, mort en 1710 : " C'était la plus belle représentation du monde de magistrats ". *Mémoires*, VIII, 105.
[2] *Conclusions et réquisitoires*, p. 30.

le Prince-Président avait revêtu de ces fonctions à la mort du célèbre baron Séguier. Les présidents de chambres étaient MM. Poultier, Lassis, Delahaye, Ferey, d'Esparbez de Lussan, de Vergès.

Le premier président Troplong avait alors cinquante-sept ans; comme jurisconsulte personne ne le surpassait en renommée. Membre de l'Académie des Sciences morales et politiques depuis 1840, appelé à la Pairie en 1846, son *Code civil expliqué*, dont le premier volume avait paru en 1833, et le dernier se fit attendre jusqu'en 1858, en avait fait le successeur des Pardessus, des Proudhon, des Toullier : jurisconsulte sans rival, avant que Demolombe ne vint l'égaler et peut-être le surpasser. Mêlant la méthode historique à la méthode théorique et philosophique, il avait en quelque sorte renouvelé la science du droit, et si parfois l'audace et la nouveauté de ses doctrines allaient un peu loin, ce défaut était racheté par tant de grandes qualités et il leur prêtait un éclat si particulier, qu'on pouvait se demander s'il ne profitait pas plus à sa renommée de jurisconsulte, qu'il ne lui nuisait. Nulle carrière plus que la sienne n'avait montré ce que peuvent un labeur acharné et un incontestable mérite. Entré dans la Magistrature en 1819, à vingt-quatre ans, comme modeste substitut à Sartène, neuf ans plus tard, il n'était encore qu'avocat général à la petite Cour de Bastia, après avoir passé par les Parquets d'Alençon et de Nancy. Président dans cette dernière Cour en 1832, il avait été nommé en 1835 conseiller à la Cour de cassation, où le désignaient ses travaux théoriques sur le Code civil. Ce profond jurisconsulte, qui dans ses loisirs approfondissait les annales de Rome et de la Grèce, était encore un amateur de musique passionné. Un opéra de Mozart, ou une symphonie de Beethoven, le ravissait autant qu'une dissertation de Cujas, de Domat ou de Pothier [1].

M. Oscar de Vallée, qu'il avait admis de bonne heure dans son amitié, parce qu'il en aimait la parole élégante, et qu'il avait discerné en lui le caractère d'un vrai magistrat et les dons d'un juriconsulte, mais pour lequel il n'eut pas plus de flatterie que de faiblesse, dont enfin il applaudit les succès et l'avancement bien plus qu'il n'y aida, M. de Vallée a dit de lui, avec un sentiment d'affection qui n'enlève rien à la sûreté du jugement :

« M. Troplong, qui a été quelque temps premier président à la Cour de Paris, aurait été dans tous les temps et partout un grand magistrat. Sans la politique et les fraudes qu'elle introduit jusque dans la conscience publique, il n'y aurait qu'une voix en France pour le proclamer avec moi et pour en ressentir une juste fierté. Son prédécesseur avait simplifié les choses ; il en usait avec la science des lois comme un gentilhomme auquel on avait demandé son nom et qui put bientôt y joindre un vif bon sens et une prompte expérience. Comme tradition cela pouvait suffire. Mais M. Troplong avait tout ce qu'une grande société démocratique doit exiger de ses premiers magis-

[1] Nommé premier président à la Cour de cassation le 18 décembre 1852 ; président du Sénat le 30 du même mois, il mourut le 1er mars 1869.

trats. Il était savant comme les Allemands qui le sont le plus, et dans cette science il avait répandu la clarté, la vigueur, l'éclat du génie français. On lui a reproché depuis ce qu'au début on admirait : la forme si personnelle, si savante et même agitée qu'il avait su donner à la discussion juridique. En même temps il n'y avait pas d'esprit plus humain, plus bienveillant sous quelques apparences de solennité ; il n'y avait pas de juge plus sensible au talent, plus amoureux des belles choses. Ce n'est pas devant lui que la facilité du langage eût jamais remplacé la force des pensées et la beauté du discours. Un jour, il venait d'entendre M. Jules Favre, dans le procès des lettres de Benjamin Constant, faire un portrait de Mme Récamier. Il sortit de l'audience presque aussi ému que s'il avait entendu Mozart, qui était le dieu de sa vie privée[1] ».

Ce fut sous ces deux chefs, celui-ci d'une autorité si grande, celui-là d'une aménité si douce, que M. Oscar de Vallée passa sa première année à la Cour ; ce fut eux qu'il eut pour témoins et pour juges de ses débuts. Comme pour tout nouveau venu, les assises en furent le théâtre.

Une des premières causes criminelles où il porta la parole, fut une affaire d'infanticide. La jeunesse, la figure de l'accusée, plus que les circonstances du crime, qui avaient été atroces, lui donnaient un intérêt particulier

[1] *Conclusions et Réquisitoires*, p. 28.

qui la tirait de la banalité ordinaire des affaires de ce genre. Le président Roussigné, devant qui elle venait, avait désigné pour défenseur à l'accusée un des plus illustres avocats de ce temps, Me Paillet.

Florence Massy, âgée de dix-huit ans, était entrée comme domestique chez les époux Collet, tailleurs, au mois de mai 1850. Au bout de quelque temps, sa maîtresse, soupçonnant une grossesse, l'avait interrogée, et elle avait nié énergiquement avec le plus grand sang-froid. Cependant, peu après, elle accouchait secrètement dans sa chambre. S'armant alors d'un rasoir, elle avait fait à son enfant quatre profondes blessures au cou ; la mort en était résultée. Le crime avait été découvert presque aussitôt par sa maîtresse.

A l'audience, l'accusée intéressa par sa physionomie, sa tenue modeste. Les traits fins et réguliers étaient empreints d'une remarquable expression de douleur. Vêtue avec simplicité, un petit bonnet de tulle laissait à découvert des cheveux noirs partagés en bandeaux, elle tenait la tête baissée, étouffant des sanglots.

M. Oscar de Vallée soutint ainsi l'accusation :

« Ce n'est pas sans une profonde émotion que nous prenons la parole dans cette grave affaire. Nous comprenons aujourd'hui plus que jamais la grandeur et la difficulté de notre tâche, et, comme si ce n'était pas assez de la gravité de cette cause, M. le président, gardien aussi zélé des intérêts des accusés que de ceux de la société elle-même, a confié la défense de la fille Massy à l'un des avocats les plus éminents et les plus justement honorés du Barreau. Cette tâche a été accomplie avec ce dévouement généreux dont l'honorable défenseur et le Barreau tout entier ont donné tant de preuves. C'est assez vous dire que si, dans l'accomplissement des fonctions que nous avons à remplir ici, nous nous efforçons de nous maintenir à la hauteur de nos devoirs, d'autre part, les intérêts de l'accusée seront défendus avec un admirable talent, et qu'ensuite vous n'aurez plus qu'à poser la main sur votre cœur et à prononcer en connaissance de cause ».

Après ces considérations, M. l'avocat général entrant dans l'examen des faits particuliers, retrace les antécédents de l'accusée, les circonstances qui ont amené le crime. Discutant le fait même de l'infanticide, il s'attache à établir que c'est calme, en pleine possession de sa raison et avec une férocité froide, que l'accusée a tué son enfant. Suivant lui, le délire, la folie n'apparaissent nulle part. Rien n'excuse l'accusée, ni sa jeunesse, car elle a cédé avec une déplorable facilité à la première proposition qu'un homme lui a faite, ni son prétendu égarement, car c'est avec le plus grand sang-froid qu'elle a commis le plus horrible de tous les crimes. Il terminait ainsi :

« Songez, Messieurs, que si le devoir terrible que vous avez à remplir brise vos cœurs et vous remplit de tristesse, vous avez à protéger les intérêts sacrés de la société et à venger les principes outragés de la justice, de la morale et de l'humanité[1] ».

L'avocat qui défendit cette petite servante et couvrit de son grand nom ce crime vulgaire, était le même qui avait défendu Mme Lafarge, le prince de Berghes, le régicide Quenisset, Boireau, le complice de Fieschi. Agé alors de cinquante-sept ans, Me Paillet n'avait plus que bien peu de temps à se faire entendre, avant qu'un jour, le 24 août 1855, la mort le renversât, foudroyé au pied même de ce Tribunal où il avait commencé à plaider sa dernière cause.

Le jury rendit un verdict d'acquittement.

En 1861, dans le discours de rentrée qu'il fut chargé de prononcer, M. Oscar de Vallée, en passant la revue funèbre des magistrats que la Cour avait perdus dans le cours de l'année, a fait tout à la fois le portrait de M. Roussigné et le récit de cette affaire Massy, où il s'était trouvé en face d'un adversaire si renommé.

« J'ai eu, dit-il, l'honneur, en entrant dans cette Compagnie, de siéger à la Cour d'assises avec M. Roussigné ; j'ai donc connu tout de suite la loyauté attirante de son caractère, sa puissance de travail, sa conscience si élevée et si pure. A le voir d'un peu loin, il pouvait paraître redoutable, et même quelquefois sa droiture échauffait tellement sa pensée et sa parole, qu'il semblait accablant pour les accusés : mais bientôt l'homme intérieur reparaissait,

[1] Audience du 13 mars 1852. *Gazette des Tribunaux*, p. 258.

et de tous ces signes orageux, ce qui sortait, c'était la bonté équitable. Cette bonté m'a causé un jour de vives alarmes ; M. Roussigné avait, comme président de la Cour d'assises, interrogé une jeune fille de seize ans, accusée d'infanticide ; touché de son extrême jeunesse, et sans s'apercevoir qu'il allait un peu changer les poids de cette balance de la justice qu'il devait tenir, il nomma pour la défendre le regrettable et illustre Paillet. Ai-je besoin de dire que la cause fut plaidée mieux que si c'eût été celle d'une cliente volontaire et riche ? C'était l'un de mes premiers combats parmi vous, ce fut une défaite, si ce mot peu convenir au résultat de nos luttes, mais une défaite qui ne m'a laissé que de doux et précieux souvenirs, puisque j'avais, contre ma conviction, réunies ensemble et comme conjurées la droiture de M. Roussigné et l'éloquence de Paillet[1] ».

Nous ne suivrons pas M. Oscar de Vallée dans toutes les causes où, pendant deux ans[2], il porta la parole à la Cour d'assises. Les sessions en furent successivement présidées par les conseillers Roussigné, Partarieu-Lafosse, Brisson, Filhon, Jurien, de Bastard d'Estang, Barbou, Zangiacomi, et l'on peut dire que de tous il conquit l'amitié autant que les suffrages.

Au milieu de ce courant trop souvent monotone de banalités criminelles, bien peu d'affaires se distinguent par un intérêt qui ait survécu. C'est à peine si quelques-unes

[1] *Conclusions et Réquisitoires*, p. 476.
[2] De janvier 1852 à novembre 1853.

ont laissé une trace dans la nécropole des journaux judidiaires. Nous citerons seulement l'affaire Travigné, détournement de mineure[1] ; l'affaire dite des faux bacheliers, dans laquelle à la charge des accusés était relevé le fait d'avoir passé l'examen de baccalauréat au lieu et place de jeunes ignorants, incapables de subir heureusement cette épreuve, et où l'indulgence du jury contribua à propager ce nouveau genre d'industrie[2] ; l'affaire Meunier, spolation de succession[3] ; l'affaire de la bande Loison[4] ; l'affaire Raynaud, meurtre commis par un mari sur l'amant de sa femme[5] ; l'affaire Jobard, tentative de meurtre par un amant sur sa maîtresse[6], etc.

Dans cette seconde année judiciaire où M. de Vallée siégea à la Cour d'assises, deux grands changements

[1] 8 nov. 1852, avocat Me Rancé. *Gazette des Tribunaux*, p. 1078.

[2] 13 novembre 1852, avocats Mes Cresson, Trinité, Avond, Belliart, Morise. *Gazette des Tribunaux*, pp. 1097, 1103, et le no du 5 octobre précédent.

[3] 30 nov. 1852, avocat Me Lachaud. *Gaz. des Trib.*, p. 1154.

[4] Les 9, 10, 11 et 12 février 1853. *Gaz. des Trib.*, pp. 138-151.

[5] 22 janvier 1853, avocat, Me Thorel Saint-Martin. *Gaz. des Trib.*, p. 77.

[6] 17 février 1853, avocat, Me Belliart. Ajoutons encore pour ceux qui voudraient se reporter à toutes ces affaires, les suivantes : *Aff. Chauvel*, 5 avril 1852, complicité par recel, av. Lachaud (*G. d. T.*, p. 131) ; *aff. Dorwieler*, ou du cordonnier mélomane, av. Maublanc (*G. d. T.*, p. 154) ; *aff. Simer*, 21 fevrier, vol avec violence, av. Chaumeux, et *aff. Gauthe-rat*, vol qualifié, av. Hublard (*G. d. T.*, p. 186) ; *aff. Vitt*, 15 mars, vol dans l'église de Bobigny, av. Grouville (*G. d. T.*, p. 262) ; *aff. Del Cid*, 8 nov., fausse monnaie, av. Me Montcharville (*G. T.*, p. 1078) ; *aff. Grangeret*, 17 décembre, coups portés par un fils à son père (*G. T.*, p. 1215) ; *aff. Jupin*, 24 déc. vol, av. Lachaud (*G. T.*, p. 1240) ; *aff. Pinodot*, 4 mars 1853, vol domestique, av. Manuel (*G. T.*, p. 226) ; *aff. Bragerolles*, 21-22 mars 1853, association de malfaiteurs, av. Avond et Nogent-Saint-Laurent (*G. T.*, p. 282) ; *aff. Burch*, ou du receleur de l'Hôtel des Invalides, 28 avril, av. Auger ; *aff. veuve Mercier*, 26 mai, avortement, av. Roux (*G. T.*, p. 505) ; *aff. Lionnet*, 3 juin, vol, av. Roquet (*G. T.*, p. 534).

s'étaient produits à la Cour. Le 18 décembre 1852, M. Delangle avait quitté les fonctions de procureur général qu'il occupait à la Cour de cassation, pour succéder à M. Troplong comme premier président ; et quelques semaines plus tard, le 10 février 1853, M. Rouland, avocat général à la Cour de cassation, avait remplacé le procureur général de Royer qui succédait à M. Delangle à la Cour de cassation.

Né en 1797, dans le village de Varzy, patrie des deux Dupin, M. Delangle avait en quelque sorte grandi sous leur patronage. C'est sous les yeux de Philippe Dupin qu'il avait débuté en 1819, au Barreau de Paris, et en 1837, il lui avait succédé dans les honneurs du bâtonnat. Losqu'en 1840 il s'était laissé tenter par les honneurs de la Magistrature, il était entré comme avocat général à la Cour de cassation. Envoyé en 1846, à la Chambre des députés par l'arrondissement de Cosne, il avait siégé parmi la majorité ministérielle : l'année suivante, il était nommé procureur général à la Cour de Paris. Nous avons dit comment la Révolution du 24 février l'avait écarté de son siége. Mais cette disgrâce n'avait pas été de longue durée, et elle fut compensée avec usure, lorsque le 22 janvier 1852 il remplaça à la Cour de cassation le procureur général Dupin, démissionnaire à la suite du décret de confiscation des biens de la famille d'Orléans.

Si son grand talent de parole en avait fait naguère un excellent procureur général, sa science juridique très grande, son expérience consommée des affaires ne devaient pas le moins bien servir dans ses nouvelles fonctions de premier président.

« Il était, a dit M. Oscar de Vallée, de l'école de Pithou, et en lui tout trahissait un homme nouveau, son talent, sa personne, sa gravité un peu voulue, sa modeste origine, sa marche laborieuse, la vigueur un peu nue de sa raison. La démocratie n'a pas produit beaucoup d'hommes de ce mérite. Comme avocat, il avait été bien difficile à vaincre. Comme magistrat, il avait une rare puissance de conception et une extrême promptitude ; dans ses arrêts brillaient la clarté de Voltaire, qu'il n'avait pas complètement déserté, et la brièveté impériale [1] ».

Et ailleurs encore :

« Il était du pays et de la race des Dupin par le fond des idées, par la promptitude et la décision de l'esprit ; ce qu'il préférait dans l'éloquence, c'était la clarté, et dans le raisonnement, la force [2] ».

De neuf ans plus jeune que M. Delangle, originaire de Normandie, M. Rouland avait débuté dans la Magistrature en 1827, comme juge auditeur aux Andelys, et de 1835 à 1843 rempli les fonctions de substitut, puis d'avocat général à la Cour de Rouen, d'où il était passé procureur général à celle de Douai. Elu député, comme M. Delangle, aux élections de 1846 ; comme lui, prenant place dans les rangs de la majorité, il avait été nommé, le 23 mai 1847,

[1] *Conclusions et Réquisitoires*, p. 29. — Voir aussi sur lui une étude de Me Mathieu, l'avocat bien connu, et son ancien secrétaire, dans la *Gazette des Tribunaux*, du 12 mars 1862.

[2] *Conclusions et Réquisitoires*, p. 58.

avocat général à la Cour de cassation. Démissionnaire après le 24 février 1848, son éloignement de la Magistrature avait cessé dès l'année suivante, où, le 10 juillet, ses anciennes fonctions à la Cour suprême lui avaient été rendues par M. Rouher [1].

Pour nous servir de l'expression d'un magistrat qui a dignement et savamment parlé de M. Oscar de Vallée, « son heure n'était pas encore arrivée [2]. » Mais à défaut de plus illustres causes, qui lui auraient demandé avec tout son temps toute l'application de son esprit, il consacrait ses loisirs soit à des études juridiques d'où il sortait admirablement préparé pour les grandes affaires de la première Chambre où il devait si longtemps siéger, soit à des travaux historiques qui l'avaient toujours attiré et qui élargissaient son esprit en l'enrichissant.

Par la pente naturelle de son goût, par les préoccupations de son esprit, il se tournait de préférence vers les illustres figures de magistrats ou de théoriciens politiques dont les écrits sont un enseignement et la vie un exemple. En toutes choses d'ailleurs, M. de Vallée cherchait le principe moral qui leur donne la force et la durée.

Ce fut sous l'empire de ces idées qu'il publia, vers cette

[1] Ministre de l'Instruction publique du 13 août 1856 au 23 juin 1863, puis président du Conseil d'État, gouverneur de la Banque de France, sénateur inamovible en 1876, M. Rouland est mort le 12 déc. 1878. — On a de lui : *Discours et Réquisitoires*, 1863, 2 vol. in-8°.

[2] *M. Oscar de Vallée*, par le conseiller Dubédat, p. 8.

époque, deux études qui attirèrent l'attention sur lui comme penseur et écrivain, et lui firent beaucoup d'honneur. Quelques mois après son entrée à la Cour, parut dans une savante Revue, un article sur *la Puissance paternelle*, où il étudiait avec beaucoup d'érudition et de finesse philosophique l'origine, le caractère et les limites du droit du père de famille à l'égard de ses enfants. A un moment où tant de principes sociaux étaient contestés, il n'était pas inutile de rappeler ceux de la famille, le plus solide fondement de la société.

« Comment veut-on, disait très bien M. de Vallée, que l'enfant qui ne respecte pas la puissance paternelle que la nature institue, respecte le pouvoir que fondent la politique et les lois ? C'est donc au sein de la famille qu'il faut rappeler les mœurs qui font aimer l'autorité publique et privée, qui détachent l'homme du culte exagéré de lui-même pour le rendre au sentiment du devoir et d'une juste obéissance [1] ».

Cette idée de détachement de soi-même, c'est l'idée chrétienne, à laquelle déjà alors l'on cherchait à substituer l'expansion de toutes les forces matérielles, et la satisfaction de tous les instincts. Mais le triomphe même de cette philosophie et de cette morale nouvelles, en a montré l'impuissance à maintenir les mœurs et les caractères, à donner aux États une grandeur et une prospérité durables. Cet écrit de M. de Vallée lui valut de pré-

[1] *Revue de Législation*, du mois d'août 1852.

cieuses approbations, parmi lesquelles nous citerons celle d'un homme dont en ces matières, les jugements faisaient autorité, M. Sibert de Comillon, alors secrétaire général au Ministère de la Justice.

Il est dans le passé de la France, un magistrat pour lequel M. Oscar de Vallée avait toujours eu une grande admiration et une vive sympathie : nous voulons parler du chancelier Daguesseau. Ses mercuriales, ses lettres, ses plaidoyers étaient une de ses lectures favorites. Telle fut l'origine d'une première étude que M. Oscar de Vallée, au mois de mai 1855, publia, sur *Daguesseau moraliste*. Ce qui l'avait frappé dans cet illustre magistrat, c'était moins encore la science du juriste, la langue de l'écrivain, car sur l'une et sur l'autre il faisait des réserves, que la grandeur morale de l'homme. Il trouvait en lui un enseignement qui dépassait beaucoup la portée d'un enseignement privé, et s'étendait à la bonne administration de la société et de l'État.

« Je me trompe peut-être, disait-il, mais j'ai toujours cru que le seul moyen de raffermir les sociétés ébranlées était d'honorer avant et par-dessus tout la grandeur morale. C'est le vrai ciment des États ; elle inspire le respect sans l'exiger ; comme elle naît dans le sacrifice et se fortifie dans l'abnégation, elle attire et soumet les cœurs ; elle ennoblit ceux qui la recherchent et n'engendre pas toutes ces passions dont la lutte violente énerve les individus et déprave les sociétés ! Prenez un homme qui vise aux distinctions de la puissance ou de la fortune ; il y marche souvent en écrasant les autres, et s'il arrive au but, il n'est pas meilleur qu'au départ ; son exemple est un sujet d'émulation et d'envie ; il excite le désir de l'imiter et fait naître les passions égoïstes que lui-même a connues ; mais il ne commande à personne le sentiment qui seul apaise le cœur humain et ne le soulève jamais, le respect ![1] ».

Du passé, il a souvent de généreux retours vers le présent, qu'il ne voudrait pas voir préférer une équité incertaine à la science juridique, ni les hâtives improvisations aux plaidoyers sagement et longuement préparés.

« Déjà du temps de Daguesseau, dit-il, cette dangereuse équité faisait école dans le Parlement de Paris ; on y soutenait que le magistrat n'avait besoin que d'un esprit vif et pénétrant. Cette idée, combattue, trouvait des partisans. Élevée de nos jours à la hauteur d'une théorie, elle a abaissé le niveau de la justice... Il est vrai que nos Codes ont simplifié la science, mais la science est restée la source où doivent puiser sans cesse les véritables magistrats ! Il n'y a pas plus de salut pour leur dignité que de garantie pour les justiciables dans les inspirations de cette équité changeante et arbitraire[2] ».

Et encore :

« La justice a besoin de la science, l'éloquence ne doit pas s'en passer. Sans doute elle est une production du

[1] Article reproduit dans *Études et Portraits*, p. 1-17.
[2] *Études et Portraits*, p. 15.

cœur autant que de l'esprit, mais elle a besoin du travail pour n'être pas un accident ou un feu passager. Dédaignant les vieux exemples, désirant d'aller vite, voulant multiplier les produits de l'intelligence aussi bien que ceux de la matière, nous nous sommes mis au régime de l'improvisation et nous avons créé une éloquence facile, sans solidité ni grandeur, apparente plus que réelle et qui s'évanouit avec la voix qui l'échauffe et le geste qui l'anime ».

Ce qui en 1855 n'était qu'une exception, est aujourd'hui presque la règle, et jamais il ne fut plus opportun de rappeler les conseils que M. de Vallée donnait il y a quarante ans[1].

[1] Voici ce que, en 1892, M. Ernest Pinard, l'ancien procureur général de Douai, collègue de M. de Vallée à la Cour de Paris, dit de l'éloquence judiciaire actuelle : « A la barre, la langue du Palais s'est aussi modifiée, et on ne saurait s'en étonner. Chaque époque a son caractère... Maintenant on veut aller droit et sûrement au but. On a naturellement plus de sobriété ; on parle nettement et exclusivement la langue des affaires. Ne sommes-nous pas le siècle économique par excellence ? Pour la forme et le fond, les avocats d'aujourd'hui égalent-ils leurs grands devanciers ? Je ne le pense pas... Tout compte fait, et c'est peut-être là le résultat forcé de l'évolution sociale que nous traversons, nous avons des avocats pratiques plus que des avocats artistes. Nous avons des hommes d'affaires plus que des orateurs » (*Mon Journal*, Paris, Dentu, 1892, t. II, p. 174).

V

AVOCAT GÉNÉRAL

1855-1862

M. de Vallée avait siégé deux années à la Cour d'assises et deux années aux Chambres civiles, lorsque, le 14 novembre 1855, il fut promu avocat général par le même ministre, M. Abbatucci, qui, quatre années auparavant, l'avait nommé substitut. M. le procureur général Rouland, après lui avoir d'abord montré quelque froideur, avait rendu justice à son mérite et à son zèle. « C'est certainement, écrivait-il à M. Zangiacomi, ce que j'ai de mieux dans mon Parquet ». Les années précédentes avaient été pour lui très laborieuses, il avait dû, pendant les vacances, se rendre à Uriage, pour soigner sa santé. C'est à son retour qu'il reçut la nouvelle de sa nomination.

Un discours qu'il prononça à l'occasion de la mort de M. le conseiller Pérignon, inaugura en quelque sorte ses nouvelles fonctions.

Né à Paris en 1800, fils d'un avocat qui, comme député, avait dans la Chambre de 1815 montré des opinions royalistes, le baron Pérignon appartenait à cette catégorie de magistrats députés qui s'étaient signalés par leur libéralisme. Envoyé à la Chambre par le département de la Marne, de 1837 à 1848, il avait siégé au centre gauche. Assagi par les évènements de Février, qui avaient de beaucoup dépassé ses prévisions et ses désirs, il avait à l'Assemblée constituante, comme beaucoup d'autres membres de l'ancienne opposition dynastique, pris place sur les bancs de la droite. Décédé le 7 novembre 1855, il appartenait à la Cour de Paris depuis 1852. M. Oscar de Vallée, à ses obsèques qui eurent lieu le 9, s'exprima ainsi :

« Je ne veux pas laisser partir un des nôtres sans lui dire un dernier adieu ; il faut que dans sa nouvelle demeure, l'excellent homme que nous avons perdu entende le bruit de nos cœurs autour de sa tombe, si subitement ouverte. Pérignon avait su, par les charmes de son esprit, la douceur de ses habitudes, l'excellence de son cœur, gagner ceux qui le connaissaient. Un hasard, que je tiens maintenant pour un bonheur, m'avait tout récemment donné une place dans son affection. Je l'ai plus d'une fois, depuis une année, ramené du Palais, quand nos travaux communs étaient terminés[1] ; il ressentait déjà les atteintes

[1] Pendant l'année judiciaire 1854-1855, M. Oscar de Vallée avait siégé, avec le conseiller Pérignon, à la 4me Chambre, ainsi composée : président, M. d'Esparbez ; conseillers, MM. de Barneville, Henriot, Le Gorrec, de Maleville, Faget de Baure, Pieron, Perrot, Pérignon, Gouin.

du mal qui vient de nous l'enlever ; il s'arrêtait souvent et s'appuyait sur moi.

Laissez-moi vous dire, Messieurs, et ne croyez pas que ce soit la douleur qui m'inspire cet éloge, que, dans ces moments, que prolongeait sa souffrance, je l'ai jugé ce qu'il était, bon, spirituel, aimable, affectueux et sincère. Nous avons tous un trait qui nous distingue. Dans la vie politique, parmi nous, au milieu d'hommes savants, laborieux ou illustres, Pérignon s'est fait modestement une grande place par l'exquise urbanité de son esprit et de son cœur. Ce qu'il regrettait de son ancienne importance politique, il me l'a dit souvent, ce n'était pas l'éclat personnel qu'il y trouvait, mais le moyen de faire du bien, de ce bien sans bruit, que La Bruyère déclare le meilleur de tous. Vous seriez étonnés, Messieurs, quoique vous ayez vous-mêmes l'habitude des bienfaits, si vous saviez tous les services que Pérignon a rendus. Dans ces derniers temps, ayant perdu la puissance directe d'obliger, il obligeait indirectement et doublait ses efforts pour arriver au même but.

Dans la vie publique, Pérignon avait une qualité qu'il faut louer sans mesure, la modération. Aussi les passions politiques, qui en donnent à tant d'autres, ne lui avaient pas donné d'ennemis. Dans nos récents orages, quand nous avons vu tant d'hommes désunis par les événements, il est resté l'ami des uns et l'ami des autres. Il a soigneusement gardé ses amitiés ; il ne les a pas, par orgueil ou par négligence, laissées se perdre dans une couleur ou même dans une nuance politique. Habitué à placer les joies du cœur au-dessus des jouissances secondaires de l'ambition, il s'est trouvé moins déçu qu'un autre, et il en a été à la fois plus heureux et plus aimable. Au milieu de nous, dans ces graves fonctions, Pérignon apportait des qualités précieuses, il se faisait aimer, ce qui est partout quelque chose.

Avec lui, les devoirs étaient doux, et sa bienveillance encourageait à bien faire. Placé tout récemment à côté de lui, dans une Chambre de la Cour, j'ai vu combien, sans effort, son esprit était juste, rapide et ferme. S'il l'eût voulu, la science ne lui eût pas refusé ses secours ; mais sa raison l'avait un peu gâté, et la trouvant toujours prête, il n'avait pas, ainsi que d'autres, senti le besoin de recourir à l'étude approfondie et savante. Mais je suis sûr, Messieurs, d'être votre interprète, en disant ici que tout nous rend cruelle la perte que nous venons de faire. Pour moi, je la sens. J'avais pris la douce habitude de serrer cette main, aujourd'hui refroidie, et je m'avançais dans l'amitié de cet excellent homme.

La mort a tout fait cesser, par un de ces coups inattendus qu'elle seule peut porter. Donnons du moins un dernier gage de notre étonnement douloureux et de nos regrets à notre regrettable collègue[1].

Avec la nouvelle année judiciaire, M. de Vallée avait été

[1] *Droit* du 10 nov. 1855.

désigné pour siéger à la Cour d'assises[1]. Il revenait ainsi sur le théâtre de ses débuts, mais avec une autorité plus grande, avec un talent mûri et qui, à la gravité de l'expérience acquise, joignait encore toute l'ardeur et la force de la jeunesse. On s'en aperçut bientôt dans les causes importantes qui vinrent devant lui. Nous rappellerons l'affaire Rouvreure, attentat odieux accompli par un médecin sur sa malade[2]; celle de cette femme Arnould, mère dénaturée, qui de ses dents déchire les oreilles de sa fille et la fait périr par ses cruautés, et d'où, après avoir entendu le réquisitoire de M. Oscar de Vallée, un bon juge, Me Faverie, rédacteur de la *Gazette des Tribunaux,* disait qu'il était sorti « enthousiasmé[3] » ; l'affaire Devoy, faux et détournement, où plaida un jeune avocat, Me Chevrier, qui siège aujourd'hui à la Cour suprême[4]; l'affaire Quemener, vol de 182.000 francs par un employé de la Banque de France, qui fut défendu par Lachaud[5], et dans laquelle sa parole fit une si vive impression sur l'auditoire, que l'audience faillit être suspendue ; celle dite des Espagnols, vaste bande de faux monnayeurs, où l'on entendit au banc de la défense Me de La Boulie, qui avait autrefois honoré la Magistrature, et qui, à la fin de l'au-

[1] Dans cette année judiciaire 1855-1856, il eut pour présidents d'assises MM. les conseillers Poinsot, de Boissieu. Anspach, Filhon, Roussigné.
[2] 28 janvier 1856. Voir le *Droit* des 28 et 29, p. 94. La défense fut présentée par Me Nogent Saint-Laurent.
[3] 10 mars, le *Droit,* p. 247. Avocat, Me Nibelle. L'accusée fut condamnée à douze ans de travaux forcés.
[4] 8 avril 1856, le *Droit,* p. 352.
[5] 11 avril, le *Droit,* p. 365.

dience, disait du ministère public qu'il venait de combattre : « M. de Vallée a tous les genres d'éloquence, toutes les séductions de la parole ; et en la dépréciant, fût-ce par modestie, il serait ingrat envers l'éloquence. » C'est à cette occasion que le président Anspach disait au procureur général qui l'interrogeait, que « l'organe du ministère public avait déployé le talent le plus souple, le plus varié, et que depuis longtemps il n'avait pas entendu une argumentation aussi solide, une parole aussi éloquente, aussi séduisante [1] ».

Le procureur général Rouland, tout en ayant beaucoup de sollicitude et peut-être d'affection pour ses collaborateurs, se tenait à leur égard dans une réserve assez froide ; ses félicitations étaient rares. Elles n'en avaient que plus de prix, et M. de Vallée dut être fier d'une approbation qui, le lendemain de cet important procès, ne lui fut pas ménagée par M. le procureur général [2].

A côté de ces grandes affaires, nous en signalerons à peine d'autres, comme celles de Coulon, de Paci, de Pihant, de Paul Thomas, de Rançon, de Marniesse, de Brierre, de la fille Périnne, d'une criminalité plus vulgaire [3], malgré l'importance que leur donnait soit le nombre des accusés, soit la nature du crime.

[1] 13, 14, 15 mai 1856, le *Droit* des 14, 16 et 17. Avocats, de La Boulie Nibelle, Borie, Maugras, Cassé.

[2] Deux ans auparavant, le 4 sept. 1854, M. de Vallée écrivait cette note : « M. de Sibert a dit à Ernest Baroche que M. Rouland avait exigé du garde des sceaux qu'il me montrât de la froideur sous peine de donner sa démission ». Les sentiments de M. Rouland, on le voit, avaient changé.

[3] Voir le *Droit* de 1856, pp. 14, 30, 58, 78, 98, 102, 133, 323, 355, 420, 426, 466, 546, 550.

Il en est une cependant à laquelle nous nous arrêterons davantage, parce que l'un des plus grands noms de l'ancienne noblesse française s'y trouvait mêlé et que dans la personne de la victime, comme dans celle de l'assassin, on relevait des traits de caractère singulièrement étranges ou odieux. Il s'agit du meurtre de la comtesse de Caumont la Force.

L'on connaît cette grande famille des Caumont, ducs de la Force, qui a produit deux maréchaux de France, et dont la grandeur des services militaires de ses membres n'a peut-être été égalée que par la rigueur des persécutions qu'ils ont subies pour la conviction de leur foi protestante. C'est à elle qu'appartenait ce Caumont, massacré à côté de ses deux enfants à la Saint-Barthélemy, et qui a fourni à Voltaire un des plus touchants épisodes de sa *Henriade :*

> De Caumont, jeune enfant, l'étonnante aventure
> Ira de bouche en bouche à la race future.
> Son vieux père, accablé sous le fardeau des ans,
> Se livrait au sommeil entre ses deux enfants ;
> Un seul lit enfermait et les fils et le père.
> Les meurtriers ardents qu'aveuglait la colère,
> Sur eux à coups pressés enfoncent leurs poignards :
> Sur ce lit malheureux la mort vole au hasard [1].

C'est cette famille tragique qui devait encore, de notre temps, être l'objet d'un assassinat odieux.

Mme la comtesse de la Force, née Edmée-Antonine-

[1] *Henriade*, ch. II.

Ghislaine de Vischer de Celle, habitait un antique hôtel de l'avenue des Champs-Élysées. Fort riche, mais bizarre et parcimonieuse, elle y vivait presque seule, ou du moins avec de rares domestiques, qui se succédaient rapidement à son service. Dans ses terres, on la voyait, vêtue presque comme une pauvresse, surveiller ses serviteurs ou ses fermiers ; l'étrangeté de ses manières pouvait faire croire à de la folie. Son isolement, les haines qui s'accumulaient autour d'elle, inspiraient des craintes à ses amis, à sa famille, à tous, excepté à elle-même. Ces craintes ne furent que trop justifiées. Un matin on la trouva étranglée, gisant dans l'écurie de son hôtel, où l'assassin avait caché le cadavre sous un monceau de bûches et de fumier. L'auteur du crime était un Wurtembourgeois, nommé Baumann, ancien palefrenier à l'Hippodrome, qu'elle avait pris récemment à son service. Harcelé, insulté par elle, il l'avait prise à la gorge, étouffée dans sa fureur, et, une fois le crime commis, avait cherché à en tirer profit en pénétrant dans l'hôtel et en y volant l'argent qu'il put trouver. L'accusé, âgé de trente-deux ans, est peint ainsi par un journaliste judiciaire : « Baumann est un gros Wurtembourgeois, petit, court, trapu, au nez busqué, au regard endormi, ayant la douceur ou plutôt l'apathie apparente d'un Allemand ».

M. Oscar de Vallée soutint énergiquement l'accusation :

« Je viens vous demander un grand acte de justice ; je viens savoir de vous ce que vous estimez la vie humaine.

Les sociétés, en effet, ne se jugent pas par l'éclat des armes, par le mouvement des esprits, par la splendeur des arts ; c'est leur enveloppe extérieure ; mais ce qui détermine leur niveau moral, c'est le sentiment et le respect de la justice. Et, entendez-le bien au début de cette grave affaire, une société où s'affaiblirait ce sentiment pourrait avoir des dehors brillants et des apparences trompeuses, mais elle marcherait certainement vers la dégradation et la barbarie..... Je dois avant tout quelques mots au souvenir de celle qui fut Mme la comtesse de Caumont la Force. Je ne représente pas seulement ici cet intérêt social, cet intérêt abstrait qui n'a ni voix ni visage, je représente aussi les douleurs de la famille et la piété filiale ; et c'est à ce titre que je parlerai de celle dont les enfants s'entretiennent, sans doute, à cette heure, avec Dieu, pour lui demander de protéger mes efforts et d'assurer le châtiment de l'assassin de leur mère ! »

Après avoir raconté l'effroyable scène du meurtre, il continue ainsi :

« Ce n'est pas là, Messieurs, un crime de premier mouvement ; il n'y a pas eu, dans ces faits, un moment d'entraînement, d'aberration. Oui, dans les plus honnêtes natures, sous l'influence d'une passion violente, et dans des circonstances données, ces orages peuvent gronder, puis éclater ; une main peut s'armer et devenir criminelle ! mais il n'y a pas eu de ces orages dans l'âme de l'accusé ;

il n'y a point eu d'entraînement chez cet homme qui, deux fois à l'avance, avait annoncé qu'il voulait frapper sa maîtresse. L'homme que la colère aurait emporté, malgré lui, n'aurait pas fait de ses deux mains un étau pour étouffer les cris de détresse de sa victime, frappée du poing, frappée du pied sans pitié ! Il n'aurait pas eu tous ces raffinements de cruauté..... Quant aux causes du crime, il n'appartient qu'à Dieu de les chercher dans l'inaccessible profondeur des consciences, on peut cependant trouver à ce crime assez de mobiles pour qu'il ne doive pas être rangé parmi les crimes inexplicables. Le premier de ces mobiles, c'est la nature féroce de l'accusé. Un autre mobile, s'il faut en chercher un, a pu être l'appât de l'or. Pourquoi n'aurait-il pas tué pour voler, puisqu'il a volé après avoir tué ?...

J'ai la confiance de défendre ici la cause de l'humanité. Je ne viens pas provoquer l'effusion du sang ; je tâche au contraire d'arrêter cette effusion qui devient si fréquente aujourd'hui. Les serviteurs se constituent, dans l'état de domesticité ou de servitude accidentelle, les juges de ceux qu'ils servent ; ils s'érigent en tribunal barbare ; ils y font paraître leurs maîtres ; ils les condamnent sur une parole échappée, à propos d'une obole, et ils exécutent eux-mêmes leur épouvantable sentence.

Enfin, s'il le fallait, je viendrais réclamer cette condamnation au nom des lois divines, dont les lois humaines ne sont que l'image efficace. Je la réclame au nom de la croyance à ce Dieu qui a dit cette parole sur laquelle repose tout l'édifice social : « Tu ne tueras pas ! » Et Dieu, pour donner le commentaire, adressait à son peuple cette autre parole : « Quiconque versera le sang humain, son sang sera répandu, parce que l'homme est créé à l'image de Dieu[1] ».

Ce réquisitoire fit une profonde impression sur l'auditoire, l'audience faillit être suspendue ; Me Varrin, bien connu pour la sévérité de son goût, et qui assistait à ces débats, disait en sortant à un ami : « Cet avocat général est un orateur complet ».

A cette liste de grands procès criminels où, pendant cette année, M. Oscar de Vallée prit la parole pour requérir, il faut encore ajouter l'affaire Brossard, Lejolivet, etc., accusés de détournement à l'Imprimerie impériale du texte officiel du traité de Paris du 30 mars 1856, qui venait de mettre fin à la guerre de Crimée. Ce procès singulier fut un des épisodes curieux de l'histoire de la presse à cette époque[2]. Les accusés furent défendus par Mes Lachaud, Bozérian, Bethmont et Frémart. Dans sa plaidoirie, très remarquable, Me Bethmont rendit un brillant hommage à l'esprit de justice de M. Oscar de Vallée et à l'autorité de sa parole. De ce réquisitoire, un passage seulement nous a été conservé.

Tant de travaux auraient accablé tout autre que M. de Vallée ; mais chez lui la variété des occupations

1. *Le Droit* du 16 avril 1856, et les *Débats*, très élogieux.
2 6 juin 1856. *Le Droit*, p. 568.

était comme le repos de son esprit : passer de l'une à l'autre lui donnait une nouvelle souplesse, une nouvelle vigueur. C'est en effet dans cette même année qu'il acheva et publia son beau livre : *Antoine Lemaistre et l'Éloquence judiciaire au XVIIe siècle*[1]. Ce serait sortir de notre sujet que d'étudier ici M. Oscar de Vallée comme écrivain et d'indiquer la place qu'il doit occuper parmi les historiens et les littérateurs de notre temps. C'est uniquement le magistrat que nous voulons présenter au lecteur. Aussi nous bornerons-nous à relever dans ce livre ce qui peut ajouter quelques traits au portrait de l'avocat général, ou mettre mieux en lumière la haute idée qu'il se faisait de ses fonctions, pour lesquelles il avait un si grand amour.

Antoine Lemaistre avait été, pendant neuf ans, de 1629 à 1638, l'avocat le plus célèbre de France. Petit-fils et arrière-petit-fils de deux avocats dont la réputation avait été grande, Antoine Arnauld et Simon Marion, il les avait de beaucoup surpassés, tant par la beauté de l'action que par l'élégance d'une parole qui paraissait simple comparée à l'emphase, aux digressions infinies de ses prédécesseurs ou de ses contemporains. Toute proportion gardée, il avait été comme un Malherbe du Barreau, et préparait Patru. Par sa mère, Catherine Arnauld, il était

[1] *De l'Éloquence judiciaire au XVIIe siècle : Antoine Lemaistre et ses contemporains*, Paris, Garnier, 1856, in-8°. Une seconde édition a pour titre : *Études sur le XVIIe siècle : Antoine Lemaistre et ses contemporains*, Paris, Michel Lévy, 1858, in-8°.

neveu d'Arnauld d'Andilly, du grand Arnauld, et de cette célèbre mère Angélique, réformatrice de Port-Royal. Avocat célèbre à vingt et un ans, à trente, dans toute la force de son talent et l'éclat de sa renommée, il se retirait à Port-Royal, devenait le chef et le modèle de ces célèbres et hautains solitaires, et mourait en 1658, à cinquante ans, avec la réputation d'un saint.

Tel est l'homme vers lequel M. Oscar de Vallée avait été attiré. D'autres ont peint en lui le solitaire de Port-Royal, le chrétien et l'éducateur, le collaborateur du grand Arnauld et de Nicole, le premier maître de Racine. C'est surtout à l'avocat que M. de Vallée s'est attaché, et en étudiant à fond le recueil de ses plaidoyers publiés en 1657, il a tracé un vivant tableau de la société de cette époque.

On a fait, depuis, un mérite à deux écrivains,[1] d'avoir puisé dans les sermons du P. Bourdaloue les éléments d'une peinture fidèle des mœurs et des caractères des Français au XVIIe siècle. Certes, il n'y avait pas moins d'originalité ingénieuse à en rassembler les traits dans ces débats judiciaires où l'homme se montre à nu, avec ses passions, ses amours ou ses haines, presque autant que dans ses entretiens avec le prêtre et le confesseur. Aux yeux de M. de Vallée, l'étude des caractères ne paraissait pas moins fertile en leçons que celle des événements, et, pour tout dire, peut-être davantage. Il l'a écrit dans une page excellente, où se remarque la hauteur habituelle de sa pensée.

[1] MM. Anatole Feugère et Charles Gidel, en 1876 et en 1873.

« J'ai voulu étudier le dix-septième siècle, non dans ses événements, mais dans ses caractères et dans sa vie intellectuelle et morale. Les événements ne sont pas ce qui me touche le plus ; je ne suis pas en tout leur humble serviteur, et je n'ai pas la prétention d'être leur historien. D'abord la Providence y prend une part qui diminue beaucoup la responsabilité humaine, et qui, pour moi, leur ôte un peu d'attraits. Puis ils veulent toujours avoir raison et ils gênent en cela la liberté de la pensée ; on est bien plus au large dans l'étude des caractères et dans le détail des personnages ; on y trouve des choses plus secrètes, et de là on s'élève dans la région des causes. Je ne crois pas me tromper en disant que la grande et bonne manière de juger une époque est d'en dégager le sentiment moral et de voir son niveau[1] ».

Par lui-même, le Palais de cette époque, magistrats et avocats, offrait plus d'un de ces caractères à étudier, et par les causes de toute nature qui s'y plaidaient présentait un tableau de mœurs incomparable. Pour emprunter une comparaison célèbre, c'était bien là le « théâtre aux cent actes divers », surtout si l'on se rappelle que les Parlements, corps à la fois politiques et judiciaires, avaient une autorité, une influence bien autrement étendues que celles de nos Tribunaux et de nos Cours actuels.

« Je me suis convaincu, disait M. de Vallée, qu'en étu-

[1] *Antoine Lemaistre*, p. 1.

diant à ce point de vue les grands magistrats et les avocats illustres de ce temps, on devait en compléter l'histoire intellectuelle et morale. Le Palais n'était pas alors cette étroite enceinte où nous vivons maintenant. La politique l'étendait jusqu'au trône et l'agitait souvent. Il était aussi comme le centre et le foyer des grandes choses dans l'ordre civil... Il était encore un hôtel de Rambouillet avec la gravité de plus et les guirlandes de moins. Sous l'un de ses piliers on s'occupait des lettres autant que des procès. Patru y exerçait avec une sévérité bienveillante ce rôle de critique, qui n'était pas si commun qu'aujourd'hui et qui ne se jouait pas non plus si aisément. Enfin, les magistrats et les avocats sont partout dans cette société du dix-septième siècle, et beaucoup d'entre eux en représentent les plus brillants côtés ; il y a, dans leur histoire générale et particulière, une matière qui n'a presque pas été employée, et qui peut, avec un peu d'art, ouvrir de nouveaux jours sur cette grande époque.... Sans faire perdre à ces études leur but principal qui est de montrer comment on parlait au dix-septième siècle, je ferai dans la politique, la religion, les mœurs, les arts, les lettres, de longues excursions. Ce sera, si j'ai réussi, le dix-septième siècle vu de la grand'chambre du Parlement[1] ».

Et quelle rude vérité souvent dans ces tableaux d'audience :

« Ailleurs, dans les rapports du monde, tout s'adoucit

[1] *Antoine Lemaistre*, pp. VIII, IX.

et s'efface, le vice et la vertu ; là, au contraire, les masques sont levés, les visages à nu, et les portraits se font d'après nature ; c'est comme un grand atelier d'observation, de science et d'anatomie morale où les sujets abondent et varient sans cesse... L'homme y paraît sous tous ses aspects, il y est tour à tour, fils, époux, père, agresseur ou victime, oppresseur ou opprimé, propriétaire ou voleur, grand ou petit, riche ou pauvre, industriel ou poète, bon ou méchant, serviteur ou maître, charitable ou mendiant, meurtrier ou sauveur ; c'est un pêle-mêle universel de mœurs, de passions, de combats, de violences... Les romanciers de nos jours ont pris la peine d'aller chercher bien loin et souvent bien bas ce qu'ils ont appelé les types de la comédie humaine ; ils auraient trouvé au Palais le fond de toutes leurs toiles, et la vérité prise à pleines mains les eût dispensés de la fiction[1] ».

Nous ne suivrons pas M. de Vallée à travers les vingt et un chapitres où, comme dans autant de tableaux, il nous peint, à l'aide des plaidoyers de Lemaistre, les différents aspects de la société française pendant la première moitié du XVIIe siècle. Nous dirons seulement que l'œuvre est d'un observateur sagace autant que d'un habile écrivain. Ce qu'il nous faut montrer dans ce livre, c'est la pensée du magistrat qui, dans le caractère des anciens parlementaires, cherche un exemple pour tous les temps ; dans l'étude

[1] *Antoine Lemaistre*, p. 100.

de l'éloquence de cette époque des leçons encore utiles aux avocats d'aujourd'hui. Par là l'on apprend aussi à mieux connaître, dans ses préférences, dans ses ambitions intellectuelles, l'homme qui, au sortir de ces méditations sur le grand art de l'éloquence et l'administration de la justice, allait les mettre en pratique à l'audience.

Qui mieux que lui a parlé de l'éloquence et en a donné une plus haute idée? Il faudrait faire lire cette page à tous ceux qui aspirent au pouvoir de la parole :

« L'éloquence est une des plus grandes beautés de la nature humaine ; elle vient directement du ciel, puisqu'elle a pour foyer notre âme immortelle. Autrefois, quand les dieux se faisaient sur la terre au lieu d'y descendre pour racheter nos fautes, l'éloquence était déifiée comme la guerre, la sagesse et l'amour. Dans notre divine religion elle est le Verbe des livres saints... Ce qui met l'éloquence au-dessus des autres arts, c'est qu'elle seule, en jaillissant, exalte et ennoblit le front qui lui sert de source. Est-il, en effet, dans le domaine des beautés morales, quelque chose qui surpasse cette création instantanée de la pensée, de la parole, de l'harmonie, de toutes ces richesses amoncelées sur les livres et qui en sortent pour dominer les esprits et les cœurs ? [1] ».

L'éloquence politique et l'éloquence de la chaire ont chacune des caractères particuliers qui les séparent de l'éloquence judiciaire : mais si celle-ci est différente, elle

[1] *Antoine Lemaistre*, p. 1.

n'est pas inférieure à ses glorieuses rivales. M. de Vallée en donne excellemment les raisons, et ce sont en même temps des préceptes :

« Le Barreau n'est ni l'Agora ni le Forum ; il n'a pas leurs vastes horizons, non plus leur auditoire, cette foule impatiente et tumultueuse d'où les passions s'échappent et montent à l'orateur pour redescendre sur elle en ardeurs et en flammes ! Il est de la famille, mais son foyer est plus étroit, ses habitudes diffèrent ; il n'emploie pas aussi souvent l'imagination qui crée et les grandes pensées qui agitent : il n'en a pas moins ses richesses... [1] ».

Il est une qualité maîtresse que doit posséder l'éloquence judiciaire : la variété, et c'est elle qui la distingue éminemment de ses deux rivales. M. de Vallée l'a dit en des termes qui sont ceux d'un maître prêchant d'exemple :

« Les procès n'ont, en général, qu'un intérêt privé, ils n'en ont jamais d'autres pour les avocats, mais ils sont infinis, et, si on les plaidait tous avec le même style, on aurait l'air d'un homme qui n'a qu'un vêtement pour toutes les circonstances de sa vie ; le talent et la difficulté consistent à donner à chaque affaire sa physionomie et son langage, à passer, par conséquent, des plus graves accents aux plus doux, de l'argumentation savante et nue à la phrase ornée et piquante, du récit à l'émotion, de la grand'chambre au mur mitoyen, des grandes causes aux petites, du civil au criminel. Il y a là un obstacle qui

[1] *Antoine Lemaistre*, p. 90.

pourrait embarrasser plus d'un orateur politique, et qui, vaincu, donne à la parole, à défaut de grandeur soutenue, de la variété, de la souplesse, des couleurs diverses, des tons différents, ce qui charme et persuade, sinon ce qui frappe et domine. Sous ce rapport, l'avocat se rapproche de l'écrivain, sans jamais se confondre avec lui, et il peut, plus souvent qu'on ne pense, supporter ce rapprochement et cette comparaison[1] ».

Cette habileté, cette dextérité à varier le ton de la parole avec le caractère de la cause, ne serait rien cependant sans le ressort de la conscience, qui toujours doit se faire sentir dans l'orateur judiciaire, magistrat ou avocat. Nul plus énergiquement que M. Oscar de Vallée ne repoussait cette pensée que « c'est la passion qui fait l'orateur politique, et que c'est l'avocat qui fait sa passion ».

« Non, écrivait-il, l'avocat éloquent ne fait pas sa passion, il la prend dans sa cause, à sa source naturelle, au cœur de son client[2] ».

Aussi cette conscience de l'avocat, qui est sa force, rien ne doit la troubler, l'obscurcir. Sans elle, il n'y a plus d'éloquence :

« Le Barreau est un théâtre, on n'y monte pas toujours impunément, on n'y réussit pas sans danger. Le grand nombre et la diversité des causes offrent un piège à la conscience et peuvent l'altérer ; mais, au Barreau comme ailleurs, ces effets ne se produisent que sur les âmes

[1] *Antoine Lemaistre*, p. 91.
[2] *Idem*, p. 90.

communes ; les autres sont à l'abri de ces influences, et, planant au-dessus d'elles avec une vigoureuse probité, elles s'asservissent les causes et n'en sont pas esclaves ; elles font de la parole un instrument assoupli, mais libre ; autrement on s'éloigne de l'éloquence et on tombe dans ces langues mercenaires qui donnent des produits industriels et reçoivent en échange un salaire approprié. Mais en général, même aujourd'hui, ce qui s'étend et s'élargit au Barreau, c'est l'esprit et non pas la conscience[1] ».

La conscience de l'avocat, qui est l'âme de son éloquence, se montre sur ses traits, qui en sont comme le miroir ; plus même que le style, ils donnent l'homme :

« La physionomie est une image bien plus fidèle de l'homme et de son talent ; elle montre surtout l'orateur ; il y a, en effet, entre elle et lui des rapports fréquents et immédiats, une influence directe et réciproque, et une agitation mutuelle. Il serait facile de montrer que le talent oratoire a tous ses reflets sur la physionomie, et que jamais la véritable éloquence, celle que l'esprit puise dans le cœur ému, n'a jailli de ces têtes sans harmonie et sans grandeur, intelligentes, si l'on veut, mais froides et sans un seul de ces rayons de soleil qui colorent la pensée[2] ».

En rassemblant les autres traits épars en ce beau livre, on aurait une image complète de l'éloquence judiciaire.

Les excellents préceptes n'y manquent pas, ici sur la

[1] *Antoine Lemaistre*, p. 121.
[2] *Id.*, p. 123.

réplique, ce triomphe des grands avocats[1] ; là sur le style des mémoires judiciaires, qui doit toujours être grave et simple[2] ; ailleurs sur le danger des entraînements auxquels l'avocat s'abandonne parfois dans les causes de séparation de corps[3], sur les différences de l'éloquence de la barre et de celle de la tribune[4]. Nous nous refusons à regret à des citations qui feraient le plus grand honneur à l'écrivain, mais nous éloigneraient trop du magistrat.

C'est à celui-ci que nous reviendrons, en montrant la haute idée qu'il concevait des fonctions judiciaires ; la droiture inflexible, la fermeté inébranlable dans l'esprit de justice qu'il demande à ceux qui en sont revêtus. La raison d'Etat elle-même doit être sans prise sur le vrai magistrat. Parlant de certaines âmes faibles qui s'étaient attachées plutôt à satisfaire la Cour qu'à servir la justice :

« Lemaistre, dit-il, n'eût pas accepté cette facilité, voisine de la complaisance et de la corruption.. .. Il faut la répudier comme la mortelle ennemie de la justice ; au milieu d'une société qui s'abandonne à l'ambition et aux richesses, c'est par l'inflexibilité de sa conscience que le magistrat digne de ce nom, se doit distinguer et ennoblir[5] ».

Cette maxime, qu'il avait si bien formulée, M. Oscar de Vallée en fit toujours la règle de sa conduite. En

[1] *Antoine Lemaistre*, p. 212.
[2] *Id.*, pp. 230, 241, 244.
[3] *Id.*, p. 74.
[4] *Id.*, pp. 334, 337.
[5] *Id.*, p. 405.

aucune circonstance, il ne se demanda ce qui était utile, mais ce qui était juste. Un jour qu'un ami s'entretenait avec lui des obstacles qu'il avait rencontrés dans son avancement : « Que voulez-vous, lui dit-il, dès que je suis entré dans la Magistrature, j'ai vu très clairement que j'avais à choisir entre deux routes, celle où l'on s'accommode aux temps, aux choses et aux hommes ; celle où l'on n'a qu'un seul but en vue, la justice, et dont on ne dévie jamais. La seconde pouvait seule me convenir ; mais je n'ai pas besoin de vous dire que c'était la plus longue. »

Sur ce sujet d'Antoine Lemaistre, M. Oscar de Vallée s'était rencontré avec un de ses collègues du Parquet, qu'il aimait particulièrement, M. Charles Sapey[1]. Cette rivalité ne nuisit à l'un ni à l'autre. M. Sapey, plus admirateur du janséniste en Lemaistre que de l'avocat, avait dû laisser celui-ci un peu dans l'ombre au profit de celui-là. M. de Vallée, qui avait cherché à peindre la société du XVIIe siècle d'après les plaidoyers de Lemaistre, s'était formé dans leur étude approfondie une opinion plus favorable du talent oratoire de l'avocat. M. Sapey était-il trop sévère, ou M. de Vallée trop indulgent ? Un bon juge en fait d'éloquence judiciaire, M. le conseiller Pinard, se rangeait à l'opinion de M. de Vallée, qui doit être celle de la postérité comme elle fut celle des contemporains de Lemaistre[1].

[1] Voir sur *Antoine Lemaistre* les articles critiques dont il fut l'objet dans l'*Indépendance Belge*, 29 mai et 7 juillet 1856 ; le *Journal des Dé-*

M. Oscar de Vallée siégeait encore aux assises, lorsque la haute direction du Parquet de la Cour passa en d'autres mains.

Le 25 août 1856, M. le procureur général Rouland, qui depuis trois ans remplissait ces fonctions, avait été appelé au Ministère de l'Instruction publique. Il fut remplacé par M. Vaïsse, conseiller à la Cour de cassation [1]. Agé de cinquante et un ans, c'était un magistrat dont la première moitié de la carrière s'était faite laborieusement dans les Tribunaux du Midi de la France. La Révolution de Février l'avait trouvé procureur du roi à Marseille. Révoqué à cette époque, il était rentré en 1849 dans la Magistrature comme vice-président du tribunal de Marseille, était passé en 1852 à Nancy comme procureur général et à la fin de cette même année avait été nommé avocat général à la Cour de cassation, où il avait en 1855 reçu un siège de conseiller. C'est là que le choix éclairé du garde des sceaux Abbatucci l'avait pris pour le mettre à la tête du plus grand Parquet de France.

Interprète des sentiments de la Cour qui l'avait vu à l'œuvre, le premier avocat général Croissant, en requérant l'installation de M. Vaïsse, a peint ainsi M. Rouland, d'un pinceau sincère :

« Aux qualités qui font l'éminent magistrat il réunissait les connaissances de l'administrateur, une grande

bats (Baudrillart), 8 juillet ; la *Revue Britannique*, 1er juillet ; le *Constitutionnel* (Paulin Limayrac), 13 juillet ; et encore *Antoine Lemaistre et son nouvel historien*, par Rapetti, 1857, in-12.

[1] Nommé le 16 août, il fut installé le 22.

fermeté de direction, et une bienveillante indulgence qui corrigeait toujours les nécessités parfois bien rigoureuses de son ministère. Nul ne possédait mieux que lui la science du Droit dans son acception la plus noble et la plus élevée, et nul surtout n'était plus merveilleusement doué pour la comprendre... Vous avez apprécié la rectitude et la sûreté de son jugement, l'ampleur de ses idées, la haute philosophie de sa science, et cette vigueur de logique qui entraînait inflexiblement les auditeurs ; sa voix, fortement accentuée, s'imprégnait à l'audience, de l'énergie de ses convictions ; en l'écoutant, on reconnaissait le jurisconsulte inspiré, et son langage simple, sans apprêt, mais toujours pur et correct, révélant les vives inspirations de son cœur, atteignait les limites les plus élevées de l'éloquence [1] ».

Pendant son passage à la Cour de Paris, M. Rouland avait eu l'occasion de porter la parole dans quelques circonstances mémorables. On se souvient encore des affaires des complots de l'Opéra-Comique et de l'Hippodrome, qui, le 7 novembre 1853, amenèrent vingt-sept accusés devant la Cour d'assises ; de l'attentat de Pianori contre l'Empereur du 28 avril 1855 ; des correspondances étrangères ; et de son discours de rentrée de 1855, où il traita du pouvoir des anciens Parlements en matières de subsistances...

Le Parquet de la Cour, qui, à la rentrée de 1856, se présentait ayant à sa tête un nouveau procureur général,

[1] Discours prononcé à l'installation de M. Vaïsse. — *Le Droit*, du 23 août 1856.

s'était aussi rajeuni dans plusieurs de ses membres : M. Croissant avait succédé à M. Goirand de la Baume comme premier avocat général, et MM. Dupré-Lasale, Sapey, Lafaulotte, Hello, Mario, étaient venus prendre place parmi les substituts. C'est avec bonheur que M. Oscar de Vallée vit ses anciens collègues du Tribunal le rejoindre à la Cour. Sa vieille amitié pour M. Dupré-Lasale, et surtout pour Charles Hello, regrettait depuis longtemps leur éloignement. Dans Charles Hello, il n'aimait pas seulement le compagnon de sa jeunesse, l'émule qu'il avait souvent applaudi à la Conférence des avocats ; il avait une tendresse profonde pour ce noble cœur, cette intelligence si vive, si belle, malgré les étrangetés qui y jetaient parfois comme un voile. Issu d'une vieille famille bretonne, fils d'un conseiller à la Cour de cassation, il était entré au Palais, pliant sous le poids des couronnes universitaires. Passionné pour les lettres, grand admirateur de Victor Hugo, admis, ainsi que son jeune frère, Ernest Hello, le futur philosophe chrétien, dans le salon de la place Royale, il s'y était fortement imbu des doctrines romantiques; et ses premières plaidoiries en avaient porté l'empreinte. Puis, un retour très vif et très sincère vers les idées religieuses avaient subitement changé l'homme, sans modifier complètement la forme de sa pensée et le ton de son langage. Détaché de toute ambition, il avait dès lors apporté autant de soin à se faire oublier, que d'autres à se mettre en évidence. C'est ainsi que ce magistrat qui pouvait aspirer aux plus hautes situations de son ordre, mourut simple conseiller. Grand, maigre, les cheveux noirs coupés en brosse, le regard profond et couvant un feu intérieur, le teint pâle, il avait quelque chose d'un ascète sous la toge du juge. Sous la robe d'un dominicain, il eût été un autre Lacordaire.

C'est en rappelant nos propres souvenirs que nous essayons cette esquisse.

M. de Vallée a peint le portrait tout entier :

« Charles Hello a eu, au point de vue humain, une destinée modeste ; s'il l'eût voulu, il en aurait eu une grande. Mais son ambition s'est de bonne heure tournée du côté du ciel. Quand nous nous sommes rencontrés au Barreau, il y apportait de la Bretagne, où il était né, un talent naturel très vif, sans beaucoup de correction, plein du souffle violent et des beautés un peu âpres de son pays. Ceux qui l'ont connu dans les bons moments, au début de sa carrière, plaidant pour M. de Cormarin ou pour des légitimistes bretons, ou, plus tard, sur son siège de magistrat, peuvent dire combien sa parole était dramatique, colorée, puissante [1] ».

Dans la personne de M. Sapey, M. Oscar de Vallée retrouvait à côté de lui un ami des mêmes études historiques, un admirateur des mêmes grandes figures de l'ancien Barreau et de l'ancienne Magistrature. Comme lui, M. Sapey avait été attiré par cet Antoine Lemaistre, avocat illustre, qui à la gloire avait préféré la retraite des solitaires

[1] *Nouvelles Etudes et nouveaux Portraits*, p. 447.

de Port-Royal. Nature douce, fine, élégante, à laquelle la force seule avait manqué, et que M. de Vallée appelait « un Fénelon laïque[1] ».

A la rentrée de l'année 1856, M. Oscar de Vallée avait été désigné pour siéger à la troisième Chambre civile[2]. Son président, M. Partarieu-Lafosse, a laissé au Palais une réputation légendaire, dans laquelle il y a beaucoup de fantaisie et un peu de vérité. Rien ne ressemblait moins que lui, il est vrai, au type du magistrat grave et austère, et son nom évoque plutôt à la mémoire celui de ces anciens bazochiens gaulois qui se plaisaient aux contes gras et y prêtaient parfois eux-mêmes. Mais il avait de l'esprit, beaucoup d'esprit, et savait au besoin avoir de l'autorité.

Au Palais, une Chambre est presque une petite famille, au moins pour la durée de l'année judiciaire, et c'est chose précieuse d'y rencontrer de l'aménité, de l'esprit, du savoir, et de mettre tout cela en commun pour la meilleure administration de la justice et son propre agrément. M. Oscar de Vallée rencontrait beaucoup de ces avantages dans ses collègues de la troisième Chambre. Le conseiller Pinard qui, d'avocat et de journaliste judiciaire était devenu, avec la Révolution de 1848, un excellent et

[1] *Etudes et Portraits*, Paris, 1880, p. 294.

[2] Cette Chambre était ainsi composée : président, M. Partarieu-Lafosse ; conseillers, MM. Lefebvre, de Bastard, Roussigné, du Payral, Malville, de Boissieu, Pinard, Anspach, Hallé, Broussais, d'Herbelot ; de Vallée, avocat général, Levesque, substitut.

savant magistrat, était aussi un écrivain remarquable qui vivra par ses deux beaux livres, *Le Barreau au XIXe siècle* et l'*Histoire à l'audience*, heureux mélange de forme classique et d'esprit moderne. « Dans ce milieu de la Magistrature et du Barreau, M. Pinard était un ancien, dans la belle et élogieuse acception du mot[1] ». M. de Boissieu, ce spirituel père d'un spirituel fils — l'auteur des *Lettres d'un passant;* M. Anspach, M. de Bastard, étaient la bonne grâce, la dignité mêmes. M. d'Herbelot, sous une apparence plus mondaine et presque militaire, était bien de cette race qui de père en fils a si dignement servi la justice. « Magistrat, fils de magistrat et père de magistrat, au premier abord, a-t-on dit de lui, il n'avait rien du magistrat. A le rencontrer dans le monde, grand, fort, le verbe rapide et saccadé, le geste militaire, l'œil à la fois soucieux et enjoué, portant bravement le ruban rouge, on l'eût plutôt pris pour un colonel bienfaisant. C'était un excellent homme et un excellent juge[2] ». M. Hallé, descendant d'un peintre, maître du Poussin, fils d'un médecin illustre qui fut l'ami de Malesherbes,

[1] *Etudes et Portraits*, p. 124 et 132. — Ailleurs, à propos de l'affaire de la marquise de Guerry, dont nous parlons plus loin, et où il donna ses conclusions, il a dit encore du conseiller Pinard : « Il y avait parmi les juges un homme qui devrait vivre longtemps dans l'histoire et dans les souvenirs du Palais, si tout ne s'effaçait aujourd'hui plus vite que jamais. M. le conseiller Pinard était un demi-janséniste et un lettré complet. Il avait, comme avocat, écrit des pages pleines d'intérêt, et quelquefois de charme, sur ce qui se passait, se disait et se faisait au Palais. Il aimait beaucoup M. de Sacy, et, quand le devoir n'exigeait pas à l'audience toute son attention, il annotait Cicéron avec beaucoup de science et de finesse littéraire ». (*Conclusions et Réquisitoires*, p. 58.)

[2] Norbert Billiard, *le Monde judiciaire*, 1866, p. 355.

et prit la défense de Lavoisier à la Convention, était digne de tels ancêtres. M. de Vallée l'a loué ainsi en présence de la Cour en deuil de sa perte :

« Sa droiture, son attachement à ses devoirs, sa bonté aussi sincère que sa modestie, son courage naturel, ici et devant l'émeute, sa piété, tout cela forme des signes de filiation et des titres excellents et durables à l'estime et à l'amitié que nous avions tous pour lui [1] ».

Nous ne nous arrêterons pas aux affaires de la troisième Chambre dans lesquelles M. Oscar de Vallée donna des conclusions. Trop exclusivement juridiques, elles n'ont laissé de trace que dans les recueils d'arrêts, mais c'est par elles que M. Oscar de Vallée se rompit merveilleusement à toutes les difficultés du droit et de la pratique. Nous citerons seulement celles relatives à la dissolution des sociétés par décès, à la navigation de la rivière de l'Yonne, au droit de revendication en matière de faillite, à celui de l'agent de change sur la couverture fournie par son client, à l'annulation des actes frauduleux à l'encontre du créancier, aux biens dotaux, au privilège du bailleur, à la nationalité de l'étranger né dans une ancienne province de la France, à la saisie-arrêt, etc. [2]

[1] Discours de rentrée de 1861, reproduit dans *Conclusions et Réquisitoires*, p. 477.

[2] 13 déc. 1856 ; 18, 27, 28 février 1857 ; 7, 14, 28 mars ; 4 avril ; 2, 14 et 16 mai. Voir *le Droit*, pp. 5, 183, 222, 237, 253, 313, 322, 357, 441, 501, 511.

M. Oscar de Vallée était passé, avec la nouvelle année judiciaire 1857-1858, à la première Chambre de la Cour [1], lorsque, presque pour ses débuts sur ce grand théâtre, il eut à conclure dans une affaire aussi intéressante par les questions juridiques qu'elle soulevait, que par le nom des parties qui y étaient engagées.

Saint-Simon, qui ne permettait qu'à lui-même d'être orgueilleux de son nom et de sa race, grand écrivain, mais ne se piquant guère d'impartialité, s'est beaucoup moqué de la vanité nobiliaire de M. de Clermont-Tonnerre, évêque de Noyon, membre de l'Académie française. Le portrait qu'il en a fait, s'il n'est pas le plus charitable, est un des plus beaux de ce peintre brillant :

« Toute sa maison était remplie de ses armes jusqu'aux plafonds et aux planchers, de manteaux de comte et pair dans tous les lambris, sans chapeau d'évêque ; des clefs partout, qui sont ses armes, jusque sur le tabernacle de sa chapelle ; ses armes sur sa cheminée, en tableau avec tout ce qui se peut imaginer d'ornements, tiare, armures, chapeaux, etc., et toutes les marques des offices de la couronne ; dans sa galerie, une carte, que j'aurais prise pour un concile, sans deux religieuses aux deux bouts : c'étaient les saints et les saintes de sa maison ; et deux autres grandes cartes généalogiques, avec ce titre de *Descente de la très auguste maison de Clermont-Tonnerre des empe-*

[1] La première Chambre était ainsi composée : premier président, M. Devienne ; président, de Vergès ; conseillers, MM. Espivent, Try, Mourre, Tardif, Pinard, Anspach, Hely d'Oissel, Casenave, Haton, Metzinger, de Peyramont ; substitut, Sapey.

reurs d'Orient, et à l'autre *des empereurs d'Occident*. Il me montra ces merveilles, que j'admirai à la hâte dans un autre sens que lui[1] ».

A en juger par l'objet du litige, M. le duc de Clermont-Tonnerre, demandeur dans cette cause, était bien le digne neveu de cet évêque de Noyon, contemporain de Louis XIV. Lui-même n'était rien moins que le très galant homme et très brave soldat, qui, de 1824 à 1828, avait été ministre de la guerre des rois Louis XVIII et Charles X[2]. S'il eut quelque orgueil, c'était peut-être pardonnable au chef d'une maison, à laquelle, au XIIe siècle, le pape Calixte II, qu'un Clermont-Tonnerre défendit presque seul, les armes à la main, avait donné la fameuse devise : *Etiam si omnes, ego non*, et qui avait fourni à l'ancienne Monarchie française tant de prélats, de diplomates, de capitaines illustres, et un maréchal de France.

Ce duc de Clermont-Tonnerre, chef de la branche aînée, contrarié de plusieurs confusions qui s'étaient produites, par la similitude de nom, entre lui ou les siens et les membres de la famille du marquis de Clermont-Tonnerre, branche cadette, voulut obliger celle-ci à supprimer le nom de Tonnerre, ou tout au moins à ajouter à son nom celui de Thoury, nom de terre, sous lequel elle avait été désignée depuis le mariage de Julien de Clermont avec Claude de Rohan-Gié, héritière de

1 Saint-Simon, *Mémoires*, éd. Regnier-Cheruel, t. I, p. 102.

2 Né en 1779, il mourut à Glisolles (Eure), le 12 janvier 1865. Voir sur lui le livre de M. Camille Rousset.

Thoury, au XVIe siècle. Après avoir perdu son procès en première instance, il interjeta appel.

L'affaire vint devant la première Chambre, le 7 novembre 1857. Me Dufaure soutint l'appel, Me Aurélien de Sèze plaida pour le marquis de Clermont-Tonnerre. Ce fut un tournoi judiciaire mémorable.

Me Dufaure, grand avocat, que la politique avait enlevé au Barreau de Bordeaux dès 1834, puis, en 1852, dans un de ces changements de fortune qui lui sont habituels, donné à celui de Paris, où il avait conquis aussitôt une des premières places; homme politique considérable, fondateur sous la Monarchie de Juillet de ce tiers-parti, qui n'a pas peu contribué à renverser un régime qu'il aimait cependant et qu'il regretta, trois fois ministre, Me Dufaure apparaissait comme environné d'une double auréole. Revenu au Barreau après les événements de décembre, il avait depuis lors figuré dans les plus importantes affaires. Plutôt petit que grand, de carrure solide, n'ayant de beau dans le visage que le front, l'air ordinairement bourru, d'aspect comme d'éloquence, c'était un paysan du Danube, qui, par art, avait beaucoup ajouté à sa rusticité. Il avait su tourner en avantage un des plus désagréables organes qui exista jamais. Sa voix nasale et rauque donnait quelque chose de plus âpre et de plus tenace encore à sa pensée.

Plus illustre par son aïeul, défenseur de Louis XVI, que par lui-même, Me Aurélien de Sèze avait été jusque-là plutôt un homme politique qu'un homme de Palais. Préfet de Bordeaux en 1848, il y avait joué un grand rôle, qui l'avait porté tout naturellement à l'Assemblée législative. Rentré dans la vie privée en 1852, il s'était fait inscrire au Barreau de Paris et commençait à y acquérir une réputation méritée. « C'était, a dit M. de Vallée, un avocat d'une grande distinction, formé à cette belle école du Barreau de Bordeaux où l'éclat et même la sobriété du langage n'excluaient ni la science du droit ni celle des affaires. Son talent y avait pris beaucoup d'ampleur avec la grâce et la sonorité du cru ; mais il y avait dans le débit plus que dans la pensée une certaine lenteur d'académie et de bon ton qui n'allait pas à la rapidité parisienne [1] ».

M. Oscar de Vallée conclut à la confirmation du jugement.

« Je suis d'accord, disait-il, avec l'avocat du duc de Clermont-Tonnerre qu'un nom est une propriété sacrée, que c'est un droit et un devoir de le défendre contre une usurpation. Ce devoir devient plus impérieux si le nom que l'on porte est synonyme de gloire et de grandeur, et s'il forme ce précieux patrimoine que, même aujourd'hui, et malgré nos goûts démocratiques, nous savons honorer ; je vais, comme lui, jusqu'à dire que le fils hérite de cette propriété du vivant de son père, et qu'il la peut défendre, si son père le néglige, comme un drapeau commun. Oui, j'admets que, même en notre temps, on veuille réserver pour soi les avantages d'orgueil et de convention qui s'attachent à un nom illustre...

[1] *Conclusions et Réquisitoires*, p. 36.— *Le Droit*, pp. 1167, 1172, 1197.

Mais tel n'est pas le caractère du procès actuel. M. le duc de Clermont-Tonnerre réclame bien aujourd'hui pour lui et les siens l'honneur de porter ce beau nom, à l'exclusion de ses parents qui, comme lui, le portent depuis longtemps. Mais quand on sait comment l'orage s'est formé, on ne peut pas trouver à ce procès beaucoup de gravité ni cette haute origine dont je parlais tout à l'heure...

Je me place un moment, par l'imagination, dans cette région des grands orgueils de race, et je me figure qu'on ne doit, sous aucun prétexte, même sous celui de l'amitié, supporter qu'un autre porte le nom glorieux qui est à vous seul et qu'on ne doit pas hésiter sur cela comme sur une question de propriété ordinaire ou d'un intérêt matériel. On va droit à l'usurpateur dès qu'il est connu. On a hâte de lui ôter son masque, bien loin qu'on l'encourage à le porter et qu'on le lui attache de ses propres mains. M. le duc de Clermont-Tonnerre n'a pas eu ce sentiment d'un droit absolu, certain, exclusif... »

La Cour rendit un arrêt conforme à ces conclusions.

Cependant, vers cette époque, et à un court intervalle, deux changements considérables avaient eu lieu à la Cour. Au commencement de la nouvelle année judiciaire, le 23 novembre 1857, le procureur général Vaïsse avait été nommé président de Chambre à la Cour de cassation, et remplacé par M. Chaix d'Est-Ange, que le souverain avait pris au Barreau pour l'élever à ces hautes fonctions. Depuis, sept mois seulement s'étaient écoulés, lorsque le premier président Delangle, nommé ministre de l'Intérieur, céda son siège à M. Devienne (14 juin 1858).

M. le procureur général Vaïsse avait occupé à peine un peu plus d'une année ce poste éminent. Mais cette année avait été marquée par un procès d'une sombre grandeur, celui de Verger, l'assassin de Mgr Sibour, archevêque de Paris. M. Vaïsse y avait soutenu l'accusation avec une digne et haute éloquence, mais peut-être se sentait-il plutôt fait pour les calmes et savantes délibérations judiciaires que pour les luttes de la parole.

A l'audience d'installation, le premier avocat général Croissant fut l'interprète fidèle des sentiments que la Cour professait pour M. Vaïsse et des regrets qu'il laissait, en prononçant ces paroles d'éloges et d'adieu :

« M. Vaïsse est un de ces hommes chez lesquels le sentiment du devoir se révèle partout, sans jamais se démentir. Nul ne comprend mieux la dignité de ses hautes fonctions ; toujours on retrouve en lui le magistrat ; mais son autorité était tempérée par la bonté de l'accueil et par une parole bienveillante et affectueuse. M. Vaïsse avait le secret de la forme, et jamais en lui la sévérité de son ministère ne faisait oublier l'homme distingué, aux manières gracieuses et au langage élégant. Ses conseils étaient persuasifs, jamais impérieux ; il exposait son opinion sans l'imposer, et dans les affaires, même les plus importantes, il était toujours prêt à se rendre aux observations de ses collaborateurs, qu'il écoutait avec l'attention du chef impartial, cherchant la justice et n'hésitant jamais à lui sacrifier ses convictions personnelles... Il avait dans le cœur le sentiment généreux de la bienfaisance et de la charité. A côté du magistrat qui avait parfois prescrit de sévères mesures, venait se placer le bon père, l'homme compatissant, le philanthrope généreux qui adoucissait par ses aumônes les douleurs des familles dont les chefs avaient dû être inflexiblement frappés par la justice [1] ».

Le successeur de M. Vaïsse était bien loin d'avoir cette défiance de soi-même, qui avait été le charme et un peu la faiblesse de celui-ci. Un des maîtres du Barreau, dont il avait été le bâtonnier en 1842 et en 1843, M. Chaix d'Est-Ange comptait en quelque sorte ses succès par ses plaidoiries. L'on pouvait seulement se demander si le jurisconsulte serait à la hauteur de l'orateur. Agé alors de cinquante-six ans, il portait légèrement et le poids de l'âge et celui d'une longue carrière judiciaire, commencée en 1819. Député sous la Monarchie de Juillet, puis sous la présidence du prince Louis-Napoléon, il s'était toujours montré partisan d'une liberté contenue par les nécessités de l'ordre social. M. Rousse, son éloquent panégyriste, a dit de lui : « Lorsqu'il reçut de l'Empereur ces fonctions éminentes, il eut ce bonheur singulier de n'avoir à sacrifier à sa situation nouvelle ni les opinions, ni les attachements, ni les souvenirs de son passé ».

[1] Discours prononcé à l'installation de M. Chaix d'Est-Ange, 30 novembre 1857.

M. Devienne, le nouveau premier président, pour n'être pas entouré d'une réputation aussi éclatante, se présentait cependant avec un passé de savoir et d'esprit juridique remarquable. On vantait l'amabilité de ses manières, la grâce de son langage, sa dignité rare. C'était l'urbanité dans ce qu'elle a de plus exquis. Né en 1802, président du Tribunal de Lyon en 1837, il avait donné sa démission après la chute du Gouvernement de Juillet qu'il avait soutenu à la Chambre des Députés, où il était entré en 1845. Il s'était fait inscrire alors au tableau des avocats. Considéré jusque-là comme un juriste savant, il était apparu sans transition orateur nerveux, éloquent. On vanta sa parole mordante et fière, son action puissante dans sa sobriété, sa haute raison. Rentré dans la Magistrature, en 1850, comme procureur général à la Cour de Bordeaux, c'est là qu'on l'avait pris pour le placer à la tête de la Cour de Paris. L'homme extérieur a été représenté fort bien dans ce portrait : « Tête brune et nerveuse, regard profond, voilé d'ordinaire, mais parfois vif et brillant ; physionomie grave et fine, parole accentuée et noble, esprit réservé et exquis. Sa haute intelligence ne voit dans le droit que le moyen d'arriver à l'équité, son cœur de magistrat aime son audience et, partant, son Barreau reconnaissant[1] ».

L'honneur de siéger à la première Chambre de la Cour est un honneur dangereux ; il faut toujours être prêt à

[1] Norbert Billiart, *le Monde judiciaire*, 1864, p. 134.

résoudre, dans des procès retentissants, les questions de droit souvent des plus ardues, et joindre aux qualités de l'orateur la science profonde du jurisconsulte. M. Oscar de Vallée s'était de longue main préparé à cette tâche, il grandit en quelque sorte avec elle : et son renom franchit bientôt les limites du Palais. Il est une cause qui, cette même année, attira vivement l'attention publique : celle de la marquise de Guerry contre la communauté de Picpus.

Fille d'un émigré mort à Quiberon, Mme la marquise de Guerry avait perdu en 1815 son mari, tué dans les rangs de l'armée royale. Après de tels malheurs, elle s'était peu à peu séparée d'un monde qui ne lui rappelait que de cruels souvenirs. En 1831, elle s'était retirée au couvent de Picpus, fondé, comme on sait, par d'autres grandes infortunes que la Révolution avait faites. Les premières années que Mme de Guerry, en religion sœur Esther, passa dans ce pieux asile, avaient été des années de paix et de bonheur ; mais en 1837, après la mort des premiers fondateurs, l'abbé Coudrin et Mme Aymer de la Chevallerie, de vifs dissentiments se produisirent à l'occasion de certains changements que le nouveau prieur, Mgr Bonamie, archevêque de Chalcédoine, voulut, d'accord avec la supérieure, introduire dans la règle originaire. Les sœurs, et à leur tête Mme de Guerry, protestèrent et se retirèrent dans une maison de la rue de la Trinité. L'affaire fut d'abord portée à Rome ; la supérieure et Mme de Guerry s'agenouillèrent le même jour aux pieds du Saint-Père, mais elles se relevèrent dans des sentiments bien différents. La première, troublée par la parole du vicaire de Jésus-Christ sur la terre, demanda le saint pardon ; la seconde, élevant la voix, prononça d'une voix résolue ces paroles : « Quant à moi, je ne rentrerai pas à Picpus et je ne consentirai jamais à ce que ma fortune et celle de mes pères servent à soutenir une œuvre différente de celle que j'ai voulue ». — Elle s'était tenu parole. De retour en France, elle saisit le Tribunal de la Seine d'une demande en restitution de 1.200.000 fr. contre la communauté de Picpus, comme communauté non autorisée, incapable de recevoir, et confia sa cause à Me Emile Ollivier. Me Berryer plaida pour la communauté. Par jugement du 3 avril 1857, le Tribunal l'avait déboutée de sa demande [1]; elle en appela, et cette cause, sur laquelle les premiers débats avaient fixé l'attention publique, vint à l'audience de la première Chambre de la Cour, le 25 janvier 1858.

Me Ollivier se présentait pour l'appelante ; MMes Berryer et Dufaure pour la communauté.

Me Emile Ollivier, qui, la veille de ce procès, était encore presque un inconnu, lui avait dû les premiers rayons de cette gloire d'orateur qui, depuis, l'a entouré. Nommé, à vingt-trois ans, par Ledru-Rollin, commissaire de la République dans les Bouches-du-Rhône, il avait réussi à maintenir, plus encore par sa parole ardente que par la force, les populations agitées de ce département. Rentré en 1851 au Barreau de Paris, où trois ans plus tôt il s'était

[1] *Le Droit* du 4 avril 1857.

seulement fait inscrire, la cause de Mme de Guerry avait été sa première grande affaire, et on avait pu présager ce qu'il a été depuis.

Me Berryer, que, depuis la fin de 1851, la politique avait rendu tout entier au Barreau, et que la tribune ne devait plus revoir qu'en 1863, était toujours, malgré ses soixante-huit ans, le grand orateur, inégal souvent, mais aux éclats incomparables.

M. de Vallée nous a laissé un curieux tableau de cette belle lutte oratoire, et de vivants portraits des avocats qui y prirent part :

« Me Ollivier, a-t-il écrit, joignait à des dons naturels que sa terre natale prodigue aisément, de fortes études et un savoir que la pratique n'avait pas encore assoupli et fondu... On devinait sans peine qu'il se préparait à une brillante destinée et que le Barreau lui semblait trop étroit pour la variété de ses aspirations et le caractère très expansif de son talent. Il plaida pour Mme de Guerry avec éclat et passion, et le jeune et brillant orateur cacha un peu l'avocat. Il faut dire que la cause ne prêtait pas à la sobriété et poussait un peu tout le monde hors des déductions rigoureuses et d'une argumentation simple et forte. Il me souvient encore de l'élan oratoire auquel céda, en finissant, l'avocat de Mme de Guerry ; il dépassait les limites de l'éloquence judiciaire et avait toute l'agitation et la langue brillante de la tribune.

Me Berryer n'était pas toujours à l'audience, je ne dis pas le grand orateur, mais même le grand avocat que la foule admirait... Ce jour-là, il en fut tout autrement. Berryer jugea son jeune adversaire digne d'un grand combat, sa cause aussi lui parla ; il y trouva de grandes idées, de touchants souvenirs à défendre, un fragment de cet ancien monde de religion et de foi qu'il lui plut d'animer et d'opposer à la froideur et au scepticisme de nos règles modernes et de nos convenances civiles. Sur le fond du droit, il n'avait qu'à reprendre, qu'à rajeunir la thèse qu'il avait soutenue à la tribune de 1845 ; il le fit admirablement, et livra un rude assaut à la loi elle-même.

Je n'ai rien perdu des impressions que me causa cette éclatante discussion contre la loi elle-même : mon esprit suivait pas à pas le développement de la thèse, il s'y plaisait et s'y laissait aller. Mais les magistrats ne sont ni des législateurs, ni des jurés, ils cherchent la volonté de la loi et la font respecter. Pour eux, à l'audience, soit qu'ils parlent, soit qu'ils jugent, il n'y a pas d'autre triomphe[1] ».

Dans ses conclusions, M. Oscar de Vallée demanda l'infirmation de la sentence des premiers juges. Nous reproduisons sa belle péroraison :

« Je vous ai dit que la loi était ma seule cliente. J'ai tenu parole ; je n'ai parlé que pour elle. Puissé-je avoir parlé justement ! Le résultat dépasserait mon attente si j'avais fait aimer, en l'expliquant, cette loi civile à laquelle nous

[1] *Conclusions et Réquisitoires*, p. 56.

devons tous obéissance. Je voudrais qu'on l'aimât, non pas pour un motif d'intérêt ou de colère, comme Mme de Guerry, mais pour elle-même. Elle n'est pas malveillante pour la religion, elle la protège ; elle ne regarde jamais dans les consciences, mais elle a besoin de connaître les actes des citoyens dans l'intérêt public. Ce n'est pas par inimitié qu'elle exige que les communautés religieuses viennent à elle ; elles n'ont donc pas de bonnes raisons pour n'y pas venir. Réunis, nous ne sommes pas trop forts contre l'ennemi commun ; puisque vous faites le bien et que vous l'aimez, donnez, dans une société troublée par la désobéissance, l'exemple de la soumission aux lois[1] ».

L'arrêt fut rendu conformément à ces conclusions[2].

Notre siècle a été appelé le siècle de l'histoire, il mérite ce nom par le grand nombre d'historiens remarquables qu'il a produits, et surtout par la rigueur scientifique plus grande qu'ils ont apportée dans leurs travaux. Mais doit-on confondre avec l'histoire et le droit d'appréciation sans lequel elle ne saurait subsister, les simples assertions qu'un auteur de mémoires peut émettre, sans les appuyer de preuves suffisantes pour justifier son jugement? Question grave, qui en cette même année, se posa avec éclat devant la première Chambre de la Cour à propos des *Mémoires du duc de Raguse*, dont les neuf volumes avaient paru en 1856 et 1857.

[1] *Conclusions et Réquisitoires*, p. 92. Voir aussi *le Droit* de 1858, p. 181.
[2] Le 7 mars 1858.

Marmont, ce brillant compagnon d'armes de Napoléon, qui en avait reçu les plus hautes récompenses militaires, quoiqu'il n'eût pas généralement été heureux à la guerre, et avait chargé sa conscience de la funeste défection de 1814, s'était montré plus que sévère pour l'Empereur, pour son frère Joseph et pour son beau-fils, le prince Eugène de Beauharnais, vice-roi d'Italie. A l'égard de ce dernier, dont la réputation sans tache brillait encore de tout l'éclat qu'avait jeté sur lui sa conduite héroïque pendant la retraite de Russie, Marmont, précisant davantage ses accusations, affirmait, dans le récit de la campagne de 1814 [1], qu'il avait trahi l'Empereur, en défendant sa couronne d'Italie contre les Autrichiens, au lieu de se replier en France avec son armée, pour repousser l'invasion de la patrie et unir ses soldats et ses efforts à ceux de Napoléon lui-même.

Jusque-là le prince Eugène avait été en quelque sorte le Bayard de l'épopée impériale, son courage, son désintéressement, sa fidélité à Napoléon, son amour sans borne pour ce beau-père qui avait voulu naguère en faire son successeur, avaient été hors de toute atteinte, l'ombre d'un soupçon ne les avait pas effleurés. On comprend donc l'émotion de la famille du prince Eugène devant une semblable accusation. La reine de Suède, l'impératrice douairière du Brésil et la comtesse de Wurtemberg, toutes trois filles du héros de Lützen, pensèrent

[1] *Mémoires du duc de Raguse*, t. VI, ch. 1.

qu'elles ne pouvaient rester silencieuses, et elles intentèrent un procès à l'éditeur Perrotin pour obtenir la rectification d'un récit qu'elles estimaient mensonger. Par jugement du 24 juillet 1857, le Tribunal de la Seine avait accueilli la demande et ordonné qu'à la fin du VIe volume seraient insérés divers documents officiels de nature à séparer le mensonge de la vérité.

Sur l'appel de l'éditeur Perrotin, l'affaire vint devant la première Chambre de la Cour le 20 mars 1858, et fut plaidée par Me Marie pour l'appelant, et par Me Dufaure pour les héritiers du prince Eugène.

Me Marie avait alors soixante-trois ans. Inscrit au Barreau de Paris en 1819, bâtonnier en 1841, il s'était fait d'abord connaître en plaidant dans des causes politiques retentissantes, celles des accusés de juin en 1832 ; de Cabet, poursuivi pour son *Histoire de la Révolution de 1830* ; de Pépin, le complice de Fieschi. A la Chambre des Députés, où il avait siégé sans interruption depuis 1842, il avait arboré hautement des opinions républicaines, et pris place à l'extrême gauche. Le 24 février 1848, il avait plus que personne contribué à la chute de la Monarchie de Juillet, en combattant comme illégale la régence de la duchesse d'Orléans. Membre du Gouvernement provisoire, ministre des Travaux publics quelques jours après, il avait attaché son nom à la création des ateliers nationaux, où devaient bientôt se recruter les fauteurs de l'insurrection de juin, que du reste il combattit très courageusement, en s'exposant de sa personne. Rentré au Barreau en 1852, il y avait plaidé depuis d'importantes affaires financières. C'était un grand vieillard, maigre, à la chevelure d'argent abondante, aux regards couvant comme un feu intérieur, qui se trahissait par la mobilité des traits et l'énergie du geste. Il avait de la flamme, mais peu de flexibilité, et sa parole était parfois légèrement embarrassée. Telle est l'impression qu'il nous a laissée à nous-même. Dans la cause présente, il fut très remarquable, et rappelant les souvenirs que ce grand procès lui avait laissés, M. de Vallée a dit de lui et de son adversaire, Me Dufaure :

« M. Marie, qui plaidait pour la famille du duc de Raguse, avait été bien choisi. C'était un esprit philosophique qui avait plus de noblesse que de puissance, plus d'ampleur que de pénétration, il n'avait ni la force ni la vivacité judiciaire de Philippe Dupin, ni les effets charmants et dramatiques de Chaix d'Est-Ange ; mais il s'avançait gravement avec une science très sûre, quoiqu'elle parût quelquefois un peu nuageuse, dans une thèse de droit, et il s'élevait en avançant. Il avait de plus une probité d'esprit et de conscience qui ornait son talent. En le voyant et en l'écoutant, on pensait à ce que nous appelons, non sans quelque dédain, le puritanisme ; mais cette attitude, quand elle est sincère, ne manque pas d'attrait... [1] Me Marie plaça le débat sur les hauteurs du droit

[1] M. Odilon Barrot, dans un jugement un peu sévère, a dit de Marie : « Il avait cédé à la tentation à laquelle résistent rarement les avocats parvenus aux premiers rangs de leur Ordre : il avait voulu, lui aussi, couronner sa carrière du Barreau, par la députation. Son talent peu flexible, sa parole un peu embarrassée et d'ailleurs les préoccupations de sa pro-

de l'histoire et l'y tint avec beaucoup de force, de suite et d'éloquence. Me Dufaure le ramena aux termes qui lui convenaient réellement, et ce fut une des causes où son talent ferme et très puissant, quand il ne rencontrait pas des questions ardues de droit ou de procédure, coula à pleins bords, et fit, sans beaucoup de peine, triompher la raison [1] ».

Cette cause, où, pour la première fois, fut débattue ce qu'on a appelé la question des Droits de l'Histoire, servit admirablement le talent de M. Oscar de Vallée ; il s'y éleva aux plus hautes considérations de l'histoire et de la science juridique. Ses conclusions, dans lesquelles il demanda la confirmation du jugement, compteront parmi les plus belles dont s'honore la Magistrature de notre temps.

Distinguant d'abord entre la juste liberté, à laquelle l'histoire a droit, et une licence calomnieuse, il disait :

« Il n'appartient à personne de décliner votre compétence ; on l'a fait ici et au dehors au nom de l'histoire ; on a établi je ne sais quel antagonisme entre l'histoire et vous. Veut-on dire par là que l'historien est au-dessus de toutes les lois et qu'il pourra, changeant en poignard le burin de l'histoire, frapper impunément les plus pures renommées ? L'histoire n'a pas besoin de cette liberté et il serait injuste qu'elle l'eût. C'est la première fois qu'on

fession, à laquelle il n'avait pas renoncé, ne lui avaient pas permis de jeter grand éclat à la tribune. » *Mémoires*, II, p. 39.

[1] *Conclusions et Réquisitoires*, p. 97.

la réclamerait pour elle. Personne ne songe à enchaîner cette libre et grave muse. Si quelqu'un y songeait, ce serait un inutile désir d'oppression. L'histoire, avec sa force d'expansion, briserait ces fragiles barrières et répandrait, malgré nous, les erreurs et les vérités dont elle se compose. Elle n'a pas un ennemi parmi nous. On a parlé beaucoup de ses droits en les confondant habilement avec la cause du duc de Raguse, mais on n'a pas paru penser à ses devoirs, ce qui arrive souvent quand on demande des libertés incompatibles avec la raison [1] ».

Il terminait ainsi dans une péroraison pathétique :

« Messieurs, vous n'êtes pas plus que nous pour entraver la vérité. Ce que vous voulez, parce que c'est en même temps ce que vous devez, c'est protéger, quand il est lésé par une injustice, le droit des vivants et des morts. Nous ne mourons pas tout entier. Vous défendez bien contre la profanation les blocs de marbre ou de pierre qui recouvrent la cendre des morts ; vous suivez l'homme dans la tombe en faisant consacrer ses volontés dernières ; la mort ne le ravit pas tout à fait à votre justice et à votre protection. Vous devez donc écarter des tombeaux la calomnie qui s'y veut attacher. Cette mission est la vôtre ; elle n'empêche ni la vérité, ni l'histoire. Après votre arrêt, qui ne sera d'ailleurs qu'une œuvre particulière de justice,

[1] *Conclusions et Réquisitoires*, p. 97, et *le Droit*, 11 avril 1858.

l'histoire n'aura pas même interrompu son cours. Vous aurez fait devant elle, si tant est qu'on la puisse confondre avec les *Mémoires de Marmont*, ce qu'il est de votre honneur, de votre devoir de faire devant toutes les puissances de ce monde, quel que soit leur nom, qu'elles s'appellent l'histoire, le despotisme ou la liberté ; vous aurez fait respecter ces maximes sur lesquelles repose toute société civilisée, à l'abri desquelles nous devons vivre ici-bas et dormir paisiblement dans nos tombeaux : *Neminem lædere, suum cuique tribuere* ».

La Cour, présidée par M. Delangle, premier président, rendit un arrêt conforme à ces conclusions.

Dans l'envahissement des Tuileries et du Palais-Royal le 24 février, et dans le pillage du château de Neuilly, qui suivit, beaucoup de papiers et de manuscrits appartenant à la famille d'Orléans, avaient disparu. Depuis, quelques-unes de ces épaves avaient apparu dans les ventes publiques, ou même été offertes aux anciens possesseurs par des vendeurs suspects. C'est ainsi que, en 1856, un sieur Vallete, se disant collectionneur, avait écrit au duc d'Aumale pour lui annoncer qu'il connaissait une personne propriétaire légitime d'un manuscrit du feu roi Louis-Philippe, ayant trait à l'histoire générale et particulière de la France depuis la minorité de Louis XV jusqu'à la Révolution de 1830. C'était une espèce de continuation du P. Anselme. En réalité, Vallete et le possesseur du manuscrit ne faisaient qu'un ; le prix demandé était de 6.000 francs.

Tout éclaircissement sur l'origine de cette possession ayant été refusé, M. Bocher, administrateur des biens de la famille d'Orléans, fit pratiquer une saisie-revendication et intenta une action judiciaire. Le Tribunal de la Seine ayant repoussé cette demande, appel fut interjeté. Il fut soutenu par Me Scribe, contre Me Sénard qui défendit la sentence des premiers juges.

Nous ne savons si Me Scribe était parent de l'auteur dramatique, mais quoi qu'il en fût, au Palais il n'était pas indigne de porter ce nom célèbre : c'était un avocat spirituel et disert. Quant à Me Sénard, âgé alors de cinquante-huit ans, inscrit dès 1819 au Barreau de Rouen, il en était l'avocat le plus renommé, quand le Gouvernement provisoire de 1848 l'y nomma procureur général. Envoyé à l'Assemblée nationale, mais non réélu en 1849, il s'était fait inscrire alors au Barreau de Paris. Nul plus que lui n'était fécond en ressources de toute nature : c'était un peu l'avocat des causes désespérées. Il avait beaucoup de chaleur, mais elle ne venait pas de l'âme et laissait souvent froids les auditeurs. Un chroniqueur l'a peint ainsi, mais avec une flatterie perfide. Quelques traits sont cependant à retenir :

« Son éloquence est robuste, déliée, chaude, imperturbable. Il a des airs de bonhomie adorables et des âpretés qui déchirent, des habiletés qui déconcertent et des ardeurs qui chauffent à blanc, même les chiffres, des intonations de voix qui sautent du murmure au tonnerre, des gestes qui s'insinuent et foudroient, des ricanements superbes et des mouvements d'épaules à soupeser un monde. C'est l'homme des tours de force judiciaires. Il rendrait présentable, acceptable, la thèse la plus hardie. Son dévouement ne recule devant aucun obstacle. Il sait si bien lire que les magistrats sont obligés de relire après lui les pièces pour les juger froidement. Il plaide trop bien[1] ».

M. Oscar de Vallée conclut à l'infirmation du jugement en se fondant sur la mauvaise foi du sieur Vallete, et, par suite, sur l'inapplicabilité de la prescription triennale.

« Ainsi, disait-il en finissant, les principes ordinaires du droit repoussent la prétention du sieur Vallete. Mais s'il fallait créer une sorte de jurisprudence pour protéger, dans ces temps de révolution, les choses qui ont été la propriété des princes, vous n'hésiteriez pas à la créer. N'y a-t-il pas entre ces objets et les manuscrits de nos bibliothèques publiques, par exemple, que vous protégez contre toute possession, une frappante analogie ? N'ont-ils pas, eux aussi, une empreinte et comme l'estampille de la

[1] *Le Monde judiciaire,* 1862, p. 528. — A ce portrait on peut opposer celui qu'a tracé M. de Tocqueville à l'époque où M. Sénard présidait la Chambre, pendant les journées de Juin. « Ce président, dit-il, était Sénard, célèbre avocat de Rouen, homme de courage, mais qui avait contracté dès sa jeunesse une si grande habitude de la scène dans les comédies journalières qu'on joue au Barreau, qu'il avait perdu la faculté de rendre avec vérité ses impressions vraies, quand par hasard il arrivait qu'il en eût. Il fallait toujours qu'il ajoutât aux traits de courage qu'il racontait quelques boursouflures de sa façon et qu'il exprimât l'émotion qu'il en ressentait réellement, je pense, par des sons caverneux, des tremblements de voix et une sorte de hoquet tragique qui le faisait ressembler dans ces moments mêmes à un acteur. » (*Souvenirs,* p. 236). — Élu bâtonnier en 1874, député de 1877 à 1881, il est mort le 29 octobre 1885.

Révolution qui les a dispersés ? Nous estimons, en conséquence, qu'il y a lieu d'infirmer la sentance des premiers juges et d'admettre l'action en revendication des héritiers du roi Louis-Philippe ».

Nous n'avons pas besoin d'insister sur l'indépendance de ce langage, si fermement tenu moins de six ans après les décrets de confiscation des biens d'Orléans.

La Cour, sous la présidence de M. Delangle, conformément à ces conclusions, infirmant le jugement dont était appel, condamna Vallete à restituer aux héritiers du roi Louis-Philippe le manuscrit dont il était détenteur, sous la charge par ceux-ci de lui payer une somme de 500 francs pour l'indemniser de quelques dépenses qu'il avait faites[1].

Telle avait été cette année, si laborieuse, mais aussi bien glorieuse pour M. Oscar de Vallée. Encore, si nous voulions être complet, nous faudrait-il citer les procès, moins considérables sans doute, mais fort intéressants à divers titres, relatifs au drame *Trente ans ou la vie d'un joueur*, dans lequel M. de Vallée parla avec beaucoup d'esprit de la collaboration littéraire, dont les droits et la valeur morale étaient également contestés[2]; et à la propriété des œuvres musicales, à propos de la nouvelle invention du piano mécanique.

[1] Arrêt du 16 avril 1858. Voir *le Droit* du 10 mai, p. 451, Dalloz, 1858, IIe part., p. 217 ; et *Conclusions et Réquisitoires*, p. 141.

[2] La pièce, qui datait de 1827, était de V. Ducange et Dinaux. L'affaire fut plaidée par Mes Adelon et Pallard de Villeneuve (20 juin 1858).

Pendant qu'au Palais, en cette année 1858, le nom de M. Oscar de Vallée était associé aux plus importantes affaires, il recevait une consécration d'un autre genre par le grand succès qui accueillit son livre *les Manieurs d'argent* [1]. L'auteur y avait fait œuvre d'historien, comme dans *Antoine Lemaistre*, mais aussi de jurisconsulte moraliste. Dans ce livre, dont le titre était emprunté à un mot de La Bruyère sur les agioteurs et les gens d'affaires, il s'élevait avec force contre les jeux de Bourse. Par le spectacle du passé, il montrait au présent le danger que courait le pays en se précipitant avec fureur dans des opérations de hasard, qui, en élevant et en abaissant sans transition les fortunes, ne pouvaient que contribuer à la corruption des mœurs et de l'Etat lui-même. Depuis longtemps déjà, son esprit était frappé d'un mal qu'il voyait grandir chaque jour. Il pensait que contre ce péril moral la loi n'était pas aussi désarmée qu'on le prétendait, et que le devoir de ceux qui en avaient le dépôt était d'en appliquer avec fermeté les prescriptions. C'est par ce côté que ce livre, et l'émotion — le mot n'est pas trop fort — qu'il causa dans le public, appartiennent à notre sujet. Il ne manqua pas, il est vrai, de prétendus philosophes pratiques, et de prétendus politiques à larges vues, pour sourire de ces anathèmes contre l'agio, pour défendre les marchés à terme comme

[1] Les *Manieurs d'argent, études historiques et morales*, Paris, Michel Lévy, in-12. Il avait paru au mois de juin 1857, et eut quatre éditions cette année même. La 5e, 1858, contenait une nouvelle introduction, la lettre de l'Empereur et la défense des *Manieurs d'argent*. Une autre édition parut encore en 1882.

très licites et comme très avantageux au développement de la richesse publique. Pour apprécier alors la valeur de ces éloges, il aurait fallu savoir jusqu'à quel point ils étaient désintéressés. Aujourd'hui, pour les juger, nous avons, hélas ! l'enseignement des faits accomplis. Les catastrophes financières que nous avons vues dans ces dernières années, les pratiques coupables dont elles ont été précédées, les suites désastreuses qu'elles ont eues pour les fortunes particulières et même pour la fortune de l'Etat qui s'en est déjà ressentie et qui pourra s'en ressentir encore davantage, ont prouvé jusqu'à l'évidence que l'agiotage était un des maux les plus funestes auxquels la Société pût tomber en proie, et que ceux-là seuls étaient prévoyants et sages qui, comme M. Oscar de Vallée, voulaient y appliquer sans retard le remède que fournit la loi.

A l'honneur de la morale et de l'honnêteté, la voix de M. Oscar de Vallée n'avait pas été la seule à dénoncer le péril, à s'élever contre le mal. Un des plus honnêtes esprits, un des poètes les plus élevés de notre temps, Ponsard, l'avait mis sur la scène. Après la *Bourse*, avaient paru la *Question d'Argent*, d'Alexandre Dumas fils, où se trouve ce mot si terriblement vrai : « Les affaires, c'est l'argent des autres » ; *Monseigneur le Million*, etc.

Le souverain lui-même n'était pas resté silencieux, et avait écrit à l'auteur une lettre, où il jugeait sévèrement et déplorait la pratique de l'agiotage, ce fut presque un événement politique.

L'année 1859 se passa pour M. de Vallée à la Cour d'assises [1]. On remarqua ses réquisitoires dans les affaires Parang, viol et assassinat d'une nièce par son oncle ; Labouré, Desaix, où il s'agissait également de peine capitale [2].

Désigné l'année suivante pour siéger à la Chambre des Appels correctionnels [3], il fit preuve d'une remarquable souplesse de talent dans des causes de natures bien différentes, telles que celles de ce fameux docteur Noir, qui aurait pu fournir des scènes d'un comique achevé à un nouveau Molière [4]; de l'ingénieur de Coster contre la Compagnie du chemin de fer du Nord, procès en contrefaçon de ces paliers graisseurs qui avaient une importance capitale pour la rapidité et la sécurité de la circulation des trains ; du professeur Vacherot, poursuivi à l'occasion de son livre *La Démocratie.* En première instance, le nom et la position du prévenu, la hardiesse de parole de son défenseur, Me Emile Ollivier, avaient donné beaucoup d'éclat à cette affaire. M. Vacherot qui comparaissait comme prévenu, était cet ancien directeur des études à

[1] Elle fut présidée par MM. les conseillers Brault, Martel, de Boissieu. Nous citerons encore les affaires Colombal, Unbran. *Le Droit*, pp. 85, 150.

[2] Cette année fut marquée, dans le Parquet, par l'entrée comme substitut de M. Ernest Pinart, dont la carrière devait être si brillante et si rapide, et celle de MM. Descoutures et Brière-Valigny.

[3] Cette Chambre était ainsi composée : président, Partarieu-Lafosse ; conseillers, Monsarrat, Filhon, Haton, Broussais, Saillard, Conchon, Puissan, Portier, Beausire, Berthelin ; ministère public, de Vallée, Pinard, Sapey (1859-1860).

[4] Ce charlatan s'appelait Vriès. *Le Droit* des 11 et 12 fév. 1860, pp. 145, 147.

l'Ecole Normale, dont la polémique avec l'abbé Gratry, au sujet de son *Histoire critique de l'Ecole d'Alexandrie*, avait eu naguère tant de retentissement, qui avait ensuite suppléé M. Cousin dans sa chaire de philosophie à la Sorbonne. Me Emile Ollivier, avait poussé si loin la liberté de sa parole, que le Tribunal avait dû prononcer contre lui une suspension professionnelle de trois mois ; condamné à un mois de prison[1], M. Vacherot avait interjeté appel. M. Oscar de Vallée demanda la confirmation du jugement, mais nous croyons que l'arrêt qui abaissa la peine à trois mois de prison seulement, ne trouva pas de critique dans son cœur. Dans ce débat, il avait eu pour contradicteur Me Marie[2].

Avec l'année 1861, M. Oscar de Vallée reparut aux audiences civiles. Il siégea à la troisième Chambre de la Cour[3], présidée par M. le président Perrot de Chezelles. J'étais alors, depuis trois années, admis à collaborer à ses travaux judiciaires, et j'ai été le témoin de l'ardeur laborieuse, des scrupules de tous genres qu'il y apportait. Aimant à remonter aux origines de notre droit, à s'éclairer des opinions de nos anciens jurisconsultes, aucunes re-

[1] Jugement du 6 janv. 1860. L'affaire avait commencé le 30 décembre. Voir *le Droit*, des 31 déc. 1859 et 7 janv. 1860.

[2] Audiences des 24 et 29 février 1860. V. *le Droit*, du 29, p. 208.

[3] Cette Chambre, dans l'année judiciaire 1860-1861, était ainsi composée : président, Perrot de Chezelles ; conseillers, MM. de Bastard, Moure, de Malville, de Boissieu, Terray, Faget de Baure, de Saint-Albin, Bonneville de Marchangy, Conchon, Pasquier, Pujet ; ministère public, de Vallée, Pinard.

cherches ne lui coûtaient. Soucieux d'ajouter, quand il le pouvait, aux principes du droit les enseignements de l'histoire, il vivait dans le commerce assidu de nos grands historiens. De telles préparations portaient leurs fruits. On le vit bien dans les conclusions qu'il donna dans une affaire de compromis, où les membres d'un Tribunal avaient été désignés pour arbitres en dernier ressort. A cette occasion, M. de Vallée fit en quelque sorte l'histoire de l'arbitrage et de ses transformations successives. Un procès en désaveu de paternité lui offrit l'occasion de rappeler éloquemment que la loi, dans sa stabilité morale, ne doit pas fléchir au gré des passions de quelques couleurs séductrices qu'on les pare. Nous indiquerons encore, sans pouvoir nous y arrêter, les affaires : de nullité de testament fait au profit des Lazaristes ; de la Société des chemins de fer Russes ; de la statuette *Sainte Anne instruisant la Vierge ;* de la propriété du nom de Coëtlogon ; de la succession de Bassompierre et des archives de cette illustre maison ; de la banque de Savoie, etc, etc.

Tant de travaux, et on peut dire de succès, désignaient naturellement M. Oscar de Vallée pour prononcer le discours qui, suivant un antique et excellent usage, ouvre en quelque sorte la nouvelle année judiciaire. Peut-être même s'étonnera-t-on qu'il n'en eût pas été chargé plus tôt [1].

[1] Le discours de rentrée avait été prononcé en 1860 par M. Sapey *(Les Séguiers);* en 1859, par M. le premier avocat général de Gaujal ; en 1858, par M. Chaix d'Est-Ange.

A la solennité de la rentrée des Cours et Tribunaux, le 6 novembre 1861, en présence du premier président Devienne et du procureur général Chaix d'Est-Ange, entourés de tous les membres de la Cour et du Tribunal de première instance, du Conseil de l'Ordre des Avocats ayant à sa tête son bâtonnier, Mᵉ Jules Favre, M. Oscar de Vallée prononça ce discours. Il avait choisi pour sujet l'Eloge de Lamoignon de Malesherbes. Ce qui frappe dans cette œuvre d'éloquence, c'est, en même temps que la hauteur de la pensée, l'amour profond de la justice, le culte pour les grands magistrats qui en ont été les dignes auxiliaires. On y sentait aussi un souffle de libéralisme qui contrastait avec l'esprit du gouvernement de cette époque, mais qui convenait bien au magistrat qui avait été l'ami d'Odilon Barrot, de Chambolle, et qui n'avait pas perdu l'espérance de voir un jour se renouer les traditions d'une sage liberté.

Au XVIIIᵉ siècle, M. de Malesherbes, comme directeur de la librairie, avait en quelque sorte été préposé à la douane des idées. Voici comment M. de Vallée s'exprima sur sa conduite dans ces délicates fonctions :

« C'est une vieille et folle idée de vouloir empêcher d'éclater sur nos têtes ces orages intellectuels, formés dans une région inaccessible aux coups de l'autorité. J'ai entendu reprocher à M. de Malesherbes de n'avoir pas épuisé toutes les ressources de l'arbitraire contre la philosophie du XVIIIᵉ siècle ; je crois même qu'on le lui a reproché de son vivant. C'est l'effet d'une passion aveugle ou d'une véritable hérésie en matière de pouvoir et de civilisation. Quoi qu'on puisse penser du mouvement intellectuel du XVIIIe siècle, tout en se détournant avec dégoût de cette philosophie matérialiste à laquelle Rousseau impute justement d'avoir « formé des âmes cadavéreuses, devenues insensibles, hors leur intérêt, à tout ce qui est juste et bon », pourvu qu'on élève son esprit jusqu'à la tolérance et à l'impartialité, on trouve que, comme directeur de la librairie, M. de Malesherbes a fait tout ce qu'il a pu, je suis bien tenté d'ajouter tout ce qu'il a dû faire[1] ».

En terminant, M. Oscar de Vallée ramenait sa pensée vers cet idéal de justice qui l'inspira toujours si heureusement. Quittant le passé pour le présent, il disait éloquemment :

« Je me jugerais indigne de vous avoir parlé, si je n'avais fait que raconter l'histoire d'un homme qui a occupé de grands emplois ; je me suis proposé un but autrement élevé, le seul qui pût vous convenir ainsi qu'à moi : j'ai voulu entretenir dans nos cœurs cette idolâtrie du juste et de l'honnête qui est la religion du magistrat.

Nous restons, au milieu d'une société qui se passionne tour à tour pour bien des choses, une réunion d'hommes qui avons une histoire, des traditions, une noblesse, si le devoir en a une ; nous formons un grand élément moral ; ne nous laissons pas décomposer. Que rien de ce que le dehors produit de mauvais n'arrive jusqu'à nous ! La loi

[1] *Conclusions et Réquisitoires*, p. 452.

politique nous a fait sagement une place modeste et un peu retirée ; il dépend de nous que cette place soit toujours l'une des plus recherchées par les gens de bien, des plus distinguées par le Prince, des plus respectées par tout le monde. »

Ce discours produisit une vive impression, non pas seulement parce qu'il était celui d'un orateur habile, d'un lettré, d'un écrivain, mais parce qu'on y sentait un homme, parce que l'âme y parlait aussi haut que l'esprit.

Un journaliste judiciaire, qui ne fut pas toujours juste pour M. de Vallée, et qui ce jour-là lui reprocha un défaut dont il avait été certainement le seul à s'apercevoir, parce que ce défaut n'était que dans son imagination, a, sous la forme légère du dialogue, raconté ainsi ses impressions :

« M. Oscar de Vallée est un orateur du dix-septième siècle ; il a suivi laborieusement les cours du grand Bossuet ; il a le style Louis XIV ; sa voix est harmonieuse, son geste noble : il serait parfait, s'il voulait bien soutenir l'élan de sa voix ; sa diction suit le mouvement de la grande vague qui s'enfle majestueusement pour retomber sur elle-même ; sa solennité finit par un mystère ; il semble qu'un vent jaloux enlève de ses lèvres la fin de chacune de ses périodes : peut-être craint-il l'emphase et met-il une sourdine au timbre de sa voix... Ce qu'on entend fait regretter ce qu'on n'entend pas.

— Son discours a donc une grande portée ?

— C'est un premier regard vers l'Académie [1] ».

1 Norbert Billiart, *Le Monde judiciaire*. Nov. 1861, p. 8.

M. Oscar de Vallée excellait à faire revivre le monde des anciens magistrats. C'est en lui que ces hommes, qui sont une de nos gloires les plus pures, ont trouvé leur historien. Nous venons de le voir élever à M. de Malesherbes un monument d'éloquence à côté de cet autre de marbre et de bronze qui lui a été consacré dans l'enceinte du Palais même. Deux ans auparavant, il avait étudié dans un beau livre le chancelier Daguesseau [1], ce grand homme de bien, cet illustre magistrat, qui, en 1718, avait été le premier à jeter le cri d'alarme contre les excès de l'agiotage déchaîné par le système de Law, et qui avait préféré subir une disgrâce, prendre le chemin de l'exil, que de se prêter à des complaisances contraires aux lois, funestes aux mœurs et à la prospérité de l'Etat. Dans les *Manieurs d'Argent*, M. Oscar de Vallée avait déjà rencontré cette noble figure historique. Il avait peint Daguesseau dans sa puissance, dans sa lutte avec l'agiotage. Ici c'étaient ses disgrâces qu'il racontait ; disgrâces qui ont plus servi sa gloire que n'avaient fait ses prospérités. M. de Vallée trouva de nouveaux traits, tout de délicatesse et de fines nuances, pour le représenter vivant en sage dans sa retraite de Fresnes, entouré de ses enfants, se faisant leur maître, simple, aimable, gracieux, sorte de bon La Fontaine judiciaire, qui, sous les ombrages d'une belle demeure champêtre, était aussi bonhomme que le premier avocat général sous sa toge et le chancelier sous sa simarre

[1] *Le duc d'Orléans et le chancelier Daguesseau;* Paris, Michel Lévy, 1 vol. in-8°. Il parut à la fin de décembre 1859.

avaient été imposants et quelque peu pompeux. L'écrivain se révélait, dans cette nouvelle œuvre, sous un aspect nouveau, qui prouvait la diversité et la souplesse de son talent. Dans un cadre que, volontairement, il avait fait plus étroit, il présentait un tableau vraiment achevé : Daguesseau n'y était pas tout entier; mais c'était Daguesseau tel que la postérité aimera à se le représenter.

« Ce n'est pas, écrivait-il, la vie du chancelier que j'ai voulu écrire ; j'ai laissé de côté le législateur ; c'est l'homme politique, et encore particulièrement pendant ses disgrâces, que j'ai tenu à montrer ; c'est l'homme moral aussi qui tranche sur le fond social où il se trouve ; c'est l'homme privé qui, malgré tous les masques de la vie politique, reflète, s'il ne reproduit pas l'homme d'Etat. »

On a dit que ce livre était comme « un premier pas vers l'Académie » ; c'était mieux que cela, un titre véritable pour prendre place un jour dans ses rangs. Si beaucoup plus tard l'illustre compagnie n'accueillit pas à une première démarche ce candidat digne d'elle, elle l'eût fait certainement à une seconde, et la mort seule lui rendit impossible cette juste réparation.

L'année 1862 ramena M. de Vallée encore une fois à la Cour d'assises.

Il n'aurait pas eu le vrai sentiment de la justice, si la pitié ne fût pas entrée dans son âme en présence de certaines infortunes judiciaires, pour lesquelles la loi elle-même laisse encore place à l'indulgence. C'est sous cet aspect de magistrat ému et humain qu'il nous apparaît dans une touchante affaire d'assises qui, à son heure, impressionna vivement l'opinion publique. Il s'agissait d'un malheureux qui, laissant chez lui une famille affamée, dénuée de tout, était passé devant une vitrine de changeur, où s'étalaient les sébiles pleines d'or et de billets de banque, comme un supplice ou une tentation pour la misère. L'homme affolé avait brisé d'un coup de poing la glace qui le séparait de ce trésor, saisi deux chiffons de papier, et les agitant dans ses mains, s'était sauvé en criant comme un fou : *Au voleur ! Au voleur !*

Arrêté presque aussitôt par la foule criant, elle aussi, Au voleur ! — « Moi, un voleur ! s'était-il écrié, mais non, ce n'est pas possible, je ne puis être un voleur, je suis fou ! »

A l'audience, interrogé par le président, ce malheureux avait répondu : « Vous me demandez comment j'ai pu en venir là... mais je n'en sais rien, je n'avais pas ma raison. Ce que j'ai éprouvé, je ne pourrais le dire... je n'ai pas pensé. J'ai été ébloui, fasciné. Je me serai dit en voyant cet or : Il y a là de quoi sauver ma famille ! ou plutôt je ne me suis rien dit ; je vous jure que je ne puis me souvenir de rien. Dans l'état où j'étais, je ne savais plus ce que je faisais ; ces billets de banque m'ont fait l'effet du clairon qui enlève le soldat, je me suis précipité sur la glace, je l'ai brisée et... [1] ».

[1] *Le Monde judiciaire*. Mars, 1862, p. 228.

A ces mots, il s'était affaissé sur son banc et avait versé un torrent de larmes. Tout l'auditoire, les juges eux-mêmes étaient émus.

Voici comment conclut M. de Vallée :

« Messieurs les jurés, je suis heureux que ma raison, d'accord aujourd'hui avec mon cœur, me conseille de vous demander pour cet homme non pas le pardon, — vous n'avez jamais le droit de pardonner, bien que vous vous accordiez quelquefois ce bonheur — mais une clémence qui cette fois est de la justice.

Après avoir pesé toutes les circonstances de cette cause, nous sommes arrivés à cette conviction que cet homme ne jouissait pas de sa liberté au moment de l'action qu'il a commise ; c'est un être faible, pusillanime, qui n'a pas su supporter, comme il convient à un homme de courage, les épreuves difficiles de la vie ; mais ce n'est pas un coupable. L'acte qu'il a commis est insensé ; ce n'est pas l'action d'un criminel, et nous n'hésitons pas à abandonner l'accusation à son égard. »

VI

PREMIER AVOCAT GÉNÉRAL

1862-1867

A la fin de l'année 1862, M. Oscar de Vallée fut nommé premier avocat général [1]. Il avait eu pour prédécesseurs sur ce siège envié, MM. Charrins, de Gaujal, Croissant, de la Baume, Berville, pour ne pas remonter au delà de l'époque où lui-même était entré dans la Magistrature. Si par le talent, par l'expérience acquise, il était plus que tout autre digne de ces importantes fonctions, personne non plus ne s'en faisait une plus haute idée, surtout par les devoirs qu'elle imposait. Ses modèles, il les avait pris dans ces illustres magistrats d'autrefois, les Omer Talon,

[1] Par décret du 23 novembre 1862 (et non 1861, comme le disent les dictionnaires de Vapereau et de Larousse), M. Charrins fut nommé conseiller à la Cour de cassation, à la place de M. de Peyramont. Ce fut dans le même mouvement judiciaire que furent nommés : M. Jules Barbier, président de Chambre, à la place de M. Perrot de Chezelles, passé conseiller à la Cour de cassation ; M. Dupré-Lasale, avocat général, et M. Bondurand, substitut ; ce dernier fut un des meilleurs amis de M. de Vallée.

les Bignon, les Daguesseau, dont on pourrait dire qu'il avait fait ses maîtres et ses inspirateurs.

Au moment où M. Oscar de Vallée allait désormais, comme premier avocat général, siéger de droit à la première Chambre de la Cour, les fonctions de procureur général étaient passées en d'autres mains. Le 13 août précédent, M. Chaix d'Est-Ange, qui les exerçait avec éclat depuis cinq ans, avait été remplacé par M. Cordoën, conseiller à la Cour de cassation. A l'audience solennelle d'installation qui eut lieu le 21, le nouveau chef du Parquet de la Cour rendait ainsi hommage à son prédécesseur :

« Je sais quels hommes depuis un demi-siècle se sont succédé sur ce siège et à quelle hauteur ils l'ont élevé. Il me semble que chacun d'eux lui ait, en le quittant, laissé de nouveaux titres de noblesse et d'honneur. Les murs de cette enceinte retentissent des accents de ces voix aimées qui étaient la lumière, l'ornement et le charme de vos audiences.

Hier encore ne voyiez-vous pas à cette place un magistrat doué de toutes les grâces de l'esprit, de tous les prestiges de l'éloquence, une des plus brillantes illustrations du Barreau, où les grands services de l'Etat viennent puiser sans cesse comme à une source féconde et intarissable[1] ».

Comme magistrat, M. Chaix d'Est-Ange s'était signalé dans deux très grandes affaires : au criminel, l'affaire

[1] *Moniteur* du 22 août 1862.

Orsini, en 1858 ; au civil, l'affaire Bonaparte-Paterson, en 1861.

Lorsque M. Cordoën succédait ainsi à M. le procureur général Chaix d'Est-Ange, « appelé à d'autres fonctions », celui-ci n'avait encore été nommé à aucun poste nouveau [1]. C'est qu'en effet son éloignement de la Cour de Paris n'avait pas été une retraite, mais une disgrâce. Depuis longtemps une rivalité de puissance existait entre M. Chaix d'Est-Ange et M. Delangle, ministre de la Justice. Ces deux anciens confrères au Barreau de Paris, qui avaient conquis à côté l'un de l'autre leur renommée judiciaire, que la politique elle-même n'avait pas divisés, s'étaient séparés sur des questions d'administration, et plus encore d'influence personnelle. Ce fut M. Delangle qui l'emporta, et l'Empereur Napoléon III obéit en cette circonstance, comme cela lui arrivait trop souvent, moins à ses sentiments personnels, qui avaient toujours été favorables à M. Chaix d'Est-Ange, qu'à la pression, à l'importunité de son ministre. Le magistrat ainsi disgracié était loin de s'attendre à son sort ; il comptait même sur un tout autre traitement de la fortune. Sachant combien l'Empereur était préoccupé des lenteurs de la justice, et en particulier de la justice criminelle, à laquelle, au temps de son exil, il avait vu en Angleterre des procédés bien plus rapides, M. Chaix d'Est-Ange avait fait récemment un voyage à Londres pour y étudier lui-

[1] Il ne fut nommé sénateur que le 2 novembre suivant.

même la question. Il en rapportait, avec un plan de réforme, quelque espérance de supplanter M. Delangle. « M. Chaix, disait une personne de la Cour fort au courant des intrigues du monde officiel, est allé en Angleterre pour en rapporter les sceaux, mais il se pourrait qu'à son retour il trouvât sa place prise. »

Quoi qu'il en soit de ces démêlés entre deux rivaux, le choix qui avait été fait de M. Cordoën était excellent. Agé alors de cinquante et un ans, dont vingt-sept passés dans la Magistrature ; successivement substitut à Saint-Calais, à Mortagne, à Coutances, il avait mis six ans à devenir procureur du roi à Bayeux, en 1841. Nommé procureur de la République à Caen, en 1849, puis à Rouen, il avait montré comme procureur général à Agen, à Orléans ensuite, assez d'éminentes qualités pour être placé en 1856 à la tête du Parquet du Tribunal de la Seine. Il n'avait quitté ces fonctions qu'en 1861 pour entrer à la Cour de cassation. D'une grande distinction de manières, de beaucoup d'aménité d'esprit, c'était un magistrat instruit, un excellent administrateur judiciaire, et la droiture de son esprit, l'autorité de son caractère, la grâce de sa parole suppléaient à ce qui pouvait manquer de force à l'orateur. Son passage à la Cour de Paris devait être malheureusement bien éphémère. Éprouvé, quelques années auparavant, par un grand deuil, qui avait laissé sur son visage une touchante empreinte de mélancolie, il inspirait naturellement la sympathie, nous dirions presque l'affection ; et c'est ce sentiment qui se renouvelle en nous, en parlant de lui après tant d'années écoulées.

Lorsque M. Oscar de Vallée arrivait sur ce grand théâtre de la première Chambre de la Cour, qu'il ne devait plus quitter, il avait quarante et un ans, et il y en avait sept qu'il occupait les fonctions d'avocat général. Il était dans la pleine maturité de son talent, et nous dirions aussi dans tout l'épanouissement de la vie, si sa santé n'avait pas été un peu ébranlée par le travail incessant de l'esprit. Mais c'étaient des indispositions passagères, dont il était le seul à s'apercevoir, et qui ne diminuaient ni son assiduité, ni son zèle. Un mariage qui, quelques années auparavant, l'avait uni à une personne qui, par son intelligence, le charme de sa personne, était digne de remplir son cœur et de s'associer à toutes les œuvres de son esprit, avait apporté avec elle à son foyer ce bonheur domestique qui complète tous les autres et devient à la fois la force et le charme de la vie. Un peu retiré du monde, qu'il avait autrefois beaucoup aimé, il se renfermait volontiers dans un cercle d'amis : collègues de la Cour, comme MM. Charles Hello, Bondurand, Jousselin, Desmaze, les présidents Casnave, Alexandre ; membres du Barreau, comme MM. Edmond Rousse, Nicolet, Berthoud ; hommes de lettres, comme Auguste Maquet, Jules Simon ; médecins, comme le docteur Tardieu ; ingénieurs, comme M. Victor Bois. Avec eux, il se plaisait à suivre toutes les manifestations de l'esprit, littérature, art, science, ou à débattre les grandes questions de droit qui passionnaient le Palais. Par la fréquentation de M. Victor Bois, peut-être le plus cher de ses amis, comme par l'étude des questions de contrefaçon si fréquentes au Palais, il avait acquis des notions fort étendues dans les sciences, et il en raisonnait presque comme un ingénieur ou un chimiste de profession. Combien de fois, pris d'un doute, d'un scrupule, n'alla-t-il pas demander des lumières à quelque spécialiste et discuter avec lui le procès avant l'audience. C'est ainsi que dans une affaire de revendication par l'Etat de manuscrits administratifs ayant appartenu autrefois à une famille célèbre d'intendant, les Megret de Serilly, il voulut consulter les hommes les plus compétents de nos archives et de nos bibliothèques, et eut une longue conférence avec le savant M. Léopold Delisle. En lui, l'homme privé ne se séparait pas du magistrat, et il faisait tourner jusqu'à ses loisirs au profit de la justice.

A l'audience, quand il se levait pour prendre la parole, une taille élevée, une poitrine large, qui annonçait l'orateur, une figure grave sans être sévère, un geste sobre qu'il avait su de bonne heure contenir, donnaient tout d'abord de l'autorité à sa parole. Sa voix, bien timbrée, avait une harmonie remarquable, mais manquait parfois de cette sonorité qui se répand en éclats et qui ne déplaît pas à la foule. Elle était plus remarquable par les nuances que par la force. Il se défiait de l'éloquence théâtrale, pleine de gestes et de cris, et pour ne pas donner dans ce défaut, il mettait sa voix à un diapason qui, à quelques-uns ne paraissait pas assez élevé, mais que les bons juges n'ont, je crois, jamais blâmé. Habile à ordonner son discours, il procédait par divisions très simples, par grandes masses oratoires, qui entraient admirablement dans l'esprit de l'auditoire et y portaient la conviction. Il aimait à élever, en toutes causes, le débat, à éclairer le droit des lumières de la philosophie, de la morale ou de l'histoire, et comme il y joignait toutes les raisons que la science juridique donnait de décider, jamais ces hautes considérations ne se perdaient dans le vague et ne sortaient des limites les plus rigoureuses du débat. Il préparait beaucoup ses conclusions et ses réquisitoires, mais ne les écrivait jamais ; aussi avaient-ils le charme de l'improvisation sans en avoir les périls. En ne jetant rien sur le papier, il ne faisait tort qu'à lui-même ; et beaucoup de ses discours, qui furent des succès d'audience, ont été perdus, faute d'avoir été recueillis.

A la première Chambre [1], l'on peut dire qu'il n'y a pas de petites causes, et il nous faudrait énumérer toutes celles où M. Oscar de Vallée porta la parole, si nous voulions être complet. Tantôt c'est l'affaire Concha [2], dans laquelle on entendit MM^{es} Dufaure et Mathieu ; tantôt c'est celle du majorat du Chamoy, qui soulevait les problèmes les plus

[1] Pendant l'année judiciaire 1862-1863, la première Chambre était ainsi composée : premier président, Devienne ; président, Casenave ; conseillers, MM. Mourre, Martel, Saillard, Gonchon, Pont, Portier, Gallois, Beausire, Genreau, Puget ; ministère public, de Vallée, Ducreux.

[2] Janvier 1863. Voir *le Monde judiciaire*, 1863, p. 28 ; et *le Droit.*

délicats du droit nobiliaire de la Restauration et du premier Empire ; tantôt une question de droit canonique et international, comme dans l'affaire Adour, où des époux mariés en 1829 au Brésil, suivant les formes très simples de l'autorité ecclésiastique, avaient pu, en 1853, se marier de nouveau valablement à Paris, et invoquer cette nouvelle union et ses conventions matrimoniales à l'encontre des créanciers[1] ; tantôt une de ces questions d'État qui, à l'intérêt qu'offrent toujours ces sortes de procès, ajoutait celui de circonstances romanesques et presque terribles, puisqu'il y avait eu suicide[2]. Que d'autres encore nous faudrait-il rappeler dans la seule année 1864 ! Il en est quelques-unes auxquelles nous nous arrêterons un instant, en raison de l'intérêt tout à fait exceptionnel qu'elles eurent alors et qui persiste encore.

Le 16 août 1862, était mort le dernier duc de Montmorency et, après lui, allait bientôt s'éteindre, car il n'était plus porté que par deux vieillards bien près de descendre dans la tombe, le prince de Luxembourg et le prince de Tingry[3], ce nom illustre qui remontait aux origines même de la France monarchique. Quelques mois plus tard, en vertu d'un décret impérial, un fils de sa sœur, le comte Adalbert de Talleyrand-Périgord, troisième fils du duc de Valençay, prenait le nom et le titre de duc de Montmorency, avec les belles armes de cette famille, *d'or*

[1] *Conclusions et Réquisitoires*, p. 241.
[2] *Idem*, p. 185.
[3] Les deux frères, appartenant à la branche Beaumont-Luxembourg, moururent peu de temps après.

à la croix de gueule, cantonnée de seize alerions d'azur.

A quelle pensée ou à quelle influence l'Empereur Napoléon III avait-il cédé en accordant cette faveur à un jeune homme de vingt-cinq ans, qui ne s'était encore signalé par aucun mérite éclatant, et que le duc défunt était loin d'avoir mis au premier rang dans son affection ?

Il serait difficile de le dire, car d'un côté le feu duc avait été un ami fidèle et dévoué du roi Louis-Philippe, qui l'avait désigné pour un de ses exécuteurs testamentaires ; et de l'autre le jeune comte de Périgord était le petit-neveu de ce Talleyrand, archi-chancelier de l'Empire, prince de Bénévent, que Napoléon Ier avait accusé, non sans raison, de l'avoir trahi, et qu'il se repentait à Sainte-Hélène de n'avoir pas avec Fouché livré à une Cour martiale.

Quoi qu'il en soit, le décret était rendu, le bénéficiaire en usait et même plus largement que le texte l'y autorisait. Ce qui restait encore du sang de Montmorency déféra aux tribunaux une prétention contraire à la jurisprudence établie en matière de propriété du nom. Sur cette action, le Tribunal de la Seine, par jugement du 3 février 1865, conformément aux conclusions du substitut Aubépin, se déclara incompétent, comme le demandait l'avocat de M. de Talleyrand-Périgord. Sur l'appel des héritiers Montmorency, l'affaire vint le 29 juillet 1865, devant la première Chambre de la Cour, où le jugement, attaqué par Mes Berryer et Dufaure, fut défendu par Me Nicolet. Ce fut une lutte oratoire mémorable ; le Palais n'en vit guère de plus glorieuse. L'on connait déjà les avocats des appelants, nous ne parlerons que de leur adversaire.

Me Nicolet appartenait à la nouvelle génération d'avocats, qui avait commencé à prendre rang au Palais vers 1845, celle des Rousse, des Allou, des Bétolaud, intermédiaire entre cette glorieuse lignée qu'on pourrait appeler les anciens, les Berryer, les Dufaure, les Marie, les Sénard, les Léon Duval, et une troisième, alors à peine débutante, la génération des Barboux, des Falateuf, des Cléry. Né en 1819, inscrit au tableau en 1844, il était en pleine possession de la célébrité.

Quoique ayant de quelques années déjà dépassé la quarantaine, il avait presque l'apparence de la jeunesse. Petit, maigre, nerveux, plein de feu, il donnait toute son âme, nous dirions presque tout son cœur, aux causes qu'il défendait. Sa parole facile, gracieuse, avait comme une flamme d'enthousiasme : et si quelquefois il s'abandonnait trop, c'était un défaut qu'on lui pardonnait, car il vous entraînait avec lui, sauf ensuite à se reprendre.

Un témoin de ses succès l'a peint ainsi :

« Me Nicolet est un type de talent courtois, habile et distingué.

C'est un blond viril, qui grisonne comme un arbre fruitier fleurit ; il y a de l'acier dans sa grâce souple ; sa fermeté est pleine d'éveil et d'amabilité.

Il a la figure fine et accentuée, l'expression décidée et souriante, l'esprit ardent et contenu, la voix savamment timbrée.

Pas grand, mais bien pris, peut-être à la barre hausse-t-il un peu sa taille au majestueux, mais il le fait naturellement, comme un voltigeur au son du clairon.

Il y a de l'art et du brio dans sa forme sérieuse ; il aime à écheniller un dossier des formules de la procédure et à les remplacer par celles de la rhétorique ; il sait le langage des fleurs, et il s'en sert avec adresse.

Il excelle à présenter, à manier un argument, il le retourne, il le soupèse [1] ».

M. Oscar de Vallée, tout en défendant le jugement quant au titre de duc de Montmorency, sur lequel il reconnaissait l'incompétence des tribunaux, s'en séparait quant au nom même de Montmorency et aux armes, dont la Cour pouvait connaître, comme de toute autre question de propriété, et sur lesquels d'ailleurs le décret était muet. C'était la vraie solution, celle qu'autorisaient à la fois la raison, le droit rigoureux, l'équité. M. Oscar de Vallée eut l'honneur de l'avoir indiquée dans ses conclusions. Jamais il ne s'était élevé à plus de hauteur de pensée et de perfection oratoire.

Tirant la leçon morale de ce procès, il avait dit, répondant à un passage de la plaidoirie de Me Dufaure, qui avait cité La Bruyère sur la difficulté de se faire un grand nom :

« J'en demande pardon à Me Dufaure, La Bruyère a toujours raison ; il parle du nom qu'on se fait soi-même, il ne

[1] *Le Monde judiciaire*, 1864, p. 81.

parle pas de ceux que vous donne le hasard de la naissance, l'adoption ou la volonté du prince. Le public, qui est notre juge à tous, ne s'y trompe pas, tout le monde a aujourd'hui le bon sens qu'avait Boileau, non loin de Louis XIV, et qu'avait eu Senèque. Il ne trouve pas bon que quelqu'un

Se vante d'un honneur qui ne vient pas de lui,

et ne donne son grand suffrage qu'au mérite personnel.

Telle est la loi de notre temps et de notre pays, et, je le dis pour M. Adalbert de Talleyrand-Périgord, comme pour nous tous, il n'y a qu'un moyen d'avoir un grand nom, dans le sens de nos idées modernes, c'est de s'en faire un ».

Ces conclusions firent arrêt ; ce fut sous les réserves qui y étaient formulées que la Cour confirma le jugement des premiers juges [1].

Passer des Montmorency et des Talleyrand-Périgord à Mlle Pallix, c'est passer de la noblesse féodale à une petite bourgeoisie de Bretagne, mais c'est aussi rappeler la mémoire d'un des plus étranges et des plus iniques procès qui se soient produits de notre temps.

Heureux ceux qui n'ont pas de procès en leur vie, et trois fois heureux ceux qui n'ont pas à plaider contre l'Etat.

[1] Arrêt du 8 août 1865 (Dalloz, *Jurispr. génér.*, 1865, 2, p. 122). — M. de Vallée conclut à l'audience du 5 août. V. *Le Droit*, 1865, pp. 731, 735, 759.

Tel ne fut pas le sort de Mlle Pallix, dont au Palais l'histoire est devenue la légende du combat de la faiblesse contre la force, de l'individu contre l'Etat. Lorsque, en 1864, cette affaire fut plaidée devant la première Chambre de la Cour, il y avait cinquante ans que Mlle Pallix soutenait cette lutte héroïque.

Il s'agissait d'une immense étendue de terrains — 561 hectares — à conquérir dans la baie du Mont Saint-Michel, qui, en l'an XI, avait été vendue au père de Mlle Pallix par un sieur Quinette, concessionnaire lui-même de l'Etat par acte du 20 juin 1769. En l'an XIII, cette concession originaire avait, il est vrai, été annulée par décret, mais une ordonnance du 20 août 1817, revenant sur ce décret, avait maintenu le contrat de 1769. Cette ordonnance qui semblait devoir tout finir, fut cependant le début de l'interminable procès en délivrance des terrains acquis en 1803 par l'auteur de Mlle Pallix. Pendant dix-sept ans, elle est obligée de batailler en première instance, et quand, en 1835, intervient le jugement qui lui donne gain de cause, c'est en appel qu'il lui faut alors défendre son droit, et cela pendant douze autres années. En 1844, l'arrêt confirmatif du jugement de 1835 va-t-il au moins permettre à Mlle Pallix, dont les ressources se sont épuisées dans cette longue guerre, d'entrer en possession de la fortune qui la ferait millionnaire ? Non pas ; l'État est tenace, sous la Monarchie de Juillet comme sous la Restauration. De la juridiction d'appel, Mlle Pallix doit aller en cassation. Là encore, après deux années, elle gagne son procès (1844) et n'en est pas plus avancée. Après l'autorité judiciaire, c'est l'autorité administrative qui entre en guerre contre Mlle Pallix. En 1847, le préfet de la Manche s'accorde à lui-même un arrêté de sursis. Vainement, en 1848, le Conseil d'État casse cet arrêté pour excès de pouvoir, le préfet n'en résiste pas moins. Il destitue les maires trop indépendants et fait durer douze ans l'expertise qui avait été ordonnée par la justice. Enfin, le 25 avril 1861, un jugement du Tribunal de la Seine condamne l'État, comme détenteur de *mauvaise foi*, à restituer les fruits perçus par lui depuis 1847.

L'État interjeta appel. Après les belles plaidoiries de Me Grandmanche de Baulieu, défenseur de Mlle Pallix, et de Me Gressier, avocat de l'État, M. Oscar de Vallée conclut énergiquement à la confirmation du jugement.

L'arrêt rendu en ce sens fixait définitivement le montant des frais et des dommages-intérêts à la somme de 33.500 francs par an, soit 570.000 francs pour les dix-sept années écoulées. La veille de cet arrêt, un déclinatoire avait été présenté par M. le préfet de la Seine et celui de la Manche, pour réclamer la justice administrative. La Cour ne s'y arrêta pas. Mais Mlle Pallix avait soixante-dix ans, elle pouvait bien ne voir jamais la fin de ce procès, où toujours victorieuse, ses victoires avaient toujours été vaines.

« Du plus loin qu'il m'en souvienne, raconte un avocat, je vois au Palais, errant lentement dans la salle des Pas-Perdus, ou assise sur une banquette d'audience durant de longues heures, immobile et muette comme une statue, une vieille dame, grande, sèche, à la figure parcheminée, au regard fixe et mystérieux, aux longs cheveux blonds, aux vêtements antiques, pauvres et comme déteints par la pluie et le soleil[1] ».

A cette époque vivait, dans un vaste appartement du quai Voltaire, un riche Portugais, le commandeur da Gama Machado, que ses commensaux, et il en avait beaucoup, qualifiaient entre eux d'original, qu'après sa mort ses héritiers du sang prétendirent n'avoir été qu'un fou, et qu'aujourd'hui on appellerait peut-être un grand savant et un profond philosophe. Le commandeur Machado était plus qu'un ornithologue distingué, c'était un ornithophile passionné, qui mettait l'oiseau fort au-dessus de l'homme dans l'ordre de la création; affirmant que tout dans la nature animale vient de l'œuf. Dans un volumineux ouvrage, la *Théorie des Ressemblances*, il mettait de niveau la laitance du cabillaud et le cerveau humain, et ne reconnaissait ni l'âme, ni le libre arbitre. Ces théories étaient alors moins acceptées qu'aujourd'hui, et il en rejaillissait sur leur auteur, avec pas mal de ridicule, quelque soupçon de monomanie, sinon de folie. Au Père-Lachaise, il avait fait par avance élever à un sansonnet, son oiseau favori, un tombeau où étaient gravés un soleil, un oiseau, un bœuf,

[1] Voir la *Gazette des Tribunaux* du 25 mars 1864; un article de Me Audoy, dans le *Temps* du 29 mars, et le *Monde judiciaire*, 1864, p. 160.

un chien, le tout surmonté d'un œuf. C'étaient les hiéroglyphes de ce grand prêtre de l'animalisme. Quand il mourut, à quatre-vingt-sept ans, si on avait obéi à ses prescriptions, son sansonnet aurait assisté à ses obsèques, porté dans une cage d'or par un valet, et les corbeaux du Louvre auraient salué de leurs cris le départ du cortège, car la cérémonie, suivant ses dernières volontés, devait avoir lieu à l'heure même où il avait l'habitude de leur donner sur son balcon leur nourriture quotidienne. Il ne laissait pas moins de soixante et onze codicilles. Le testament fut attaqué, pour captation et insanité d'esprit, par la famille du commandeur, et défendu en première instance par Me Léon Duval. Le Tribunal de la Seine écarta la demande. Sur l'appel interjeté, les débats se rouvrirent devant la première Chambre de la Cour. On y entendit les plus illustres voix du Barreau, MMes Léon Duval, Sénard, Dufaure, Hébert, Nicolet, Allou.

De tous les avocats célèbres de cette époque, nul n'a peut-être approché davantage, sinon de la grande éloquence, du moins de la perfection littéraire que Me Léon Duval. Il y avait en lui du La Bruyère et du Paul-Louis Courier ; dans ses plaidoyers, toujours d'un style achevé, on retrouvait la fine observation du premier, la vivacité mordante du second. Agé alors de soixante ans, petit, maigre, il était, comme son style, tout en nerf ; sur ses lèvres minces, errait quelque chose du sourire de Voltaire, tandis que son œil perçant semblait guetter le premier faux mouvement de son adversaire, pour le frapper d'un trait toujours sûr. Il ne fallait pas lui demander d'improviser ; tous ses plaidoyers étaient écrits, d'une écriture menue, admirablement nette, ressemblant à son esprit. Mais tout était si bien prévu dans ces factums, et il les prononçait avec un art qui avait tant de naturel, qu'ils n'avaient rien à envier aux discours conçus et ordonnés dans le feu du combat. A ces impressions personnelles, ajoutons ce portrait tracé vers cette époque :

« Me Léon Duval est saturé d'esprit gaulois ; il le tamise, le distille, le laisse tomber goutte à goutte en perles d'ironie. Tout est chez lui travail artistique. — C'est un tailleur de diamants, un graveur amoureux de son burin. — Chacun de ses mots est piquant, incisif ; sa parole est lente, mais bien trempée ; elle scie et abat les plus gros arguments ; son geste saccadé souligne bien sa pensée. L'éclair du mot qui va sortir de ses lèvres étincelle sous ses lunettes avant que le coup soit parti. Nul ne fait plus curieusement un récit... Il a dans ses bagages des traits philosophiques dont il rajeunit chaque fois la forme... Il est merveilleux quand il lit : il sait transformer une lettre banale en épître d'amour, une phrase de tendresse en impertinence, un épigramme en madrigal... C'est un charmeur en lunettes[1] ».

Nous ne peindrons pas ici Me Allou : nous le retrouverons bientôt dans une autre affaire, celle du testament

[1] Norbert Billiart. Le *Monde judiciaire*, fév. 1862, p. 111. — Né à Marseille en 1804, inscrit au tableau en 1823, du Conseil de 1854 à 1868, il n'eut pas l'honneur du bâtonnat qu'il méritait si bien, et mourut le 2 sept. 1878. Me Nicolet a fait, comme bâtonnier, son éloge, déc. 1878.

du duc de Gramont-Caderousse, où il joua le principal rôle, et où nous essayerons de présenter son image [1].

Ce procès avait vivement excité la curiosité : les circonstances de la cause, la parole des avocats laissèrent une trace profonde dans la mémoire de M. de Vallée ; et nous ne saurions mieux retrouver la physionomie de ce grand débat que dans une page où M. de Vallée l'a rappelé à propos des plaidoyers de M. Allou, nouvellement publiés :

« Malgré moi, le testament, que dis-je ? les testaments, il y en avait plusieurs douzaines, furent validés. Mais le principal artisan de ce succès ne fut peut-être pas M. Allou. Ce fut un avocat qui ne lui ressemblait guère ; pendant que l'un des deux laissait couler de ses lèvres un flot naturel de brillantes paroles, l'autre préparait ses plaidoyers comme le graveur sur pierre dont parle Platon. Il y mettait un art infini, il y apportait une science du langage peu commune, il y ajoutait les fruits les plus amers de la satire et de l'épigramme ; il n'était satisfait que quand sa phrase laborieuse, acérée, déchirait, comme une flèche aiguë, où l'or se mêlait au fer, ses adversaires, avocats et clients. Beaumarchais était son modèle ; il connaissait Linguet.

Il fut ce jour-là, je n'ose pas dire merveilleux, je dirais étonnant, si la langue me le permettait. Au Palais, tout le

[1] Citons cependant ici le portrait rapide qui en a été tracé, à l'occasion de cette même affaire Machado. « Nul mieux que lui n'a du nerf, une parole facile et brillante, et déjà j'entrevois dans sa main fraternelle le bâton de maréchal » (*Monde Judiciaire*, 1864, p. 381).

monde l'a reconnu à ces traits. Je le nomme pour le public, c'était M. Léon Duval, qui a été, y compris M. Rousse lui-même, l'avocat le plus savamment littéraire qu'il y ait eu au Barreau[1] ».

M. Oscar de Vallée conclut à la réformation du jugement. Pour lui, bien entendu, il ne s'agissait pas de savoir si un philosophe, poussant le matérialisme jusqu'à tenir les bêtes, toutes les bêtes, pour supérieures à l'homme, pouvait tester valablement. Ce qui seul était en question, c'était la raison même du testateur, la dose de raison nécessaire à l'exercice du droit de tester. En écartant même du débat les idées scientifiques du défunt, de tous les faits de la cause, de ces innombrables codicilles, de leur contrariété surtout, il voyait se dégager pour lui la preuve « que cette dose était par trop insuffisante ».

Dans ses conclusions, on remarque encore aujourd'hui les passages où il peint le commandeur Machado sous ses divers et étranges aspects.

Citons celui-ci, sur les tombeaux qu'il fit élever au Père-Lachaise à ses oiseaux :

« C'est là qu'on voit bien le caractère de cette passion qu'on nous donne comme tendre et douce. C'est le culte des oiseaux, l'adoration des oiseaux. On parlera tant qu'on voudra des passions analogues dans le monde ancien ou dans le monde actuel ; on nous représentera les beaux chiens de Laconie, fidèles compagnons de Patrocle,

[1] O. de Vallée, *Nouvelles Etudes et Nouveaux Portraits*, p. 308.

enterrés avec lui, tout cela ne fera pas qu'au temps où nous vivons, le culte des oiseaux allant jusqu'à leur faire élever des tombeaux à côté de la croix de bois qui marque la dernière demeure du pauvre, ne soit une extravagance qu'on peut commettre sans être fou, mais non s'en s'écarter beaucoup des règles ordinaires et des habitudes constantes de la vie humaine. Ne pas même respecter le lieu dont aucun de nous ne s'approche sans émotion, y introduire des emblèmes ridicules ou scandaleux, y élever des tombes feintes, y dresser en quelque sorte un théâtre à ses excentricités, à son matérialisme, à ses oiseaux, à lui-même, n'est-ce pas, au mépris de tous nos sentiments, de toutes nos douleurs, agir comme un insensé[1]. »

M. Oscar de Vallée nous a dit lui-même quelle avait été l'issue de ce procès. Cette fois la Cour se sépara de lui, et confirma le jugement.

Une de ces causes qui demeurent fameuses dans les annales du crime, avait peu de temps auparavant rappelé M. le premier avocat général aux assises. Ce n'était pas la première fois qu'il y siégeait depuis l'année 1856. Si

[1] *Conclusions et Réquisitoires*, p. 263. — Un chroniqueur judiciaire a écrit de M. de Vallée dans cette affaire Machado : « M. le premier avocat général Oscar de Vallée a conclu à l'infirmation du jugement et développé sa thèse avec son ampleur et sa hauteur ordinaire. Lui aussi a offert à la Cour d'heureuses citations ; j'ai remarqué, entr'autres, un fort beau passage de Bossuet sur la comparaison des hommes et des animaux, et de grandes et belles paroles que M. l'avocat général s'est fait un plaisir d'emprunter à celui qui fut l'illustre avocat général près le Parlement de Paris, Daguesseau ». (*Le Monde judiciaire*, 1864, p. 383).

nous n'avions craint de tomber dans une monotonie de causes d'assises, il nous aurait fallu parler du faux-monnayeur Giraud-Gatebourse, qui rappelle les légendes de l'ancienne France sur les souterrains servant à la fois d'ateliers et d'asile à cette espèce de malfaiteurs ; de celles du fratricide Marco, de la bande des Fumistes, du meurtre du jeune Berthier, poignardé à dix-neuf ans, par une maîtresse jalouse, qui avait mieux aimé le voir mort qu'infidèle, et s'était ensuite précipitée sur son cadavre, avec des cris de désespoir. Mais ces causes s'effacent toutes devant la criminelle grandeur de l'affaire Couty de La Pommerais, l'empoisonneur.

Au mois de novembre 1863, dans une mansarde de la rue Bonaparte, mourait une femme de quarante-deux ans, Mme de Pauw, veuve d'un peintre, et artiste elle-même. La veille encore, elle était pleine de vie, et avait reçu la visite du docteur Couty de La Pommerais, non pas à titre de médecin, et plus qu'en ami, car de tendres relations existaient depuis plusieurs années entre eux. Un contrat d'assurance de 550,000 francs que La Pommerais avait fait souscrire à Mme de Pauw, et dont il payait les annuités, lui avait été cédé par elle, et, avec une hâte singulière, quelques jours à peine après la mort de la titulaire, il en réclamait le paiement aux Compagnies. Pour accélérer ce paiement il avait même eu recours à un faux. En même temps, dans la famille de Mme de Pauw, parmi ses amis, circulaient des bruits sinistres. On parlait d'empoisonnement. Une enquête eut lieu, et il en résulta des charges si graves contre La Pommerais, qu'il fut arrêté, et bientôt traduit en Cour d'assises, sous l'accusation d'empoisonnement. L'enquête, l'instruction, l'autopsie faite par le docteur Tardieu, le célèbre médecin-légiste, doyen de la Faculté de médecine, avaient prouvé que La Pommerais, bien loin de subvenir aux besoins de Mme de Pauw, comme il le prétendait, l'avait laissée dans un dénuement presque absolu ; qu'au lieu d'être une femme plus que légère, comme il la représentait, la malheureuse avait pour lui l'affection la plus sincère, la plus touchante. L'assurance qu'elle avait contractée sur ses seuls conseils, n'avait été pour lui qu'un moyen d'arriver à la fortune en s'aidant du poison. Les traces en avaient été retrouvées dans les restes de la victime. Cette affaire, qui passionna le public, à l'égal peut-être de celle de Mme Lafarge, eut encore avec elle cette autre ressemblance, que le même avocat qui, au début de son illustre carrière, avait défendu la tragique héroïne du Glandier, se présentait dans sa puissante maturité comme défenseur de La Pommerais.

Me Lachaud avait alors quarante-six ans. De moyenne stature, la figure pleine sans être bouffie, le front découvert, le teint légèrement coloré, le visage dépourvu de majesté mais éclatant d'intelligence, et à certains moments avec une autorité singulière dans l'attitude, dans le geste, Me Lachaud, quand se levant avec une sorte de nonchalance, secouant son recueillement comme un sommeil, il sortait du banc de la défense et s'avançait vers les jurés, semblait comme prendre possession de leur âme et leur imposer leur verdict. Nous eûmes quelquefois l'honneur de siéger auprès de lui sur les bancs de la défense, et nous savons par expérience quel maître il était.

« Personne, je crois, avant lui, a dit M. Oscar de Vallée, n'avait pris à ce degré le sceptre de la Cour d'assises ; personne ne l'avait tenu avec cet éclat, cette continuité, ces succès qui de l'audience gagnaient le grand public et amenèrent une célébrité vraiment populaire. J'ai été le témoin et le compagnon de ses débuts à Paris. Il y arrivait tout ému et presque rayonnant, des premiers débats du procès de Mme Lafarge. Cette étincelle avait révélé son talent et lui avait donné une confiance qui avait mûri sa jeunesse. Il parlait souvent du rôle inachevé qu'il avait joué dans ce drame qui avait occupé tout le monde et passionné tant d'esprits. Il regrettait de n'avoir pas défendu jusqu'au bout celle qu'il croyait et que, dans tous les cas, il voulait innocente. Je l'ai suivi de près dans son heureuse carrière, de très près, assez souvent en adversaire, toujours avec le sentiment affectueux qu'il inspirait même à ceux qui en lui n'approuvaient pas tout. Je ne crois pas que jamais avocat ait, autant que lui, dans les petites comme dans les grandes causes, épuisé l'art de la défense. Je ne l'ai jamais vu commettre une faute. Il était au moins aussi habile qu'éloquent. Il avait au suprême degré la puissance, qui est le titre auquel il faut vérifier le talent. J'ai entendu bien des hommes qui parlaient et qui parlent avec une rare éloquence ; mais il s'agit de savoir si la parole entre dans l'âme des auditeurs et surtout si elle y reste. C'est à cela que se mesure la puissance, et la puissance est plus que le talent. Lachaud a été un avocat très puissant, et il a mérité la célébrité qui s'est attachée à son nom[1]. »

M. Oscar de Vallée soutint l'accusation.

Entrant tout d'abord au cœur de l'action, il procède par grandes masses d'arguments, qui portent invinciblement la conviction dans l'esprit des jurés. Après avoir tracé un portrait touchant de Mme de Pauw, et rendu à cette douloureuse figure ses traits véritables ; il montre par une série de preuves habilement groupées l'idée du crime naissant dans l'esprit de La Pommerais, médecin besoigneux, aventurier sans scrupule, tantôt affectant la piété pour obtenir une décoration de Pie IX, tantôt fanfaron d'athéisme, mari par spéculation, amant moins encore par libertinage que par calcul criminel, qui, entre deux baisers, verse enfin à cette maîtresse, dont il est l'idole, un poison qui ne pardonne pas, la digitaline.

Le Jury rapporta un verdict affirmatif, muet sur les circonstances atténuantes. C'était la mort. La sentence capi-

1 *Conclusions et Réquisitoires*, p. 401. Voir aussi le portrait qu'en a fait, sous le nom de *Laerte*, Maurice Joly, dans *le Barreau de Paris*, p. 157. — Né dans la Corrèze, le 25 février 1818, inscrit au Barreau de Paris en 1844, du Conseil de 1858 à 1867, sénateur inamovible en 1882. il est mort le 19 décembre 1882. Entre autres grandes affaires où il plaida, citons les affaires Bocarmé, Pavy de Preigne, Carpentier, de Mercy, Lemoine, Taillefer, Troppmann, Bazaine.

tale avait été prononcée le 17 mai, Couty de La Pommerais fut exécuté le 9 juin.

Rendant compte de ces débats, un avocat, journaliste judiciaire distingué, disait : « M. le premier avocat général a été d'une éloquence vivante ; il a déroulé avec méthode, et cependant avec vivacité et ampleur, les chaînons artistement serrés et fortement agencés de l'argumentation compliquée de cette grave affaire, et il a pu s'asseoir au milieu de félicitations sincères et méritées [1] ».

Ce réquisitoire de M. Oscar de Vallée est resté célèbre, et on le cite toujours quand on parle de lui. Mais c'est faire tort à son œuvre oratoire qui offre bien des morceaux égaux à celui-là s'ils ne le surpassent. Me Lachaud, dans sa défense, qui compte aussi parmi ses plus belles, rendit justice à son adversaire, en disant que le réquisitoire du ministère public avait été « éloquent, élevé et plein de modération. » « J'aime surtout, ajoutait-il, j'aime surtout en ces affaires redoutables, ces luttes courtoises ; la justice y gagne en dignité, la vérité y gagne aussi [2] ».

La suprême équité, la modération, telles étaient les qualités maîtresses qu'on pouvait de plus en plus observer dans le premier avocat général de la Cour de Paris, et elles donnaient à son éloquence comme son dernier achèvement. Nous allons en voir de nouvelles preuves dans

[1] N. Billiart, *Le Monde Judiciaire*, 1864, p. 270.

[2] Cette affaire La Pommerais avait été présidée par le conseiller de Boissieu, et M. de Vallée avait été assisté par le substitut Bondurand. Elle remplit huit audiences du 9 au 17 mai, plus de 60 témoins furent entendus. — Voir *Le Droit*, des 9-18 mai 1864.

deux procès où apparaît le célèbre Mirès, ce roi déchu de la finance, qui depuis cinq ans faisait retentir les tribunaux de son nom.

Les deux années qui avaient suivi la Révolution de Février avaient été un temps de dures épreuves pour le commerce et l'industrie. Mais avec l'ordre rétabli dans la rue, la réaction s'était vite produite; les affaires avaient pris un nouvel essor, partout le travail se développait avec d'autant plus d'activité que chacun avait un arriéré de production à écouler, presque tout le monde des pertes à réparer. Le gouvernement lui-même avait favorisé cet élan en entreprenant de grands travaux publics, en présentant des lois pour compléter notre réseau de chemins de fer. Malheureusement à cette activité saine vint bientôt se mêler une fièvre de spéculation fort dangereuse, non seulement pour les mœurs, mais pour la prospérité publique, compromise trop souvent dans les folles entreprises des financiers.

A la tête de ces financiers aventureux, était un homme qui, à une grande intelligence, joignait une activité peut-être plus grande encore, et qui, avec trop d'audace sans doute et pas assez de scrupules, n'était cependant dépourvu ni de cœur, car dans son opulence il se montrait prodigue pour les pauvres, ni de générosité d'esprit, car plus d'une de ses entreprises eurent un noble but. Cet homme, c'était Mirès. Le premier, il avait eu l'idée démocratique de faire participer, en groupant les capitaux, la petite épargne aux grandes entreprises de l'industrie et du commerce, et de créer ainsi une rivale aux grandes banques individuelles qui, jusque-là, avaient eu, en fait, le monopole des puissantes commandites et de leurs bénéfices.

Né à Bordeaux en 1809, il y avait végété jusqu'en 1840 dans les métiers infimes ou les petits emplois ; tour à tour ouvrier dans une verroterie, ou humble employé au cadastre, il avait connu souvent pire que la pauvreté. Cependant, il avait eu une idée originale et qui pouvait être féconde : celle d'une agence destinée à défendre les contribuables contre les évaluations cadastrales. C'était déjà une application de ce principe de groupement des forces individuelles qu'il devait développer. A Bordeaux, il ne réussit pas : mais sa ténacité était aussi grande que son ardeur. En 1841, il vint à Paris pour y transférer son agence sur un meilleur terrain. Elle eut, en effet, plus de succès, mais déjà il avait de plus vastes desseins, et la Bourse l'avait attiré. On le voit d'abord négocier des promesses d'actions, puis, quand la loi de 1845 mit un terme à ce commerce, apparaître à la coulisse comme intermédiaire d'agents de change. La révolution de 1848 avait fait de la Bourse presque un désert, où la voix des agents retentissait dans le vide. Mais les journaux pullulaient, et jamais leur influence n'avait été plus grande. Mirès eut la pensée d'agir sur la finance par la presse, non pas la presse libre et intermittente dans son action, mais la presse mise dans la main même des financiers. En ce genre, ses débuts furent modestes. Il existait une feuille financière à peu près sans clientèle, le *Journal des Chemins de fer ;* il l'acheta moyennant 1.000 francs, avec son ami Millaud. Au bout de quelque temps, ce journal était devenu une autorité auprès des capitalistes, grands et surtout petits, qu'il conseillait, dont il était l'oracle. La prospérité du journal l'amena, en 1850, à la création d'une banque : la *Compagnie des Actionnaires réunis*, fondée au capital de 5 millions. Les opérations consistaient à acheter en baisse pour revendre en hausse. C'était du véritable agiotage : le succès vint, et lorsque, trois ans plus tard, Mirès et son associé Millaud cédaient à MM. Solar et Blaise leur Société, ils se retiraient chacun avec 4 millions pour sa part. Entre temps, poussant plus à fond son idée de domination financière par la presse, Mirès avait acheté, en 1851, le *Pays* et le *Constitutionnel*. C'est ainsi armé que, trois ans plus tard, il rachetait son ancienne Société, dont il changeait le titre en celui de *Compagnie générale des Chemins de fer*, et en devenait le chef unique.

Alors commencèrent des opérations gigantesques. Ce sont les houillères des Portes et Sénéchal en 1854 ; puis l'éclairage au gaz de Marseille ; les terrains de Marseille (330.000 mètres) et la transformation complète de cette ville ; les chemins de fer romains ; celui de Pampelune à Saragosse ; l'emprunt Espagnol ; deux nouveaux établissements de crédits destinés à commanditer les chemins de fer et les emprunts étrangers ; enfin l'emprunt Ottoman de 400 millions. En 1860, Mirès était arrivé à l'apogée de sa fortune : l'ensemble de ses opérations n'étaient pas évaluées à moins de 350 millions. Il jetait à flots l'argent dans des œuvres de bienfaisance, dans des fêtes, dans des constructions de palais : il était le Mécène des journalistes.

Il allait bientôt connaître les revers.

Cette œuvre financière colossale ne s'était pas accomplie sans un agiotage effréné, sans une perturbation considérable dans les mœurs. Il y avait eu des catastrophes, il y eut aussi des protestations. Nous avons vu celle de M. Oscar de Vallée, en 1857, dans les *Manieurs d'argent*, et l'histoire l'a enregistrée avec l'adhésion que lui donna le chef même de l'Etat.

« Les agioteurs et les femmes d'un monde équivoque, dit M. Henri Martin, donnaient le ton... L'empereur affecta, par moment, de réagir contre les débordements des spéculateurs ; il félicita un poète de talent, Ponsard, et un magistrat, M. Oscar de Vallée, de les avoir attaqués, l'un dans une comédie, *l'Honneur et l'Argent;* l'autre dans un livre, les *Manieurs d'argent* [1] ».

En 1855, une première atteinte avait été portée à la fortune de la *Caisse générale des Chemins de fer*, par le décret qui autorisait l'introduction des fontes anglaises, et ruinait les combinaisons de Mirès sur cette matière première ; puis par le rachat qu'il avait fait des actions des Chemins romains pour en éviter la dépréciation. Pensant se relever par un coup d'audace, il avait alors

[1] H. Martin, *Histoire de France depuis 1789,* t. VI, p. 165.

lancé l'emprunt Ottoman. C'est au milieu de cette opération, au mois de décembre 1860, que, sur la plainte de M. de Pontalba, eut lieu une descente de justice au siège social de la Caisse. La plainte était fondée sur des irrégularités de comptabilité. Le 17 février suivant, Mirès lui-même fut arrêté. Peu après, une ordonnance le renvoyait devant le Tribunal correctionnel sous trois chefs de prévention, dont le plus important était d'avoir détourné et dissipé à son profit des obligations et autres valeurs à lui remises à titre de dépôt et de mandat. On sait comment, le 11 juillet suivant, après des débats éclatants dans lesquels Mirès eut pour défenseur Me Plocque, et où furent entendus, pour les autres parties, MMes Marie, Sénard, Léon Duval, Nicolet, il fut condamné à cinq ans de prison et 3,000 fr. d'amende[1].

Alors commença une lutte judiciaire dans laquelle l'ancien roi de la Bourse montra une persévérance, une fécondité de ressources, que l'on ne put s'empêcher d'admirer. Cette lutte il la soutenait, disait-il, « pour ces chers actionnaires », dont les poursuites exercées contre lui menaçaient seules la fortune. Ses efforts furent couronnés de succès. En appel il obtint la réformation du jugement sur quelques points ; il fut plus heureux encore devant la Cour suprême qui cassa l'arrêt de la Cour de Paris, et renvoya l'affaire devant la Cour de Douai.

Le procureur général de cette Cour était, depuis le mois

[1] Voir *le Droit* des 28, 29, 30 juin ; 3, 4, 6, 7, 8, 9 et 10 juillet 1861.

d'octobre 1860, M. Ernest Pinard, ce même magistrat que nous avons vu, au mois d'avril 1859, prendre place, comme substitut, à côté de M. Oscar de Vallée à la Cour de Paris. Son chemin avait été aussi brillant que rapide. Né en 1822 à Autun, inscrit en 1846 au Barreau de Paris, secrétaire de la Conférence des Avocats, il était entré dans la Magistrature comme substitut à Tonnerre en 1849, et après avoir passé par les Parquets de Troyes et de Reims, avait été appelé à Paris à la fin de 1853.

Servi par le talent, et aussi par la fortune, qui lui avait coup sur coup ménagé les plus grandes affaires, telles que celles de la demoiselle Doudet, Pescatore, Flaubert, à propos du roman *Madame Bovary*, du *Crédit Mobilier*, à trente-huit ans, après onze ans seulement de ministère public, il se trouvait à la tête du Parquet d'une des plus importantes Cours de l'Empire.

D'apparence chétive, maigre, la tête petite, le visage basané, encadré dans une chevelure noire, sa parole d'une sobriété trop nue, mais vigoureuse, avait quelque chose du tranchant de l'acier. Un contemporain l'a peint ainsi, avec des traits dont quelques-uns doivent être écartés, mais qui dans leur ensemble donnent un portrait assez fidèle : « Quand il parle, il grandit.... son geste est simple et vif, solennel et juste ; sa voix est grave et harmonieuse, elle mord et séduit ... son style est à merveille facile, nerveux, coloré, il est magistralement romantique[1] ».

[1] *Le Monde judiciaire*, 1866, p. 273.

La Cour de Douai fut la pierre d'achoppement de sa fortune judiciaire.

Le 31 mars 1862, Mirès avait comparu devant cette Cour. Après un réquisitoire dans lequel M. Ernest Pinard soutint énergiquement la prévention, le 21 avril, la Cour rendit un arrêt qui acquittait Mirès sur tous les points et ordonnait sa mise en liberté immédiate.

On a quelquefois comparé M. Pinard à M. Oscar de Vallée : rien ne fut cependant plus différent que leur talent, leur personne et leur destinée. Moins bien servi d'abord par la fortune, le second avait dû à force de travail et de mérite lutter contre des obstacles et peut-être de secrets mauvais vouloirs, qui s'étaient aplanis ou qui s'étaient tus devant le premier, mais dans cette lutte, le caractère de M. Oscar de Vallée avait singulièrement grandi.

Les preuves d'indépendance que, comme magistrat, M. de Vallée avait données dans maintes occasions avaient beaucoup aussi ajouté à l'autorité de sa parole.

On le vit dans les diverses affaires Mirès où il eut à conclure, et dont l'issue fut tout autre que celle du procès de Douai.

L'arrêt de Douai avait singulièrement relevé le courage de ce plaideur tenace, qui ne désespérait pas de ramener à lui la fortune. De la défense, il était passé à l'attaque, et jusqu'à la fin de sa vie il devait plaider contre ceux qui l'avaient attaqué, ou qui avaient profité de sa chute.

Après la catastrophe de 1860, la Caisse des Chemins de fer avait été mise en liquidation. Alors, quelques clients se prétendant lésés par la vente que la Caisse, en prévision d'une baisse des valeurs de bourse, avait opérée des titres qu'ils avaient déposés comme garantie des avances à eux faites, formèrent contre les liquidateurs une demande en restitution de titres et en dommages-intérêts. Le tribunal leur avait donné raison. Mirès appela de ce jugement, et devant la Cour, M. de Vallée dut donner ses conclusions. Nous n'avons pas besoin de dire qu'elles ne se ressentirent en rien des opinions que l'écrivain avait pu émettre sur les financiers, et qu'elles ne s'inspirèrent que des faits, du droit strict et de l'équité.

Tout en demandant la confirmation du jugement, M. Oscar de Vallée le fit sous certaines réserves qui laissaient place à la bonne foi alléguée par l'appelant et mettaient ainsi hors de cause l'honneur du financier. Mais en même temps, le premier avocat général lui adressait ces belles et austères paroles :

« Nous connaissons aussi bien que les autres les conditions de la société nouvelle, les besoins de l'industrie, les merveilles du crédit. Mais nous sommes là pour dire de temps en temps : Il n'est pas permis. *Non licet.* Ne quittons pas ce rôle. J'ai fini. Je n'ajoute qu'un mot qui désintéressera M. Mirès et qui l'avertira, s'il doit, au lieu de se faire insolvable comme on le lui a demandé, rentrer dans la carrière des affaires, si agitée et tour à tour pour lui si brillante et si triste. Il n'est pas absolument impossible qu'en dérogeant aux contrats qu'il avait faits, il ait été de bonne foi; il a peut-être cru qu'il maîtriserait toujours la fortune, et qu'il pouvait alors manier et remanier les titres de ses clients sans préjudice pour personne; il n'a pas songé aux mauvais jours; il a peut-être supposé qu'il rendrait toujours les valeurs en hausse, et qu'alors on ne lui demanderait pas l'usage qu'il en avait fait. Cette pensée d'un spéculateur gâté d'abord par la fortune, si elle a été la sienne, explique sa conduite sans la justifier. C'est une pensée sans fondement, et dès lors sans moralité. Ce n'est pas à de telles idées qu'il faut s'en remettre pour bien faire de grandes affaires. Il faut s'attacher étroitement à la probité, et si M. Mirès doit essayer encore de se servir des qualités d'initiative, d'intelligence, d'ardeur qui, dit-on, lui sont propres, qu'il n'oublie pas que la première qualité d'un banquier est, ainsi qu'on l'a dit avec raison, le sens commun. Le sens commun n'enchaîne pas à la routine, mais il maintient l'esprit et les actes dans la modération et dans la loi [1] ».

[1] *Conclusions et Réquisitoires*, p. 221. — Ces dernières paroles de l'avocat général firent une profonde impression sur Mirès, qui écrivit à M. de Vallée une lettre où se trouve ce passage vraiment noble et touchant : « Dans les circonstances où je me suis trouvé, j'ai été à même de reconnaître le caractère de vos appréciations; elles sont si judicieuses et en même temps si équitables qu'elles ont fait sur mon esprit une impression bien vive, puisqu'elles ont amené dans mes idées un changement que je ne croyais pas possible. Vous m'avez réconcilié avec les impressions de toute ma vie, impressions, hélas! que j'avais perdues ! Vous m'avez fait croire à la justice de mon pays ! »

Ces conclusions sont du 14 janvier 1864, l'arrêt du 22.

A cette affaire succéda celle des anciens actionnaires de la Société des Ports de Marseille, une des nombreuses sociétés fondées par Mirès, contre la Compagnie immobilière, création des frères Péreire. En 1856, Mirès avait acheté à la ville de Marseille 330,000 mètres de terrains, qui, en 1859, représentaient environ une valeur de 75 millions. En 1862, profitant des embarras financiers de Mirès qui avaient jeté le désarroi dans la Société des Ports, Péreire avait réussi à opérer une fusion entre cette Société et la Société immobilière, cessionnaire depuis 1862, de cette rue Impériale, à Marseille, qui devait aboutir aux nouveaux ports, après avoir supprimé la colline qui l'en séparait. Dans cette fusion, les anciens actionnaires des Ports avaient reçu 30,000 actions, représentant une valeur de 15 millions. On était loin des 75 millions, estimation de 1859. De là demande en nullité formée par les anciens actionnaires contre le vote de l'assemblée générale qui avait prononcé la fusion des deux sociétés.

En appel d'illustres avocats prirent part à ce grand débat : Me Victor Lefranc pour M. Péreire, Sénard pour le Crédit Mobilier, Freslon pour le marquis de Chaumont-Quitry.

Neveu d'un conventionnel qui n'avait pas voté la mort du roi, Me Victor Lefranc était en 1848 avocat à Mont-de-Marsan. La révolution de Février en avait fait un commissaire général de la République dans les Landes, qui naturellement le nommèrent représentant du peuple aux élections du 23 avril. Réélu en 1849 à l'Assemblée législative, il y défendit la politique du général Cavaignac. Après le 2 décembre, il s'était fait inscrire au Barreau de Paris, où son ancien rôle politique lui avait aussitôt donné un certain rang. C'était surtout un avocat d'affaires et d'affaires financières. Il était le conseiller et l'avocat attitré des Péreire. A la Chambre il avait été le type du républicain honnête ; cette réputation d'honnêteté l'avait suivi au Palais, où elle fit plus pour lui que son éloquence qui était médiocre. Agé alors de cinquante-six ans, grand, maigre, la chevelure grisonnante et en désordre, le teint coloré, la paupière retombant sur un œil à tout jamais perdu, il avait dans toute sa personne une agitation qui se communiquait à sa parole. Son élocution d'abord difficile, et toujours abrupte, saccadée, sans correction et sans fluidité, rachetait ces défauts, par une chaleur, un accent de conviction, qui produisaient peut-être plus d'effet que l'élégance et la pureté littéraire[1]. Toutefois, ses grands gestes, son regard forcément oblique, lui donnaient un aspect étrange auquel il fallait s'habituer.

Après neuf audiences, M. Oscar de Vallée, dégageant admirablement le droit des obscurités dont on avait cherché à l'entourer, et ramenant les faits à ce qu'il fallait en retenir, terminait par ces paroles d'une si haute

[1] L'homme politique reparut en 1870. Né à Garlin (Basses-Pyrénées), le 2 mars 1809, député en 1871, ministre, puis sénateur en 1881, il est mort le 12 septembre 1883, âgé de 74 ans. Son républicanisme n'aurait pas sans doute résisté au triomphe de la Commune, car en mai 1871, nous l'avons entendu à Versailles, dans la cour d'Isly, au milieu d'un groupe de députés, proclamer qu'il faudrait être facile aux princes qui viendraient délivrer la France de ces nouveaux barbares.

moralité et d'un enseignement si bien approprié à la cause et au temps :

« Voilà, Messieurs, toute cette affaire. J'ai fini. Je ne me suis occupé des personnes qu'en m'occupant des choses. Ce procès contient bien des enseignements. Je n'en veux, quant à moi, retenir qu'un, et celui-là, il m'est permis de le dire, à raison de mes fonctions, il m'est personnel ; c'est la nécessité de plus en plus impérieuse pour tout le monde de respecter la loi. C'est là la grande religion de la vie civile, et il faut nous y soumettre tous, magistrats, avocats, hommes d'affaires. Nous n'en finirons jamais de tous ces genres de désordre, si nous persistons dans le défaut de respect. C'est là, croyez-le, le grand mal, le mal intime, profond, viscéral de cette société. Personne ne veut respecter la loi qui le gêne ; on cherche à s'en affranchir au gré de ses intérêts, de ses passions, des spéculations de son esprit, de ses entreprises. Eh bien ! non, même sous prétexte de bâtir des villes et de faire de grandes choses, on n'est pas dispensé d'obéir aux lois. Que ceux vers qui ma pensée se porte en ce moment ne se méprennent pas sur elle ; qu'ils m'en croient bien plutôt ! Les grandes actions, comme les grands travaux, se concilient sans peine avec nos lois devenues si flexibles et si favorables aux grands mouvements et aux grands résultats du crédit et de l'industrie. L'alliance est facile ; qu'elle se fasse, et alors ces hommes qui, en s'enrichissant, enrichissent leur pays, ne trouveront pas, contre l'injustice et les mauvaises passions, des défenseurs plus résolus que nous-mêmes [1] ».

Ces conclusions produisirent un effet profond. Un journaliste, rendant compte de ces débats, s'exprimait ainsi : « Bien que se produisant le dernier dans la cause, M. l'avocat général ne pouvait avoir un rôle secondaire. Planant au-dessus des questions de personnes, de chiffres, de fait et de droit, il a laissé retomber sur chacun sa part de responsabilité [2]. »

Dans ces deux affaires Mirès, les conclusions de M. Oscar de Vallée avaient fait arrêt, elles le firent encore dans deux autres auxquelles était également mêlé le même personnage : celle des commissaires de la Caisse des Chemins de fer contre Pontalba [3], et celle des Journaux réunis, le *Constitutionnel* et le *Pays* [4]. Dans cette dernière, il avait porté la lumière dans un dédale de procédures et de référés, comme aurait pu faire M. Debelleyme lui-même. Puis, avec l'ampleur de pensée qui lui était habituelle, il avait « élevé la question dans les sphères de la spéculation philosophique [5] », et montré que l'arrêt qu'il

[1] *Conclusions et Réquisitoires*, p. 337. — Le jugement dont était appel avait été rendu le 13 mai 1864. A la Cour, l'affaire avait commencé le 13 février 1865, l'arrêt fut prononcé le 18. Voir *le Droit* des 13, 14, 15, 16, 17, 18 et 19 février.
[2] *Le Monde judiciaire*, 1865, p. 120.
[3] Janvier 1865.
[4] Juin 1865.
[5] *Le Monde judiciaire*, 1865, p. 303.

sollicitait, mettrait l'équité et la morale d'accord avec le droit le plus strict :

« Le pouvoir absolu, disait-il en terminant, a ses dangers, M. Mirès a pu le constater : il subit aujourd'hui, en se défendant dans ce procès, la loi commune à tous les pouvoirs absolus de ce monde, qui, lorsqu'ils ne sont pas contrôlés de leur vivant, le sont inévitablement après leur chute.

M. Mirès a subi l'inévitable loi des réactions ; on lui accordait volontiers la confiance et le pouvoir les plus illimités ; mais dès qu'on l'a vu poursuivi, on a cru trop aisément à son improbité dans toutes ces affaires. Il convenait de regarder de plus près, et la justice n'écoute jamais que les plaintes raisonnables ».

Pour compléter le tableau de cette année laborieuse, il faut ajouter encore à tant de causes si importantes, quelques-unes si éclatantes, les affaires de Mme veuve Scribe contre le Théâtre-Italien, de M. Mario Uchard contre M. de Beaufort, directeur du Vaudeville, au sujet d'une pièce, *La Charmeuse*, jouée sans l'agrément de l'auteur et avec un dénouement autre que celui qu'il avait composé. Dans cette dernière, M. Oscar de Vallée maintint énergiquement le droit complet, absolu, de l'écrivain sur son œuvre, telle que l'a conçue son esprit. « Vous n'hésiterez pas, avait-il dit en terminant, à consacrer un droit qui importe essentiellement à la dignité des lettres, à la propriété et même à la liberté de l'écrivain [1] ».

M. Oscar de Vallée, qui se trouvait à l'aise dans les plus grandes affaires, excellait aussi dans ces causes où la dignité des lettres ou de l'art était en question ; il en parlait comme quelqu'un qui leur a voué un culte, et qui sent en lui toutes les délicatesses de l'écrivain et de l'artiste.

En cette année 1864, la Cour de Paris avait fait une grande perte. Le jeudi 10 mars, le bruit de la mort de M. le procureur général Cordoën se répandait subitement dans le Palais. Atteint le lundi d'une grippe qu'on croyait bénigne, le mercredi sa situation s'était subitement aggravée, et il expirait dans la nuit, emporté par une congestion pulmonaire. On le croyait à peine alité, et l'on apprenait sa mort. « Nous avons vu rarement, écrivait M. Bertin, rédacteur en chef du *Droit,* une affliction aussi profonde et aussi universelle ». Me Dufaure, alors bâtonnier, se faisant, à la seconde Chambre de la Cour où il plaidait, l'interprète des sentiments du Barreau, peignait ainsi le regretté magistrat :

« Vous avez, Messieurs, connu mieux que personne la haute et consciencieuse raison, la dignité parfaite avec lesquelles M. de Cordoën remplissait les éminentes fonctions dont il était revêtu auprès de vous. Nous en étions aussi les témoins, et en même temps il m'appartient de dire

[1] *Conclusions et Réquisitoires*, p. 296.

combien étaient bienveillantes et faciles les relations qu'il avait avec nous ; nous ne retrouverons jamais un magistrat plus disposé à nous seconder pour le maintien de notre discipline nécessaire, et plus prompt à reconnaître nos droits inséparables de nos devoirs. Je ne dirai jamais assez combien sa ferme raison, empreinte de bienveillance, et sa dignité si simple mettaient de douceur dans les rapports que l'on avait avec lui ».

Dans les deux années à peine qu'il avait passées à la Cour, M. Cordoën ne s'était pas acquis seulement l'affection et le respect de tous, il avait aussi conquis par sa parole toujours modérée, mais toujours ferme, une grande autorité. On l'avait bien vu dans les deux grandes affaires où il siégea : celle du complot des italiens Grecco et Trabucco, où il eut pour adversaires Mes Allou et Rousse, et celle des Treize, qui s'était produite à l'occasion des élections du 31 mai 1863, et qui eut tant de retentissement. Au Corps législatif il s'était, comme commissaire du gouvernement, fait remarquer dans la discussion de la loi du 20 mai 1863 sur les flagrants délits et de celle du 1er juin, modifiant un grand nombre d'articles du Code pénal. Le portrait suivant, fait de lui à cette époque, n'est pas un portrait flatté :

« D'une physionomie sérieuse et douce, d'une dignité simple et bienveillante, il aime à rendre aimables ses fonctions sévères. Il a la modestie de l'homme de bien et le caractère du vrai magistrat. On peut sortir de son cabinet triste, mais jamais blessé. Impartial dans la poursuite comme s'il avait à rendre la sentence, exact et scrupuleux dans la marche hiérarchique de son administration, n'accordant de faveur qu'au droit, il a acquis une telle autorité d'estime qu'il n'a même pas eu à se montrer indépendant[1] ».

M. Oscar de Vallée perdit en lui plus qu'un chef bienveillant, un véritable ami, qui prenait part à ses succès, et était fier de l'avoir à ses côtés. Aussi, lorsqu'il dut porter la parole à l'installation de deux conseillers nouvellement nommés [2], fut-ce la douleur de l'homme autant que les regrets du magistrat qu'il exprima dans son discours :

« Vous ne m'écouteriez pas, si je me levais pour vous parler en ce moment d'autre chose que de notre commune douleur ; et moi-même, je ne voudrais, je ne pourrais remplir ici aucun devoir avant d'avoir payé au chef bien-aimé que nous avons perdu le tribut de nos regrets et de nos larmes. C'était, Messieurs, une grande et noble nature, sous un aspect modeste, que celle de M. le procureur général Cordoën. La justice avec la bonté étaient ce qui tenait le plus de place dans son âme, à côté des affections de la famille. C'est en aimant la justice comme il l'a aimée, et en la servant sans relâche qu'il est devenu un grand magistrat. C'est en y mêlant toujours assez de bonté pour l'adoucir qu'il a attiré non seulement à lui, mais à ses redoutables fonctions, la plus profonde

[1] *Le Monde judiciaire*, 1864, p. 131.
[2] Des conseillers Bertrand et Nacquart.

estime et les plus affectueux respects. Si la douleur ne me trompe pas, il a été le modèle du magistrat ; il en a eu toutes les qualités morales, une conscience inviolable et pure, un cœur généreux et sincère, de la dignité sans effort, de la fermeté cachée sous de la grâce, de la miséricorde dans la sévérité.

Quant aux qualités de l'esprit, pourquoi en parlerais-je ? Elles sont attestées par toute sa carrière, et n'en avons-nous pas, dans une occasion toute récente, éprouvé une fois de plus l'influence et le charme ?... Mais ce que je ne veux laisser dire à personne avant de l'avoir dit moi-même, au nom de mes collègues en larmes, c'est que M. le procureur général mêlait un cœur charmant à toutes les qualités dont profitaient hier encore le prince et le public. En même temps qu'il était un magistrat exemplaire, il était le meilleur des hommes. Il a été chéri de nous ses collaborateurs, aimé de vous tous ses collègues, honoré jusqu'à l'affection par ce Barreau tout entier, rien qu'en se faisant connaître. On m'assure que, comme magistrat, il n'a jamais commis, je ne dis pas une injustice, mais une faute, comme homme, il n'a jamais causé une blessure ni perdu un ami. Le respect m'empêche de parler de l'époux et du père...

Messieurs, sans l'image et sans la présence de Dieu, nous ne pourrions ni comprendre ni supporter des coups comme celui qui vient de nous atteindre. La raison ne l'explique pas, et, quoi qu'elle dise, elle ne les rend pas supportables. La religion seule en donne le secret, en adoucit l'amertume et y mêle l'espérance. Telle était la vive croyance de celui qui n'est plus ; disons donc qu'en s'éloignant de nous, il s'est approché de Dieu et qu'il a déjà retrouvé au ciel la noble compagne dont la perte avait brisé son cœur. Ainsi rien n'aura manqué à sa vie ; il aura été environné de la plus haute estime, il aura admirablement servi la justice et son prince ; ses grandes qualités, j'allais dire ses vertus, auront été récompensées même ici-bas par d'unanimes suffrages et par la tendre affection de ceux qui l'ont connu [1] ».

M. le procureur général Cordoën fut remplacé par M. Chabanacy de Marnas, premier avocat général à la Cour de cassation. Son installation eut lieu le 21 mars [2].

Agé alors de cinquante-cinq ans, M. de Marnas avait, comme le premier président Devienne, fait la plus grande partie de sa carrière à Lyon, où il était né en 1809. Il y était premier avocat général, lorsque, le 8 décembre 1851, il avait été nommé procureur général à la Cour de Limoges, puis à celles de Montpellier, de Dijon. Passé en 1855 avocat général à la Cour de cassation, il y avait débuté « comme un ancien ». C'était un magistrat de beaucoup de dignité et de douceur, excellent jurisconsulte, à la parole élégante mais sans beaucoup de force [3].

[1] *Le Droit* du 13 mars 1864. Les obsèques eurent lieu à la Madeleine, le 14 ; le corps fut conduit à Mathieu.

[2] Voir *le Droit* du 22 mars. Premier avocat général depuis 1856.

[3] Nommé sénateur le 22 janvier 1867, admis à la retraite le 30 juillet 1870, il est mort le 8 juin 1871.

Pendant les deux années que M. Oscar de Vallée devait encore passer dans les fonctions de premier avocat général, la fatigue de tant de travaux accumulés ne se fit jamais sentir dans sa parole, toujours aussi ferme, aussi élevée, aussi merveilleusement lucide et élégante. C'est qu'il avait la passion de la justice, et que dès qu'il s'agissait d'elle, il se retrouvait tout entier, aussi ardent à la dégager des obscurités qui l'entouraient qu'à la faire reconnaître et proclamer.

Tel il nous apparaît dans ce procès Erlanger, relatif à l'exposition d'Auteuil[1], où il montrait à ces hommes, pour qui le mot de brasseurs d'affaires avait été inventé, que les voies de la probité et de la modération sont les seules qui conduisent aux succès durables ; dans ceux encore de la Société des compositeurs dramatiques contre M. Besselièvre ; des maîtres de forge de la ligne de l'Est contre le chemin de fer ; du comte Léon, ce fils de Napoléon Ier, si peu digne d'un tel père, contre le Trésor public ; du gouvernement espagnol contre les héritiers Aguado ; de l'asile et de l'école de Marly-le-Roi ; du catalogue de l'Exposition universelle de 1867 ; de la publication en feuilleton des *Travailleurs de la Mer;* d'Alexandre Dumas au sujet d'une étrange photographie qui le représentait à côté de miss Menken, l'actrice du drame des *Mohicans ;* des mines de Decazeville, à laquelle se trouvait mêlé ce fils du grand référendaire de l'ancienne Chambre des

[1] Février 1866.

Pairs, qui devait un jour être ministre des Affaires étrangères sous la troisième République, et qui lui dut peut-être alors d'être sorti à son honneur de cette pénible affaire. Dans cette liste qui s'allonge toujours devant nous, il ne faut pas oublier une cause qui soulevait la question si délicate de la légitimation par mariage subséquent des enfants nés de beau-frère et de belle-sœur. La Cour, en cette circonstance, ne suivit pas les conclusions de M. de Vallée. Mais c'est un honneur pour lui de les avoir données dans un sens qui avait pour lui le texte de la loi et assurait davantage la pureté du mariage, le respect de la famille.

« La famille, disait-il, est le grand atelier où se préparent les forces morales des sociétés. N'y laissons pas pénétrer, même par émotion, des éléments qui ne doivent pas la former et qui ne peuvent la rendre une et forte, saine et légitime. Défendons, alors qu'il en coûte à nos cœurs, ce suprême rempart. C'est là, sans qu'il y paraisse beaucoup, que se livrent les grandes batailles de l'œuvre sociale ».

Dans le cours de la dernière année que M. Oscar de Vallée ait passée au Palais, il est une cause qui se détache entre toutes par son importance et le nom qui s'y trouve mêlé : c'est celle des héritiers du duc de Gramont-Caderousse contre le docteur Déclat.

Ce n'était pas la première fois que le nom du jeune duc de Gramont-Caderousse retentissait dans l'enceinte du

Palais : quelques années auparavant, celui qui le portait avait été l'objet d'un procès retentissant, à la suite d'un duel malheureux où avait péri un journaliste, M. Dillon [1], son adversaire. Resté orphelin de bonne heure, maître d'une très grande fortune, il s'était rendu presque célèbre par son luxe, ses prodigalités, ses bruyants et quelquefois scandaleux plaisirs. Ce nom, que ses pères avaient porté avec honneur, souvent avec éclat, il l'avait compromis dans les folles aventures d'une jeunesse oisive et libertine, et ce n'est pas sans amertume que M. Oscar de Vallée, retraçant cette vie perdue dans les corruptions de l'oisiveté et des plaisirs, disait :

« En songeant à de telles existences, au milieu d'une société dont le travail est la loi, on éprouve une invincible tristesse. Dans les sociétés qui reposent sur des mystères ou sur des fictions, il y a moins d'inconvénients à voir de nobles forces se perdre ainsi dans l'oisiveté. Mais aujourd'hui, chez nous, c'est un malheur public. Les mœurs du jeune duc de Gramont-Caderousse sont plus choquantes qu'il y a un siècle. Elles contrastent avec les nécessités du temps où nous vivons, et laissent le respect s'éloigner de ceux qui devraient le retenir. La fortune, pas plus que la naissance, ni les plus hautes fonctions, n'impose plus de respect que si, sous ces enveloppes, il y a un homme vraiment respectable ».

Ce jeune homme, qui, malgré tant de défauts et d'er-

[1] Nov. 1862. *Le Monde judiciaire*, et *le Droit*, p. 1145. — Me Lachaud plaida dans cette affaire.

reurs, avait cependant de nobles qualités, la générosité, la fidélité à ses amis, l'élévation d'un caractère incapable de toute bassesse, avait traîné les dernières années de sa vie, minée par une maladie de poitrine, peut-être héréditaire, mais que ses désordres avaient aggravée, dans les stations hivernales des Pyrénées, de la Côte d'azur, du Caire, et était revenu mourir à Paris, âgé de trente ans à peine. Il avait été le roi de la jeunesse dorée, il avait été surnommé par elle le dernier des Abencérages, et était mort presque solitaire. Sa fortune, encore grande, il l'avait, par un testament fait au Caire, léguée à un ami, qui avait été aussi son médecin, le docteur Déclat. Il déshéritait sa famille, Mme Paulze d'Ivoy, le marquis de Croix, la marquise de Pracontal, avec lesquels il avait rompu toute relation depuis l'interdiction judiciaire qu'ils avaient obtenue contre lui.

Ce testament fut attaqué, comme entaché de captation, et d'ailleurs contraire à la loi, qui défend au médecin d'hériter de son malade.

Le docteur répondait qu'ami de tous les temps du duc de Gramont-Caderousse, il n'avait pas été le médecin de la dernière heure. Le Tribunal donna raison aux héritiers du sang. En appel, le débat se renouvela entre Mes Nicolet, Bétolaud qui attaquaient le jugement, et Me Allou, qui le défendait. Il eut un grand éclat, et M. Oscar de Vallée, qui avait vu devant lui lutter d'éloquence ces nouveaux maîtres du Barreau, naguère compagnons de ses débuts judiciaires, leur rendit hommage en prenant après eux la parole dans l'intérêt de la loi, et depuis il a dit de ce grand procès :

« Me Allou fit un tableau qu'il faudrait transcrire de cette jeunesse qui s'épuise en folies pendant que le fils du bourgeois et de l'artisan conquiert par le travail les places abandonnées ; j'entends encore tout cela et j'y applaudis à la lecture, comme j'y avais applaudi à l'audition. M. Allou avait dans cette cause un adversaire que la mort nous a pris, Nicolet, qui y déploya toutes les ressources de son grand talent et n'y fut pas vaincu par l'éloquence des autres, mais par les seules rigueurs du droit. On y entendit aussi du côté des vaincus, un avocat qui réunit peut-être les plus fortes qualités de cette profession, une parole simple, grave, puissante, une science exacte et sûre, un jugement dont l'excellence égale la probité. Je crois que j'ai nommé M. Bétolaud[1] ».

Né à Limoges en 1820, Me Allou s'était fait inscrire au Barreau de Paris en 1841. Secrétaire de la Conférence, il avait prononcé à la rentrée de 1843 l'éloge de Ferey[2]. Excellent jurisconsulte, comme orateur, à une parole grave, abondante, élégamment fluide, il joignait l'avantage d'une taille imposante, de traits majestueux, quoique un peu froids. Il comptait avec MMes Dufaure et Desmarets parmi les avocats dont le débit était le plus rapide. Avec sa haute taille, sa figure puissante, marmoréenne,

[1] Article sur les Plaidoyers de M. Allou, reproduit dans *Nouvelles Etudes et Nouveaux Portraits*, p. 310.

[2] Le 2 décembre.

son regard calme et fier, il imposait, mais ne charmait pas.

« Nul mieux que lui, disait, en 1864, un portraitiste judiciaire, n'a du nerf, une dignité sévère, une parole facile et brillante, et déjà j'entrevois dans sa main fraternelle le baton de maréchal [1] ». Cette prédiction n'était pas fausse. En 1866, Me Allou fut élu bâtonnier [2].

Le succès lui était venu de bonne heure. A l'éclat qu'avaient jeté sur lui, presque à ses débuts, les affaires Mirentié, Poulmann, Nangis, de la *Biographie Didot*, de P. J. Proudhon, poursuivi pour son livre *l'Eglise et la Révolution*, était venu s'ajouter celui plus vif encore des affaires Paterson, Mirès, etc. Depuis 1855, il faisait partie du Conseil de l'Ordre.

De huit ans plus jeune que Me Allou, Me Bétolaud, inscrit au tableau en 1848, secrétaire de la Conférence des avocats en 1852, membre du conseil de l'Ordre dès 1864, avait déjà commencé à conquérir au Barreau de Paris la grande place qu'il y a occupée et qu'il y occupe encore [3]. Très maigre, il ressemblait à ces figures de stoïciens que nous a laissées la statuaire antique. Les cheveux ras, le regard étincelant sous une arcade sourcilière proéminente, tout en lui annonçait l'énergique sobriété de sa parole. Si l'on peut songer à Démosthène, c'est en

[1] *Le Monde judiciaire*, 1864, p. 381. Voir encore, l'année 1866, p. 454, où il parle de son « imagination vive et froide, de sa parole de fin acier, de sa rapidité, de sa force et de sa justesse ».

[2] Sénateur inamovible en 1882, M. Allou est mort le 12 juillet 1888.

[3] Bâtonnier en 1876-1877.

écoutant Me Bétolaud. Dans ses discours dominent la force et la raison, mais cette raison a un tel rayonnement qu'elle éclaire tout. « Science, entente parfaite des affaires, ampleur virile, verve accentuée, parole élégante et ferme, maturité précoce, dignité de caractère », voilà comment, en 1864, on définissait déjà son talent [1].

M. Oscar de Vallée conclut à la confirmation du jugement. Ses conclusions, où la question de droit ne tint pas moins de place que celle de fait, où le juriste égala l'orateur, sont dignes de servir de modèle, et peuvent être mises à côté de celles dans les affaires Montmorency et Machado. Elles furent adoptées par la Cour dans l'arrêt qu'elle rendit le 8 mars 1867 [2].

Par sa science juridique comme par l'éloquence de sa parole, M. Oscar de Vallée ne s'éleva jamais plus haut que dans cette illustre cause. Il nous faudrait reproduire ici ses conclusions tout entières si nous voulions n'en rien affaiblir. Ne pouvant le faire, nous citerons du moins le portrait qu'il a tracé du duc de Gramont-Caderousse, portrait de main de maître :

« Ce jeune duc de Gramont m'apparaît sous des aspects divers, adoucis par la mort. Quand j'aperçois ce grand jeune homme, orphelin de bonne heure, arrachant dès qu'il le peut des mains de ses tuteurs la fortune qu'il doit à la mort prématurée de son père et de sa mère, livrant sa jeunesse à tous les plaisirs, cherchant les femmes,

[1] *Le Monde judiciaire*, 1864, p. 488.
[2] *Conclusions et Réquisitoires*, p. 355, 356, 368 ; et *le Droit*, p. 225, 229.

n'évitant pas les duels et les rendant mortels, éloigné de ses proches, ne songeant pas un instant à compléter sa noblesse par le travail, je pense de lui ce qu'en pensait sa famille.

Je trouve bon qu'on lui donne des conseils judiciaires, et je suis bien près de m'animer, malgré la mort, contre cette âme oisive, comme dit La Bruyère.

Mais si ensuite je le regarde luttant contre un mal redoutable qui lui vient d'un aïeul ou de sa mère, prodiguant sa vie menacée à des passions sans calcul, dévoré par elles, allant chercher à mille lieues de la France, comme il le dit, un peu de repos pour son corps et de tranquillité pour son âme, y trouvant l'agonie, revenant, se traînant dans la solitude, mourant seul, sans autre consolation humaine qu'un rayon d'amitié mondaine, je me sens pris d'une vive pitié et je trouve bien plus doux que le sien le sort de l'artisan ou du pauvre qui meurt dans les bras de sa mère, au milieu de ses parents en larmes. J'ajoute qu'à ce moment le regard tardif, mais ferme et sincère, qu'il tourne vers son Dieu, la prière qu'il lui adresse, sa soumission empressée sous la main du prêtre, font naître en moi je ne sais quelle surprise d'émotion et presque de sympathie ».

Nous avons dit que M. de Vallée, profondément versé dans la connaissance de l'histoire, aimait à la mêler aux principes juridiques et souvent à les éclairer par elle. Nous en trouvons une preuve dans ce procès même, où il emprunta à l'histoire intime du XVIIIe siècle, un exemple, qui par le nom même qu'il évoquait et les circonstances du récit, produisit le plus grand effet.

« Sous le règne de Louis XV, dit-il, dans la ville d'Autun, en Bourgogne, ville féconde, vous allez le voir, Messieurs, vivaient trois vieilles gens, de grande naissance et de grande fortune. Ils étaient soignés par un noble Irlandais devenu pauvre et médecin, dont, à l'occasion du procès, on contesta, mais vainement, la noblesse. Il s'appelait Mac-Mahon. Ses adversaires l'appelaient Macmahon. Pendant qu'il soignait deux de ces trois vieillards qui avaient survécu, et dont l'un était le marquis de Vianges, il épousa leur parente, en employant, dit l'avocat, les grands moyens de persuasion. Dès lors, il ne les soigna plus, au moins exclusivement. Il vécut dans leur maison, et reçut d'eux, par donation et par testament, deux millions cinq cent mille livres d'alors. C'était bien plus que l'héritage du duc de Gramont. Plusieurs de ces actes sont passés devant Me Changarnier, notaire... L'affaire fut portée devant la justice ; elle fut plaidée avec beaucoup de solennité... Le « captateur » triompha, Messieurs, et c'est peut-être à ce legs que nous devons la victoire de Magenta ; qui sait ? »

C'est pour ainsi dire au milieu de ce triomphe que M. Oscar de Vallée allait quitter la Cour de Paris. Le 17 novembre 1867, un décret au bas duquel était la signature de M. Baroche, successeur de M. Delangle au ministère de la Justice depuis le mois de juin 1863, avait nommé procureur général près la Cour de Paris M. Grandperret, procureur général à la Cour d'Orléans, en remplacement de M. de Marnas, démissionnaire, et qui le lendemain fut nommé sénateur[1].

Originaire du département du Rhône, M. Grandperret avait quarante-neuf ans à peine ; sa carrière avait été rapide. Entré dans la Magistrature en 1849, comme substitut au Tribunal de Lyon, il avait été nommé en 1859 à la Cour, et après six années passées comme avocat général à Bourges d'abord, puis à Toulouse (1855, 1859), il avait été, en 1861, placé à la tête du Parquet de la Cour d'Orléans. Cinq ans plus tard, il était nommé procureur général à Paris. Cette nomination surprit quelque peu[2].

Tout le monde au Palais aurait désigné pour cette place éminente le magistrat qui depuis cinq ans jetait un si vif éclat sur les fonctions de premier avocat général, et avait conquis une autorité aussi grande que méritée. Si une noble ambition et une juste espérance pouvaient légitimement entrer dans la pensée de M. Oscar de Vallée, c'étaient celles-là. Comment se fit-il que le choix du ministre s'arrêta sur un autre ? On a parlé d'anciennes rivalités qui surent trouver l'oreille des puissants. Nous croyons que la vraie raison se trouverait ailleurs. A la Chancellerie, on reconnaissait volontiers, on proclamait même le grand talent de parole de M. Oscar de Vallée, sa

[1] En même temps que MM. Gouin, Conneau, Nisard, et l'amiral de Chabannes.

[2] Ministre de la Justice le 10 août 1870, M. Grandperret se fit inscrire au Barreau de Paris après la chute de l'Empire. Nommé sénateur inamovible le 4 novembre 1877, il est mort le 7 janvier 1890.

forte science juridique, mais au fond on craignait son indépendance. On ne voulait pas avec lui s'exposer à des résistances qu'on sentait possibles. — « Nous ne sommes pas assez sûrs de lui », aurait-on dit. Ce qui est certain, c'est que l'obstacle ne vint pas du chef de l'Etat. M. de Vallée en reçut l'assurance de la bouche même de l'Empereur Napoléon III. Le dernier acte de sa vie de magistrat fut le discours qu'il prononça, le 25 novembre, à l'installation du nouveau procureur général. Il y avait trois ans qu'il avait accompli le même devoir envers le prédécesseur de M. Grandperret. Après l'éloge qu'il fit, en cette circonstance, de M. de Marnas, le Palais ne devait plus entendre sa voix.

« On l'avait choisi, dit-il, avec prédilection et comme un magistrat fait pour rehausser encore ses éminentes fonctions ; on l'avait pris d'ailleurs tout au sommet de la hiérarchie judiciaire, honoré des plus hautes amitiés, porté par d'illustres suffrages. M. de Marnas vient de nous quitter après avoir conquis au milieu de nous l'estime et l'affection générale. Il a été bienveillant envers tout le monde ; c'est à peine si auprès de lui on sentait le poids de son autorité ; quoique dans le Parquet nous fussions ses inférieurs, il nous appelait ses collègues ; il comprenait bien que de nos jours, même au sein de la Magistrature, le respect s'obtient beaucoup plus qu'il ne s'impose. Obéissant à sa nature agréable et fine, il écartait de ses fonctions et de lui-même la solennité que la dignité remplace si bien. Il avait de grandes qualités de cœur et d'esprit ; je l'ai vu de très près dans une occasion récente et qui a été la dernière manifestation de sa vie judiciaire[1]. Il avait à soutenir l'accusation à laquelle avait donné lieu l'attentat du 6 juin ; il n'avait voulu céder à personne ce périlleux honneur. Nous en causions ensemble, il me fit voir dans cet entretien les sentiments les plus élevés et les plus justes, une grande droiture politique, la plus noble générosité, une âme tendre, humaine et religieuse. Je regrette, Messieurs, qu'il n'ait pas eu ce jour-là un grand public, tout ce monde l'aurait applaudi et, ce qui vaut peut-être mieux, tout le monde l'aurait aimé. »

Suivant l'usage, le premier avocat général, s'adressant directement au magistrat dont il allait requérir l'installation, et qu'il présentait en quelque sorte à la Cour, M. de Vallée prononça ces paroles, qu'un public nombreux attendait avec une curiosité qu'expliquent trop bien les circonstances dans lesquelles se produisait cette solennité et certains bruits qui s'étaient répandus au Palais sur la nomination qui y avait donné lieu.

« Quant à vous, monsieur le procureur général, vous arrivez du Parquet de la Cour d'Orléans au Parquet de la Cour de Paris, après une rapide et brillante carrière. Cette élévation dont, plus que personne, je le crois, vous

[1] L'affaire Berezowski, attentat à la vie de l'Empereur Alexandre II, et dans laquelle Me Emmanuel Arago présenta la défense de l'accusé. Voir *le Droit*, des 25 et 26 nov. 1867. — Ce fut aussi M. de Marnas qui porta la parole à la Chambre des Appels correctionnels, dans la célèbre affaire électorale, dite des *Treize* (nov. 1864).

sentez la grandeur, est due à la confiance personnelle de M. le ministre de la Justice. Elle suppose, je me trompe, elle prouve que vous avez un rare talent. Ce talent, Monsieur, vous trouverez à l'appliquer ici, dans les conditions les plus diverses.

A cette place où j'ai passé les plus belles années de ma vie, devant la première Chambre de cette Cour, sous le regard si doux et si profond du magistrat qui la préside avec la plus attrayante supériorité, vous pourrez prendre la parole dans les plus grandes affaires plaidées par les plus grands avocats. Là, vos fonctions ont un charme fait pour toucher et pour remplir à lui seul une âme de magistrat. C'est là que le procureur général doit être, et j'emploie l'expression malgré sa vieillesse, « l'oracle de la justice » ; ailleurs il est plus directement le mandataire de la puissance publique, il fait agir les lois au profit de la sécurité générale.

En ce moment surtout, quelle grande mission ! L'Empereur veut établir la liberté dans la paix et dans l'ordre ; cette œuvre qui devrait attirer toutes les âmes généreuses, apaiser tous les ressentiments, fortifier les courages, susciter les dévouements, sera peut-être laborieuse.

L'Empereur vous donne dans cet admirable travail un grand rôle. Vous trouverez dans ce Parquet, pour vous aider à l'accomplir, des talents éprouvés, des hommes habitués à la modération, habitués à vaincre par la persuasion et très résolus à ne pas laisser fléchir devant d'injustes agressions l'autorité des lois ».

Quelques jours après, le 30 novembre 1867, paraissait un décret qui nommait M. Oscar de Vallée conseiller d'Etat. Il eut pour successeur à la Cour de Paris, M. Dupré-Lasale, avocat général depuis le 23 novembre 1862, et qui, en 1866, avait prononcé le discours de rentrée [1].

La nomination de M. Oscar de Vallée avait été la réalisation d'une promesse formelle de Napoléon III. Dans une audience qu'il avait demandée au Souverain, avant l'installation de M. Grandperret, et qui lui avait été gracieusement accordée, M. de Vallée avait exprimé à l'Empereur combien il lui serait pénible de prendre la parole dans une solennité qui consacrait la ruine de toutes ses espérances, et il lui avait demandé de vouloir l'en dispenser en l'appelant à d'autres fonctions. — « Toutes mes sympathies, lui avait dit l'Empereur, vous sont acquises, et c'est vous qui seriez aujourd'hui procureur général si je n'avais écouté que moi-même. Mais, quoi qu'on en dise, je ne suis pas toujours le maître et je dois compter avec mes ministres. M. le Garde des Sceaux tenait beaucoup à la nomination de M. Grandperret et il m'a fallu céder. Je vous demande comme un service personnel de recevoir le nouveau procureur général. Mais en même temps je vous laisse toute liberté sur la manière dont vous le recevrez. Je n'ai pas à contrôler vos paroles. Je vous promets d'ailleurs que je songerai très prochainement à vous. »

[1] M. Dupré-Lasale était entré dans la Magistrature en 1847, comme substitut à Châteauroux, passé la même année à Orléans, il avait été appelé au Tribunal de la Seine en 1849, puis nommé substitut à la Cour en 1855.

Cette entrevue de M. Oscar de Vallée avec l'Empereur explique son langage à l'audience solennelle du 25 novembre, et nous aide à mieux comprendre aujourd'hui des allusions qui se sont depuis un peu obscurcies, mais auxquelles ne se méprirent pas les auditeurs de 1867.

Dans la nouvelle carrière qui lui était ouverte, M. Oscar de Vallée apporta ses grandes qualités de travail, de haute raison, de forte et brillante éloquence : le Conseil d'Etat admira le sage et laborieux conseiller ; le Corps législatif, l'habile orateur[1] ; mais ses succès sur ce nouveau théâtre ne lui firent jamais oublier ceux du Palais, qu'il plaçait toujours les premiers dans son cœur et dans sa mémoire.

La Cour de Paris perdit en lui un magistrat qui l'honorait entre tous, autant par son talent que par son caractère, et elle le sentit ; le Barreau, en plusieurs circonstances, lui donna des preuves de son souvenir et de ses regrets.

Notre tâche finit avec la carrière même de magistrat de M. Oscar de Vallée. Nous ne l'aurions pas cependant accomplie tout entière, si nous ne disions quel amour, quel zèle, quelles nobles préoccupations, M. Oscar de Vallée eut jusqu'à sa mort pour les choses de l'ordre judiciaire. Cette

[1] M. Oscar de Vallée fut bientôt nommé Commissaire du Gouvernement près du Corps législatif.

passion, qui avait été celle de sa jeunesse et de sa maturité, ne cessa qu'avec sa vie.

La bonne administration de la justice occupa toujours sa pensée. Lorsque, après les tragiques événements de 1870 et la chute de l'Empire, tout dans l'ordre politique et social semblait remis en question, l'intérêt supérieur de la Justice lui inspira une brochure, la *Magistrature française et le pouvoir ministériel*[1], qui fut fort remarquée alors, et qui se recommande encore aujourd'hui par l'esprit libéral qui l'anime et par les conseils, fruits d'une longue expérience, qu'elle contient. Pour M. Oscar de Vallée, au-dessus de toutes les réformes de détail dont la Magistrature peut être l'objet, se place celle qui doit assurer son indépendance absolue. Un juge ne relevant ni du pouvoir ni du justiciable qui, l'un et l'autre, sont, le cas échéant, disposés à peser sur sa sentence, tel est l'idéal vers lequel doit tendre la société et que le législateur doit s'efforcer de réaliser dans la loi. Personne à cet égard n'a été plus loin que M. Oscar de Vallée : et c'est à ce principe qu'il faudra en venir le jour où la France voudra connaître et pratiquer la justice absolue, où les révolutions cesseront d'être uniquement le triomphe d'un parti sur un autre parti et l'application à des adversaires vaincus des *instrumenta regni* de tous les temps.

« L'idée de justice, dit-il, est l'idée sociale par excel-

[1] Paris, Lachaud, 1871, in-8°

lence, et c'est à la servir que doivent tendre toutes les civilisations qui ne s'égarent pas. Le peuple qui la réalisera le mieux, fut-il momentanément le plus faible, sera tôt ou tard le plus grand et le plus fort... Le principe d'une justice indépendante ne saurait avoir, dans une démocratie un peu rationnelle, d'autres contradicteurs que l'obstination et la routine. *Le pouvoir judiciaire n'y doit être l'accessoire d'aucun pouvoir*. Il répond à une des plus hautes idées, à l'un des besoins les plus impérieux des sociétés et il prend directement sa source dans la souveraineté nationale.... Ayons enfin les doctrines d'un peuple libre ou refaisons une monarchie qui comprendrait tout, même le droit de juger... N'hésitons pas à assigner au pouvoir judiciaire sa véritable origine, à lui donner une pleine indépendance, à lui rendre toute sa compétence ».

Cette indépendance ne saurait subsister, tant que la Magistrature relèvera, à un degré si faible que ce soit, du pouvoir exécutif, c'est-à-dire du pouvoir ministériel. C'est ce lien qu'il faut rompre complétement, à jamais.

« La première conséquence de ces principes, ajoute-il, est de soustraire la formation du corps de magistrats au pouvoir ministériel. Non seulement ce pouvoir est sans droit sur cette formation, mais encore il y est impropre. Un ministre, dans les pays libres, et surtout chez les peuples qui dédaignent la durée, est l'image même de la mobilité : il change au gré des mouvements, nous ne voulons pas dire des manœuvres de la politique. Il est le délégué passager d'une majorité passagère ; il a toujours les yeux tournés vers la politique ; il est assiégé de toutes parts et contraint de subir mille influences ; il délègue lui-même son autorité, et les magistrats qui tiennent en leurs mains la vie et la fortune des hommes sont désignés souvent par les plus petites raisons et par les plus petits employés. L'action de la politique et du caprice sur le choix et la carrière du magistrat est un mal visible que ne tempèrent suffisamment ni le contrôle de la tribune, ni la responsabilité nominale des ministres, ni l'intervention presque illusoire des compagnies judiciaires. Sous ce régime, la Magistrature n'a même pas la fixité qu'ont les bureaux d'un ministère. Si l'opposition d'hier arrive demain aux affaires, il est naturel qu'elle suive, pour ces fonctions comme pour les autres, ses opinions, ses penchants, ses amitiés et alors la Magistrature a tous les reflets de la politique et son inévitable inconsistance ; la grande préparation aux devoirs judiciaires se fera en dehors de l'étude de la science, des mœurs, de la supériorité acquise ; elle se fera, qu'on nous pardonne la vivacité du langage, sous les pas d'un ministre et dans la région toujours orageuse du gouvernement. »

Nous ne suivrons pas M. de Vallée dans les détails d'application de ce principe si résolument posé, il nous suffira de dire que cette indépendance de la Magistrature, il l'assurait par le concours, comme mode de recrutement des magistrats, même des membres du Parquet ; par une forte organisation du pouvoir disciplinaire des Compagnies ; et, en ce qui concerne l'avancement, par les règles plus strictes et l'exercice sérieux du droit de présentation [1].

« Même avec son organisation actuelle, disait-il en terminant, la Magistrature peut s'isoler du pouvoir politique et réaliser en fait une séparation sans hostilité, mais pleine de liberté. La fermeté morale des magistrats et l'inamovibilité y suffisent rigoureusement. Mais le gouvernement s'y prêterait-il ?... Il est bien difficile d'espérer et même de croire qu'on obtienne par la sagesse des hommes les conditions dont le pouvoir judiciaire ne saurait se passer dans une démocratie. L'homme tel que nos révolutions l'ont fait, ne remplace guère par sa vertu ce qui manque aux institutions. Établissons donc enfin les principes d'une organisation judiciaire qui soit la base solide de la liberté sous la loi. »

Tel est, ce qu'on pourrait appeler le testament judiciaire de M. Oscar de Vallée. Il est digne du magistrat qui fit toujours du travail et de l'indépendance les règles de sa conduite.

Lorsque, plus tard, il fut élu au Sénat, il s'intéressa tout particulièrement aux projets de loi relatifs à l'ordre judiciaire ; il prit part à leurs débats, et personne n'eut auprès de ses collègues de toutes nuances plus d'autorité en ces questions. C'était la juste récompense

[1] *La Magistrature française et le pouvoir ministériel*, pp. 40, 45, 48, 51, 52, 61.

et comme la consécration de sa pure et noble carrière de magistrat.

A son lit de mort, une des dernières paroles de M. Oscar de Vallée fut encore un retour vers cette Magistrature qu'il avait tant aimée, si dignement servie, et c'est à elle et au Barreau, son auxiliaire inséparable dans l'œuvre de la justice, qu'il confia en quelque sorte le soin de sa mémoire. « Si mon nom, disait-il, doit me survivre, ce sera plutôt celui du magistrat que de l'homme politique. C'est au Palais que j'ai mis tout mon cœur, employé tout ce que Dieu a pu me donner de facultés ; je serais heureux, ajoutait-il en désignant un ami illustre qui lui était bien cher, qu'on pût dire un jour ce que j'ai fait, surtout ce que j'ai voulu faire. »

Dans ces paroles, M. Oscar de Vallée sacrifiait trop au magistrat le politique et l'écrivain, qui méritent de ne pas être oubliés, mais nous y trouvons le suprême témoignage de cet amour pour le Droit et pour la Justice qui a si noblement, si passionnément rempli sa vie.

C'est comme le dernier cri de son âme, et après lui il convient de ne rien ajouter.

APPENDICE

APPENDICE

ADDITIONS ET CORRECTIONS

Page 41. — Ailleurs, M. de Vallée a dit encore du Barreau : « Le Barreau, toute proportion gardée, devrait aller de pair avec la chaire, la tribune et les lettres. On y a souvent une ambition plus haute que celle de vider des procès. J'ai entendu dans ma jeunesse, et même depuis, des hommes qui au milieu de la vulgarité des affaires, avaient l'œil et l'esprit fixés sur un idéal, élevaient leur âme, enflaient leurs facultés, et s'appliquaient tout en plaidant à faire des œuvres. Il y a eu là des pensées profondes et vives, des peintures merveilleuses, de nobles accents et, dans un style nécessairement un peu agité et flottant, de beaux fragments et de beaux exemples de littérature. Les choses vont aujourd'hui plus vite, la langue est plus alerte, mais elle est moins élevée et moins pure ; on se sert trop volontiers de modèle à soi-même, et il y a peut-être plus de grands succès que de grands efforts et de grands exemples... Un discours judiciaire bien conçu, fortement enchaîné, discrètement embelli et soutenu par le souffle qui colore les pensées comme les tableaux, est une œuvre digne de tenir sa place dans le domaine éclatant des choses de l'esprit. » (*Etudes et Portraits*, p. VI.)

Page 51, ligne 5, *corrigez :* il avait assisté.

P. 51, l. 9, *ajoutez* en note : Ce jeune confrère était probablement Me Auguste Avond.

P. 51, l. 13, *corrigez :* Mme Lafarge.

P. 109, l. 21, *corrigez* ainsi la ponctuation : de Sturbinetti l'un des chefs du parti radical.

P. 109, l. 25, *corrigez* ainsi la ponctuation : conservateurs libéraux, que le pape.

P. 114, l. 11, *corrigez :* substitut. Il n'avait pas paru...

P. 124, l. 25, *corrigez :* puis, venu à Paris, implorant.

P. 126, note 1, *corrigez :* Norbert Billiart.

P. 137, l. 4, *corrigez :* les bonapartistes qui, comme.

P. 146, l. 14, *ajoutez* en note : En janvier 1866, le rédacteur du *Monde judiciaire* traçait ainsi le portrait de Me Nogent Saint-Laurent : « Grand et d'un élégant embonpoint. très brun, le teint mat, orangé, les cheveux plats, bien taillés en ailes tombantes et quelque peu éclaircis, la barbe rase comme celle d'un prêtre, les traits réguliers dans leurs contours arrondis et légèrement détendus, la lèvre pâle et doucement plissée, l'œil noir et un peu triste, quand sa parole aimable ne le fait pas briller, il porte dans toute sa personne la distinction et la bonté ». (p. 8).

P. 155, l. 16, *corrigez :* Ses trais fins...

P. 167, l. 4, *ajoutez* en note : Nous voyons dans ses *Notes* manuscrites qu'en novembre 1854, il fut question de le nommer procureur impérial à Amiens.

P. 183, l. 22 : sur les livres, *corrigez :* sur les lèvres.

P. 204, l. 2, *corrigez :* de droit souvent les plus ardues.

P. 211, l. 7, *corrigez :* l'impression que nous en avons conservée nous-même.

P. 217, note 2, *corrigez :* Paillard de Villeneuve.

P. 231, l. 9, *corrigez :* qu'elles imposent.

P. 236, l. 12, *corrigez :* famille d'intendants.

P. 270, l. 24, *corrigez :* M. Cordoën.

P. 275, l. 10, *corrigez :* dans le procès.

P. 286, l. 10, *corrigez :* tout le monde l'aurait applaudi.

TABLE

Achevé d'imprimer le 16 Juillet 1896,

par

C. Migault et Cie, imprimeurs à Blois.

www.ingramcontent.com/pod-product-compliance
Ingram Content Group UK Ltd.
Pitfield, Milton Keynes, MK11 3LW, UK
UKHW022050260726
13993UKWH00001B/17

9 782019 998479